余嘉錫著作集

四庫提要辨證

三

中華書局

四庫提要辨證卷十五

子部六

雜家類二 總目卷一百十八

古今注三卷附中華古今注三卷

古今注，舊題晉崔豹撰。中華古今注，舊題唐太學博士馬縞撰。豹書無序跋，縞書前有自序，稱「晉崔豹古今注博識雖廣，殆有闕文，洎乎黄初，莫之聞見，今添其注，以釋其義」。然今互勘二書，自宋、齊以後事二十九條外，其魏、晉以前之事，豹書惟草木一類，及鳥獸類「吐綬鳥一名功曹」七字，爲縞書所無，縞書惟服飾一類，及開卷宫室一條，封部、兵陳二條，馬、齣犬二條，爲豹書所闕，其餘所載，並皆相同，不過次序稍有後先，字句偶有加減。縞所謂增注釋義，絶無其事。又縞書中卷云：「棒，崔正熊注車輻也。」使全襲豹語，不應此條獨著豹名。考太平御覽所引書名有豹書而無縞書，文獻通考雜家類又祇有縞書而無豹書，知豹書久亡，縞書晚出，後人摭其中魏以前事，贋爲豹作。

嘉錫案：後漢伏無忌著書，名爲古今注，崔豹書名蓋取諸此。廣雅釋詁云：「注，識也。」毛詩注疏卷一鄭氏箋下孔疏云：「注者，著也，言爲之解說，使其義著明也。」儀禮注疏卷一鄭氏注下賈疏云：「言注者，注義於經下，若水之注物。」然則古人著書名之曰注者，其義如此，不必雙行小字，夾注於正文之下，始得名注也。崔豹書之體，首句舉其事物，以爲之題目，如云大駕，指南車。次句以下，解說其名義，如云起黄帝與蚩尤戰於涿鹿之野云云。即所謂注也。馬縞書卷上云：「棒者，崔正熊注車輻也。」又云：「棒形如車輻，見上注中。」是明明稱豹書及所自作書之本文爲注矣。縞書雖多直録崔豹之說，然往往有所增益，如云：「城者盛也，所以盛受人物也。城門皆築土爲之，累土曰臺，故亦謂之臺門也。」「城者」二句，豹書也，「城門」以下，縞所增也，所謂添其注以釋其義也。不但此也，凡縞書中所有而爲豹書所無者，皆縞所增也，亦即所謂添其注以釋其義也。提要第見縞書通體作大字，並無雙行小注，遂謂未嘗添注釋義，其亦弗思焉爾。余嘗取明繙宋本崔豹書及百川學海本馬縞書參互校閲，檢得馬書有而崔書無者，凡五十有五條，凡曾采用崔豹之文者，雖有所增省分合皆不數。提要謂縞書自宋、齊以後事二十九條外，惟服飾一類，案馬書闕於服飾諸條，散見上中兩卷中，實無服飾一類，提要約舉之耳，然崔書輿服篇亦多言服飾，馬已全録入之，安得謂服飾一類皆豹書所闕乎？及開卷宮室一條，封部、兵陣二條，馬、鶂犬二條，爲豹書所闕。今覆檢縞書卷上有宗廟、旌旃、五輅三條，卷下有問大琴大瑟、女媧問笙簧鵁鶄鱧魚鶢鶋、程雅問蠶、程雅問龜、玄晏先生問鳳，凡八條，亦皆豹書之所無。凡此諸條，既未涉及宋齊以後事，亦與服飾無關，而提要置之不言，知其匆匆翻閲，未及細核也。至縞書中「馬自識其駒非其駒則齧煞之」一條，明繙宋本崔豹書亦有之，未嘗闕也，提要所據本誤耳。提要又以縞書「棒崔正熊注車軸也」一條獨著豹名，而他條皆不著，遂疑今崔豹書之與縞同者，爲後人自縞書内摭出。今案縞書他條之襲崔豹語者，雖時有移掇附益，然皆以豹書爲主，故直録其文，不出名姓，以豹之原書具在，不難覆檢也。此條豹書本云「車輻棒也」，縞則云「棒車輻也」，用崔豹之語，而易其題目者，全書惟此一條，故獨從變例，明標崔正熊注，以示有徵，以此議縞爲例不純則可，以此疑豹書爲贋作，則誤矣。且使豹書果自縞書内摭出，則當出於五代以後，爲唐人所未見，然余嘗取北堂書鈔、藝文類聚、文選李善注、後漢書注、續漢志注所引古今注皆伏侯注，非崔豹書。初學記、唐六典注、史記索隱、史記正義、通典、釋慧琳一切經音義、北户下録、説文繫傳、太平御覽、廣韻諸書，檢其所引古今注，與今本逐條對校，雖字句時有同異，文義亦互有短長，而大致相合，但多所删節，不如今本之首尾完具。今本凡一百九十二條，指明翻宋本，涵芬樓景印。此本所附校記，因雉朝飛、別鶴操兩條，首尾相連，遂以爲一條，除去不數，亦不列其目，誤也。而就諸書所引者，除其複重，尚得一百一十七條，若更舉唐以前書，偏加檢察，當猶不止此。凡此諸書，自北户録以上，皆唐人著作。徐鍇時代雖較馬縞稍晚，然未必得見縞書，況從其中摭出之豹書乎？御覽、廣韻雖修於宋代，而御覽所據爲修文殿御覽、藝文類聚、文思博要。廣韻所據爲陸法言以下諸家切韻及孫愐唐韻。使今本古今注出於馬縞，則唐以前人安得先引其説乎？然則今本猶是崔豹原書，蓋無疑義。中華古今注文多相同，乃是縞書抄豹書，而非後人抄縞書以贋豹書亦明矣。提要於唐以前人書皆不一考，而獨執一中華古今注以爲鐵證，遽定豹書爲贋作，是何言之率易也。提要又據文獻通考祇有縞書而無豹書，以爲豹書久亡之證，尤非也。此書著録於隋志、新唐志、宋志雜家類者皆三卷，惟舊唐志獨作五卷，新唐志又於儀注類別出崔豹古今注一卷，崇文總目雜家類有古今注三卷，今本崇文總目例不著撰人，錢東垣等輯釋本於古今條下有崔豹撰三字，乃錢侗所補也。尤袤遂初堂書目儀注類亦有崔豹古今注。並有馬縞中華古今注。周南山房集卷五云：「古今注三卷，晉大府丞府字誤崔豹撰，輿服、都邑、音樂、鳥獸、蟲、草木、雜注、問答釋義凡八篇。」趙希弁讀書附志卷上類書類云：「古今注三卷，右晉太傅丞崔豹正熊所注也。一輿服，二都邑，三音樂，四鳥獸，五蟲魚，六草木，七雜註，八問答釋義。」所舉篇名次第，與今本全同。北堂書鈔引崔豹古今輿服注、崔豹古今草木注、崔豹古今雜注，太平御覽亦引崔豹輿服注，是古本篇名卽如此。陳振孫直齋書録解題卷十雜家類云：「古今注三卷，晉太傅丞崔豹正熊撰。」又云中華古今注三卷，後唐太學博士馬縞撰，蓋推廣崔豹之書也。是則崔豹之書，歷隋、唐以至南宋，並見著録，班班可考，提要所謂豹書久亡者，亡於何時耶？馬端臨作經籍考，僅據崇文總目、馬氏自序云：「崇文總目，記館閣所儲之書，而論列於其下方，然止及經史，而亦多缺畧，子集則但存名目而已。」是馬氏所見崇文總目，已非完書，故經籍考中採取甚略，古今注雖見總目，亦遂失收。讀書志、不採趙希弁附志。書録解題三書爲本，而稍採他書附益之，皆直録舊文，不論書之存佚。崔豹書既見於書録解題，通考無不著録之理，蓋偶然脱去此條，此不知爲馬氏之疏漏，或今本傳刻之脱誤。而提要遽據以爲證，不復考之趙希弁、陳振孫之書，何其疏也。諸書引用崔豹古今注，或舉姓名，或否，卽一書之内，亦復不能一律，惟書鈔引十一條，廣韻引十四條，皆舉姓名，文選注引二十條，惟西京賦注豹尾車一條不著名。其不舉姓名者，遂與伏無忌所著之古今注相混。然隋書經籍志於伏書著録雜史類，崔書則在雜家類，舊唐志同。體例截然不同。觀諸書所引伏侯古今注，所記皆朝章國故，及災異祥瑞之類，茅泮林十種古佚書内有輯本，雖搜採未廣，體例尚可考見。與崔書名同而實異。後漢書伏湛傳云：「元嘉中，桓帝復詔無忌與黄景、崔寔等共撰漢紀，又自采集古今删著事要，號曰伏侯注。」章懷注曰：「其書上自黄帝，下盡漢質帝，爲八卷，見行於今。」蓋伏氏書意在徵文考獻，故爲雜史之類，而崔氏書則意在釋古今事物之名義，爲多識之助，故爲雜家者流。以此考之，不難分別，檢諸書所引古今注，其不見於今本者，大率皆伏氏書，惟史記蘇秦傳索隱云「鵔鶨者，崔豹云起黃帝時習兵之勢也。」當是崔書佚文，其他鮮有出於今本之外者。太平御覽所引有古今注、伏侯古今注、崔豹古今注之别，其僅題古今注者，固是雜引兩書，即其明著姓名者，亦往往伏崔互混。如卷九百六引崔豹古今注曰：「鹿有角，影宋本誤作魚。不能觸。」九百七又引伏侯古今注曰：「麞有牙而不能噬，鹿有角而不能觸。麞一名麕，青州人謂麕爲麞。」相去不過五葉，而彼此不同，其實是崔豹書，見今本卷中鳥獸篇。非伏侯注也。又如光武建武六年「山陽有小蟲，皆類人形，甚衆，明日皆懸樹枝而死」一條，卷九百四十四引作崔豹，卷九百四十七又引作伏侯，惟少一皆字，末多乃大蟻也四字。其實是伏侯注，非崔豹書也。故御覽所引崔豹古今注，不見今本者，凡十有三條，其中九條記災異祥瑞之事，皆伏侯注之誤，惟卷八百四十二引「麻，䅥也」，卷九百十九引「夫鷲似鵠而大，頸長八尺，善啖蛇」二條，似是崔豹書佚文。至於卷九百六十引「烏文木出波斯國，每舶上將來，就中烏文爛然，中國亦出温、括、婺等州」，又引「制木湖州最多，有子如栗，木有白皮，波斯國來者，皆去其皮，人多不别」二條，固不類伏侯注，亦非崔豹書也。晉書地理志云「晉武帝太康元年，既平孫氏，凡十九州司、冀、兗、豫、荆、徐、揚、青、幽、平、并、雍、涼、秦、梁、益、寧、交、廣州」也。當崔豹之時，烏有所謂温、括、婺、湖州者乎？唐高宗上元元年，于永嘉縣置温州，隋開皇十二年改處州爲括州，開皇九年平陳，置婺州，仁壽二年置湖州，並見元和郡縣志。余所檢唐、宋人書凡十有四種，所引彼此重復，無慮數百條，而佚文寥寥可數，然則今本固尚不失真，非如他僞書出於宋、明人之所掇拾也。惟是古書閲時既久，傳寫者不盡通人，於是有佚脱，有妄改。佚脱者，如御覽卷九百二十六引「揚今本作楊白鷺」條，末多「亦號爲印尾鷹」一句，又卷九百四十三引「蟚蝟」下有注云「音滑」，今明翻本作蚏，各本作蜞條，末多「俗謂之越王劍」一句，其他脱一二字者，尚不可勝數。明翻本與各本互有佚脱，詳見涵芬樓本所附校記。妄改者，如鳥獸篇云：「狗一名黄耳。」案黄耳乃陸機犬名，其爲機齎書還吴，在太康末年機、雲入洛之後，事見晉書機本傳，崔豹咸寧中已爲博士，詳見後。與機正同時之人，晉武帝咸寧六年改元太康。安得遽採以入書？考玉燭寶典卷十二引搜神記云：「漢陰子方當臘日晨炊而竈形見，子方再拜受慶，家有黄羊，因以祠之。」荆楚記云：「以黄犬祭之，謂之黄羊。」自注云：「古今注，狗一名黄羊。」乃知本作黄羊，淺人不知典故，以爲狗安得名羊，習聞陸機黄耳事，遂奮筆改竄，不悟其非也。顧震福校本注云：「羊各本誤作耳，玉燭寶典十二、御覽九百四並引作黄羊，中華古今注同。案晉大夫祁奚字黄羊，奚乃猨段，猨即犬名，故名奚字黄羊。」與余所考不謀而合。宋曾慥類説卷三十六已引作黄耳，則其誤自宋人始矣。讀書附志著録此書，凡八篇，與今本同。宋嘉定庚辰丁黼刻本據明翻本，見後所附李燾跋，則曰：「古今注三卷，其書七篇，取古今名物各爲考釋。」蓋此書自有兩本，其作七篇者，無問答釋義第八篇也。初學記卷三十引董仲舒答牛亨問曰「牛亨問仲舒，蟬名齊女，何故」云云。北户録卷二「雞毛筆」條云：「世有短書，名爲董仲舒答牛亨問，曰，蒙恬作秦筆，管鹿毛爲柱，羊毛爲被，所謂蒼毫，非兔毫也。」知唐時別有一書，名爲董仲舒答牛亨問，然其文乃並見問答釋義篇中。考初學記引崔豹古今注者凡二十四條，別有無姓名者四條，三條崔書，一條伏書。其「蟬名齊女」一條獨不冠以古今注，北户録引古今注者三條，此指正文言之，注中又別引五條。而「蒙恬作筆」一條獨詆爲短書，知所謂董仲舒答牛亨問者，本自別行，徐堅、段公路所見古今注，並無此篇也。今本十二條中稱牛亨問者七條，程雅問者四條，孫興公問者一條，惟第一條作程雅問，董仲舒以後並無仲舒字，與徐堅、段公路所見本不同。牛亨亦西晉人，與豹同時。宋釋契嵩鐔津文集卷十九引唐余知古答歐陽生論文書曰：「近世韓子作原道，則崔豹答牛亨書。」謂其文摹擬崔豹此書也。是其證。或後人以豹嘗與亨相問答，因舉董仲舒答牛亨問亦歸之於豹，未可知耳。此董仲舒蓋別一人，非漢膠西相也。藝文類聚卷八十九引古今注曰：「知蠲人之忿，知今本作欲。則贈以青囊，今本作青堂，蓋皆青棠之誤。三名合歡今本作青堂，一名合懽。則忘忿，今本作合懽則忘忿。枝葉若繁，今本無若字。互相交結，每一風來，輒自相解，不相牽綴，今本作了不相絆綴，以上所舉，皆以今本爲長，類聚多脱誤，不可據。嵇康種之舍前。」其「知蠲人之忿」以下十七字，今在此篇中，其「枝葉若繁」以下則在草木篇，是歐陽詢所據與今本不同，疑其亦無此篇也。至類聚卷八十一引「芍藥一名可離」，今見此篇中，作牛亨問，恐亦是草木篇文。文選懷舊賦注引崔豹古今注曰：「堯設誹謗之木，今華表也，以橫木交柱頭。」今亦見此篇作程雅問，恐是都邑篇文爾。然此篇僅十二條，而爲御覽所引者乃至十有一條，僅程雅問三皇五帝一條未引。馬縞則全篇録入書中，皆與今本相合，是五代以前自有八篇之本，至宋而兩本並傳，李燾、趙希弁各就所見者言之。余疑崔豹書本無此篇，有者爲後人附入，但既出於五代以前，則相傳固已久矣。縞書尚有程雅問蠶、程雅問龜二條，明是此篇之文，今本脱去，又有問大琴大瑟、問上脱去人名。女媧問笙簧、女媧當作牛亨或程雅，以涉下文女媧伏羲妹而誤。玄晏先生問鳳三條，疑亦此篇佚文也。

又檢校永樂大典所載蘇鶚演義，與二書相同十之五六，則不特豹書出於依託，即縞亦不免於勦襲，特以相傳既久，姑存以備一家耳。

案明翻宋丁黼刻本附李燾題崔豹古今注後曰：「曩時文昌錫山尤公案尤袤也守當塗，刻唐武功蘇鶚演義十卷，後四卷乃誤勦入豹今書。然予在册府得本書四卷，謂得演義後四卷也。與豹今所著絶不相類，嘗以遺同年本郡學錢子敬，俾改而正之，庶兩書并行不相混亂。予尋歸蜀，不知子敬能從予言否。」勞氏碎金卷下據丁丑叢編排印本有勞格古今注跋云：「庚子四月購得此本，係從宋丁黼本出。勞氏所得本有朱氏注，不知何人，蓋就丁黼本作注也。前李序各本皆無，按李燾跋本附刻書後，蓋朱氏作注時録以弁首，故勞氏稱爲前李序。序言尤延之本蘇氏演義，誤勦入古今注。今演義世無原本，高宗朝館臣從大典録出，以演義與古今注多相出入，因疑崔、馬書爲僞書，勦襲演義而作，由未見此序故爾。陳振孫所載演義，卽尤延之本，按書録解題卷十云，蘇氏演義十卷，尤梁谿以家藏本刻之當塗。大典本亦同，蓋錢子敬實未嘗刻也。」余謂提要惟失之不詳考，誤以崔書爲僞作，故不謂演義襲崔豹，而以爲馬縞襲演義，因益信崔書之出於依託，是猶執盜贓而罪事主以行竊也。凡人先有成見，則其論事不免以白爲黑，往往如此，又不獨考證之學爲然爾。此書明刻行世者，有顧元慶文房小説本，吴琯古今逸史本，何允中漢魏叢書本，均無李燾跋，惟明刻單行本有之，並載嘉定庚辰東徐丁黼跋云：「左史李公守銅梁日，刻崔豹古今注，是正已備，余在上饒得郡學本，再三參訂，於第四篇以下頗多增改，故又刻之夔門云。」案李燾跋明言三卷七篇，而今本乃有八篇，蓋丁黼用上饒本增入，所謂於第四篇以下頗多增改者也。明本不題年月，不知何人所刻，蓋卽翻丁黼本。近日武進陶氏據以印入百川書屋叢書，上海涵芬樓又印入四部叢刊三編，皆題爲宋本，誤也。豐潤張庾樓允亮語余曰，此書係余用家藏本影印，以贈陶蘭泉彙入叢書，不知何以誤題爲宋刻。近人顧震福有此書校本，已付刻，所校亦頗精密，惜其未見明刻本，又將御覽所引「制木」、「烏文木」二條輯入佚文，不知非崔豹書，是其千慮之一失耳。

考劉孝標世説注載豹字正能，晉惠帝時官至太傅，馬縞稱爲正熊，二字相近，必有一誤。案世説新語言語篇云：「崔正熊詣都郡，都郡將姓陳，問正熊：『君去崔杼幾世？』」答曰：『民去崔杼，如明府之去陳恒。』」劉孝標注引晉百官名曰：「崔豹字正熊，燕國人，惠帝時官至太傅丞。」宋刻、據日本尊經閣影印本。明刻本同，「正熊」字凡三見，金樓子捷對篇載此事，「民去崔杼，作正熊之去崔杼」，「正熊」字亦三見。皆不作「正能」，且其官爲太傅丞，而非太傅，提要不知據何俗刻，遂誤引之而誤辨之？隋書經籍志云：「論語集義八卷，晉尚書左兵中郎崔豹集。」經典釋文序録有論語崔豹注十卷，注云「字正熊，燕國人，晉尚書左兵中郎」，名字里貫，皆與晉百官名合，而署銜不同。考續漢書、晉書、宋書百官志及通典職官典，並不云太傅有丞，惟晉志太子太傅少傅條下云：「惠帝元康元年，二傅置丞一人，秩千石。」宋志亦云：「太子太傅一人，丞一人。」又云：「二漢並無丞，魏世無東宮，然則晉世置丞也。」豹以惠帝時爲太傅丞，當是太子太傅丞耳，其止稱太傅丞者，省文也，猶之會稽王道子止爲太子太傅，而世説稱爲司馬太傅之比耳，當時有司雖奏宜進位太傅，而道子固辭不拜，見本傳。豹蓋終於此官。隋志、經典釋文題尚書左兵中郎者，舉其著書時言之也。近時洛陽出土晉辟雍行禮碑，額題「大晉龍興皇帝三臨辟雍，太子又再莅之，盛德隆熙之頌」。題名有典行王鄉飲酒禮博士漁陽崔豹正雄。時行大射鄉飲酒禮，鄭玄、王肅二家並用。諸書以豹爲燕國人，而碑稱漁陽者，晉書宣五王傳云：「清惠亭侯京薨，以文帝子機爲嗣。泰始元年封燕王，咸寧初以漁陽郡益其國。」碑立於咸寧四年，漁陽蓋尚未屬燕，故稱其本郡爾。豹字正熊，碑作正雄，同音通用。豹以治王氏禮爲博士，又兼通論語，在晉初卓然大師，此書特其緒餘，觀其訓釋名物，非湛深經術者不能作，故唐、宋人著書，率引以爲據，奈何提要不加深考，漫詆爲僞書乎？

資暇集二卷

唐李匡乂撰。舊本或題李濟翁，蓋宋刻避太祖諱，故書其字。文獻通考一入雜家，引書錄解題作李匡文，一入小說家，引讀書志作李匡義，而字濟翁則同。陸游集有此書跋，亦作「李匡文」，王楙野客叢書作「李正文」，然讀書志實作「匡乂」，諸書傳寫自誤耳。匡乂始末未詳，書中稱「宗人翰作蒙求」，則晉翰林學士李翰之族，其人當在唐末。唐書藝文志有李匡文兩漢至唐年紀一卷，注曰「昭宗時宗正少卿」，蓋卽匡乂。其書大抵考訂舊文，謂作詩疏之陸璣名從玉傍，非士衡，引證分明，足爲典據。

嘉錫案：鄭堂讀書記卷五十四云：「資暇集三卷，唐李匡文撰。匡文字濟翁，鄭惠王元懿五世孫，宰相夷簡子，昭宗時官宗正少卿。諸家俱作『匡文』，惟袁本讀書志作『匡乂』，衢本及馬氏所重出者，俱作『匡義』，此則文與乂以字形相涉而譌，又因俗書義字作乂，而譌爲義也。考濟翁之名匡文，見唐書宗室世系表及藝文志史部編年類、譜牒類，與子部小說家類，凡四見，皆作『匡文』；又陸放翁渭南文集卷二十八跋此書，亦作『匡文』；王勉夫野客叢書引此書，則作『正文』，見卷十一「借書一鴟」條，按演繁露卷十一亦引作「李正文」。「借書鴟」條事類賦卷十五引作李文資暇，亦因避諱，而闕匡字也。蓋避匡爲正也。自晁氏始訛作『匡乂』，自注云，此據袁本。又訛作『匡義』，自注云，此馬氏所據本。從此刻此書者皆作『匡乂』矣。書曰三人占則從二人之言，今濟翁名匡文，不名匡乂，證據如此之多，吾從其多者爲定論焉。」提要謂諸書作「匡文」者爲誤，謂其始末未詳，得周氏此條，足訂其誤。然周氏所考濟翁仕履，亦止據唐書世系表及藝文志，今案書録解題卷八云：「李氏房從譜一卷，唐洛陽主簿李匡文撰，時爲圖譜官。」又「聖唐偕日譜一卷，前賀州刺史李匡文撰」。唐會要卷十六：「中和元年，僖宗避賊成都，有司請享太祖以下十一室，太子賓客李匡乂建議。」合此三條觀之，則其始末益詳矣。至作蒙求之李翰，乃唐玄宗時人，非晉翰林學士，說詳蒙求集注條下。作詩疏之陸機名從木，不從玉，與士衡同名而非一人，匡文就偏旁爲之分析，所謂强作解事，說詳經部毛詩草木鳥獸蟲魚疏條下，提要均誤。

刊誤二卷

唐李涪撰。舊本前有結銜稱國子祭酒，郭忠恕佩觿引此書，亦稱爲李祭酒涪。五代去唐未遠，當得其真，而陸游渭南集有是書跋，曰：「王行瑜作亂，宗正卿李涪盛稱其忠，必悔過，及行瑜傳首京師，涪亦放死嶺南。」疑卽此人，未詳孰是也。

嘉錫案：文苑英華卷四百有錢珝授太僕卿賜紫李涪國子祭酒制云：「勑：右武以來，國子失教，聖域何遠，儒風浸衰。今朕考元龜，備法駕，言旋京師有日矣，姑欲開六學之署，以教諸生，而張吾理道之本，思欲得通四術者以莅厥職。具官李涪，以爾受爵素高，去朝斯久，奉車親重，乃以太僕命之。宗籍宿儒，時謂非稱，擢居雅秩，幸得其人。以爾蘊學之優，當吾選求之要，勉來分職，昭我用才。」是涪之官祭酒，具有明證。制詞中敍其仕履頗詳，涪之生平，略可考見。制稱爲宗籍宿儒，則其人乃唐之宗室。考新唐書宗室世系表蔡王房有詹事府丞涪，又大鄭王房亦有名涪者，不書其官，不知誰爲作刊誤者，案北夢瑣言卷六云：「隴西李遂涪常侍，福相之子，遂平宰璩，乃嫡孫也。」卷九云：「李涪尚書，福相之子，以開元禮及第。朝廷重其博學，禮樂之事，諮稟之，時人號爲『周禮庫』。廣明以前切韻，多用吳音，而清青之字不必分用，涪改切韻，全刊吳音。」大鄭王房之李涪正是同平章事福之子，其孫名璩。刊誤之中，言禮處極多，且有引開元禮者一條，論樂者一條，譏切韻爲吳音者一條，然則刊誤之作者，必此人也。新書叛臣王行瑜傳云：「克用軍環其城，行瑜奔慶州，爲麾下斬于路，傳首京師，於是乾寧二年也。始行瑜亂，宗正卿李涪盛稱其忠，必悔過，至是帝怒，放死嶺南。」涪之被貶，不見於舊唐書，陸游之說，蓋出於此。刊誤嘗記「辛丑歲大駕在蜀，中書令王鐸爲都都統」，乃僖宗時事，則涪乃唐末人，固可及見王行瑜之叛。然則作刊誤與放死嶺南者，正是一人，提要蓋疑其官稱不合耳。今按錢珝制詞雖不署年月，然新書錢徽傳云：「珝字瑞文，善文辭。宰相王摶薦知制誥，進中書舍人，摶得罪，貶撫州司馬。」珝乃徽之孫。英華卷七百七有錢珝舟中録序云：「乙卯歲冬十一月，余以尚書郎得掌誥命。庚申歲夏六月，以舍人讁佐撫州。」以舊書昭宗紀所書王摶作相及賜死之歲月考之，摶嘗三爲宰相，其再入相時，在乾寧二年六月，而賜死在光化三年六月。則珝所稱乙卯歲，乃乾寧二年，而庚申歲則光化三年也。勞格郎官石柱題名考卷廿三引舟中録序注其年代如此。涪拜官制詞爲珝所行，珝以乾寧二年十一月始知制誥，而是月二十日壬寅王行瑜已被殺，昭宗以十二月朔御門受俘馘，見舊書昭宗紀。涪之被放，當卽在此時。使其後遂死於嶺南，則其爲祭酒當不出此年十一月之內，其時昭宗并無播遷之事，而制詞云：「朕考元龜，備法駕，言旋京師有日矣。」與情事殊不相合。惟咸寧三年七月以李茂貞之兵逼京師，昭宗出奔，駐蹕華州，光化元年八月車駕自華還京師，制詞所言，當指此事。然則涪蓋於咸寧二年十二月以宗正卿坐王行瑜累貶嶺南，其後召回爲太僕卿，制有「出朝斯久」之語，當在光化元年，而於八月車駕還京之前遷國子祭酒，錢珝正以中書舍人視草，若天復三年，昭宗自鳳翔還京師，則珝久已被貶，不得當制矣。計涪之在嶺南，不過兩年餘，咸寧五年改元光化。未嘗死於貶所，新書誤也。刊誤自言嘗爲尚書郎，考之郎官石柱題名，在金部郎中内孫光憲稱涪爲尚書，則不知是何部之尚書也。

兼明書五卷五代邱光庭

光庭，烏程人，官太學博士。陳振孫書録解題稱光庭爲唐人，續百川學海及彙秘笈則題曰宋人。考書中世字皆作代，當爲唐人。然羅隱集有贈光庭詩，則當已入五代，其爲唐諱，猶孟昶石經世民等字，猶沿舊制闕筆耳。

嘉錫案：尤袤遂初堂書目姓氏類有唐邱光庭，古賢姓名相同録雜家類有唐邱光庭，兼明書，均題爲唐人。宋志雜家類有邱光庭規書一卷，又兼明書十二卷，在林慎思伸蒙子之後，朱朴致理書之前，則亦以爲唐人也。其小説類有邱光庭海潮論一卷，海潮記一卷，則又次在釋贊寧物類相感志之後，蓋宋志雜亂不足據。考文苑英華卷八百八楊夔烏程縣修建廨宇記云：「二者皆縣之故事，指蘇頲爲烏程縣尉時覆舟，及李紳生於縣署幼時墜池皆不死事。而圖經不載，公乃檄請邑人太學博士邱光庭編輯遺墜，其或善未書能未紀者，罔不畢録。」此記後題乾寧丙辰春，其後十二年天祐丁卯，唐始亡，光庭之修烏程圖經，又在其前，則光庭確爲唐人。提要據羅隱有贈光庭詩以定光庭爲五代人，然羅隱本唐末人，入五代未久卽卒，隱以梁朱温開平三年卒。其贈光庭詩安知不在唐時，是未得爲確證。惟吳越備史卷一云：「高澧嘗請太學博士邱光庭校書。」太學今本作太常，無校書二字，據天中記卷三十九所引校改。澧以唐天祐三年嗣位湖州刺史，見備史卷一。明年唐卽爲梁所篡，則光庭或當已入五代，然仍未有明徵。且光庭爲太學博士，十餘年不遷，則非貪冒干進者，當唐亡之時，雖未死，亦已年老，其後不聞其仕梁，以史例衡之，仍以題唐人爲是。此書之作，亦當在唐末，其避本朝之諱固宜，安可因羅隱偶贈一詩，便謂其必作於五代，不當復爲唐諱乎？

近事會元五卷 宋李上交

上交，贊皇人，始末未詳。是書成於嘉祐元年。

嘉錫案：勞格讀書雜識卷十一李上交條云：「續通鑑長編百七十三，皇祐四年八月乙未，降提點廣南西路刑獄、職方員外郎李上交爲太常博士，坐失禦賊也。又百五十八，慶曆六年三月丙午，荆湖南路轉運判官李上交知筠州，以在部苛察也。容齋三筆十五，嘉祐二年，雒陽人職方員外郎李上交來豫章東湖，有辨總持寺牒，後列銜事。直齋書録解題八，豫章西山記一卷，贊皇李上文撰，嘉祐丁酉歲。原注云交誤文。」其考上交始末頗詳，足補提要之闕。上交雒陽人，而自署贊皇者，題其郡望也。宋志地理類有李上交豫章西山記一卷。

前有上交自序。陳振孫書録解題曰：「近事會元五卷，李上交撰。自唐武德至周顯德，雜事細務皆記之。」今觀其書，自一卷至三卷，首載宫殿之制，次載輿服之制，次載官制，軍制，其次亦皆六曹之掌故；四卷爲樂曲，爲州郡沿革；惟五卷頗載瑣聞，然如婦人檐子諸條，亦皆有關於典制。大抵體例在崔豹古今注、高承事物紀原之間，不可徒以雜事細務目之。振孫殆未詳核其書，但見其標題列説如雲仙雜記、清異録之式，遂漫以爲小説歟。

案上交自序云：「交以退寓鍾陵，静尋近史，及諸小説雜記之類，起唐武德而下，盡周顯德之前，擷細務之所因，庶閒談之引據。」是振孫目爲雜事細務，正用其自序之詞，不可以此議振孫。且書録解題於雲仙散録、即雲仙雜記。清異録均著録於小説家，卷十一。而此書則在雜家，卷十。是振孫亦未嘗漫以爲小説也。

靖康緗素雜記十卷

宋黄朝英撰。晁公武讀書志曰：「朝英建州人，紹聖後舉子。」公武譏其爲王安石之學，又譏其解詩「芍藥」「握椒」爲鄙褻，劉敞七經小傳亦摭此條爲諧笑，雖不出姓字，殆亦指朝英。今觀其書，頗引新經義及字説，而尊王安石爲舒王，解詩「緑竹」一條於安石之説，尤委曲迴護，誠爲王氏之學者。然所説自「芍藥」「握椒」一條外，大抵多引據詳明，皆有資考證，固非漫無根柢，徒爲臆斷之談。敞本與安石異趣，公武又自以元祐黨家世，與新學相攻擊，故特摭其最謬一條，以相排抑耳。

嘉錫案：宋史劉敞傳云：「熙寧元年卒，年五十。」晁公武謂朝英爲紹聖後舉子，紹聖改元在敞卒後二十六年。自熙寧二年起算，下仿此。朝英稱王安石爲舒王。宋史安石傳云：「崇寧三年，追封舒王。」在敞卒後三十六年。直齋書録卷十有此書解題云：「陳與序言甲辰六試禮部不利，蓋政、宣中士子也。」宣和甲辰，在敞卒後五十六年。且此書以靖康冠於書名之上，則成於北宋之末，故演繁露卷三云：「緗素雜記，靖康間閩人黄朝俊所作也。」書録解題作黄朝英士俊，此脱二字。靖康紀元在敞卒後五十八年，計敞卒時，朝英恐尚在孩提，或且未生，敞安得見此書而摭之而譏笑之乎？作提要者不應不知敞之時代，而顧云云如此者，率爾成之，漫不加察故也。且偏考七經小傳三卷之中，並無解「芍藥」「握椒」之語，據涵芬樓景印宋本。此蓋誤記劉攽爲劉敞耳。攽語見後。提要謂晁公武譏其爲王安石之學，解詩「芍藥」「握椒」爲鄙褻。考通考二百十四引晁氏曰：「朝英建州人，紹聖舉子也。爲王安石之學者，以『贈之以芍藥』爲男淫女，『貽我握椒』爲女淫男，鄙褻不典。讀書志卷十三無此四字。前輩嘗以爲嗤笑，朝英特愛重之，以爲得詩人深意。讀書志無此七字。其他可知。」公武之意，蓋謂昔人爲王安石之學者，有此鄙褻之説，而朝英稱述之。「爲王安石之學者」七字，當與下句連讀，非指朝英，亦未嘗以此説爲朝英之創解也。觀本書卷六「芍藥」條首云：「先儒説詩，溱洧，刺亂也。」末云：「其説雖近乎鄙俚，然頗得詩人之深意，故誌之。」是此條乃朝英述先儒之説，語意甚爲明白。其所謂先儒，卽公武所謂爲王安石之學者也。而提要以爲公武譏朝英爲安石之學，雖朝英持論不免祖述荆舒，斥爲王學，未爲不當，然非公武之意也。宋李廌師友談記云，張文潛曰：「先皇尚經術，本欲求賢聖指趣，而一時師説，競以新奇爲臆説，卽附意穿鑿。如説詩曰『惟士與女，伊其相謔。贈之以芍藥』。以謂淫佚之會，芍藥善墮胎行血，故爲之贈。然詩言士與女相贈，然則士贈女乎，女贈士乎？借謂女贈士，安用墮胎行血也。此殆以芳香爲好之意，何至是陋也。劉貢父嘗曰，『贈之以芍藥』，士女不分。若夫『視爾如荍，貽我握椒』，則女贈士必矣。本草云，椒性溫，明目，煖水藏，則女無用也。莫不以爲笑。」然則謂「贈之以芍藥」爲男淫女者，爲王安石學者之詞，謂「貽我握椒」爲女淫男者，特劉攽戲謔之詞，朝英合而引之，公武概以爲王學，恐亦誤也。提要誤記劉攽爲劉敞，遂以爲出於七經小傳，且謂其言爲朝英而發，不知朝英之説，正本之於攽也。

能改齋漫録十八卷

宋吳曾撰。曾字虎臣，崇仁人。秦檜當國時，曾上所業得官，紹興癸酉，自敕局改右承奉郎，主奉常簿，爲玉牒檢討官，遷工部郎中，出知嚴州，致仕卒。

嘉錫案：宋鄧椿年作古今姓氏書辨證後序，自言其父名世卒後，門人吳曾爲作行狀，則曾乃名世之弟子也。宋洪邁夷堅志支乙卷二云：「吴虎臣曾博聞强識，知名江西，竟不第，而以獻書得官。」徐松輯本宋會要第五十六册云：「十一年紹興六月十五日詔，撫州布衣吴曾進春秋左氏傳發揮等書，據立議證，多有可觀，特與補右迪功郎。」本書卷十三云：「予嘗爲鑄錢司屬官凡三年。」建炎以來繫年要録卷一百四十云：「紹興十一年六月壬午，布衣吴曾特補右迪功郎。曾，臨川人，獻所著左氏發揮，而有是命。」又卷一百六十五云：「紹興二十三年，歲次癸酉。敕令所删定官吴曾面對。」詳見後。又卷一百八十二云：「紹興二十九年閏六月，右承奉郎吴曾守宗正寺主簿。」卷一百八十三云：「紹興二十九年十一月顯仁皇后掩攢宫有士庶邱墓雜錯其間，陰陽家請悉挑出，宗正寺主簿權太常丞吴曾從而和之。」又卷一百八十四云：「紹興三十年三月丁酉，宗正寺主簿吴曾試太常丞。」卷一百八十五云：「五月壬辰，太常丞吴曾特降一官。先是曾奉詔與太史局丞楊彦民等按行攢宫，彦民等妄乞挑去民間冢墓，曾依隨奏聞，故絀之。」卷一百八十七云：「十有一月己卯，太常丞兼權吏部郎官吴曾兼權吏部郎官。十有二月戊午，殿中侍御史陳俊卿言，太常丞兼權吏部郎官吴曾素乏鄉譽，昨以上書得官，遂挾命術，遊時相之門，敢爲大言，士流嗤鄙，今處銓曹，懵不曉事。詔曾與在外宫觀。」宋周煇清波别志卷下云：「吴虎臣曾，撫之崇仁人。紹興間以著述被遇，補官主奉常簿檢討玉牒。所纂漫録凡二千條。」此皆吴曾仕履之可見者。

提要所考，大抵本之宋趙彦衛雲麓漫鈔，見後。但彦衛不言其爲工部郎中及知嚴州，惟乾隆浙江通志卷一百五十六引嘉靖通志云：「吴曾，崇仁人。高宗時獻所著書，累官吏部郎奉祠，久之起知嚴州，去貪吏，恤良民，善政著聞。」與提要頗合。宋劉文富嚴州圖經卷一有宣和三年以後知州題名，並無吴曾之名。考宋樓鑰攻媿集卷五十二環溪文集序云：「余少讀能改齋漫録而知有臨川吴虎臣之名，虎臣名曾，嘗分嚴陵之符。」則曾確曾知嚴州矣，圖經偶遺漏耳。宋史藝文志編年類有吴曾南北征伐編年二十三卷。

此書末有其子復跋，稱所記凡二千餘條，釐爲十八卷。自元初以來，刊本久絶，此本乃明人從秘閣鈔出。原闕首尾二卷，焦竑家傳寫之本，遂以第二卷、第十七卷各分爲二，以足其數，實非完帙。又書中分事始、辨誤、事實、沿襲、地理、議論、記詩、謹正、記事、記文、方物、樂府、神仙鬼怪，共十三類，而諸家傳本，或分卷各殊，或次序顛倒，或併爲十五卷，或以第十一卷分作兩卷，而併第九卷入第八卷内，或無謹正一類而併入記事類中，或多類對一門，詼諧戲謔一門，蓋輾轉繕録，不免意爲改竄，故參錯百出，莫知孰爲原帙也。

案宋史藝文志此書凡兩見，一在雜家類，作吴曾漫録十三卷，一在小説家類，作吴曾各本多誤作會。能改齋漫録十三卷。書録解題卷十一有此書，亦十三卷。蓋其書分十三類，以一類爲一卷也。今本載其子復跋，謂釐爲十八卷，已自不同，而趙希弁讀書附志又作二十卷，云「吴曾虎臣所纂也，曰事始，曰辨誤，曰事實，曰沿襲，曰地理，曰議論，曰紀詩，曰紀事，曰紀文，曰類對，曰方物，曰樂府，曰神仙詭怪，曰談諧戲謔，一一載之。」以此考之，則此書在宋時自有三本，多寡各異。讀書附志所紀門類，較之四庫本，無謹正一類，而有類對及詼諧、戲謔二門，與提要所言他家傳本合，是亦宋本相傳之舊，未可以爲繕録者有所改竄。宋劉昌詩蘆浦筆記卷七亦云「漫録取類對爲一門」，益可證此門爲曾原本所有矣。

趙彦衛雲麓漫鈔又記秦檜卒後，曾不敢出其第十九卷，則當日已無定本，無怪後來之紛紛矣。

案雲麓漫鈔卷十云：「吴曾字虎臣，秦益公當軸時，上所業得官。紹興癸酉，自敕局改右承奉郎，主奉常簿，爲玉牒檢討官。秦薨，不敢出，其第十九卷自稱不樂京局，且不能委曲時好，恐以罪去，以此惑後人。蓋癸酉歲正是秦興大獄，追治賢士大夫時，則必有以取媚致身清要。」詳審文義，當以「秦薨不敢出」爲句，「其第十九卷自稱不樂京局」爲句。蓋彦衛之意，以曾爲秦檜之黨，檜死後，冰山既倒，遂不敢出仕，其人獻媚權奸，實一偷合苟容之流，乃其所著書反自稱不能委曲時好，一似以氣節齟齬於世者，欲以此惑後人而掩其醜，此彦衛誅心之論也。彦衛所見蓋二十卷之本，故有第十九卷，其語當在談諧戲謔門中，今本只十八卷，無此一門，守山閣刻本十八卷，分門與讀書附志合，但無談諧戲謔一門，疑宋本以此爲十九、二十卷也。故無「不樂京局」之語。考秦檜之死在紹興二十五年十月，而據繫年要録，曾於二十九年尚爲宗正寺主簿、權太常丞，則無因檜死不敢出之事，此或傳聞之誤，或中間嘗稱疾杜門，後乃夤緣復出耳。提要不知宋時自有二十卷之本，遂以不敢出其第十九卷作一句讀，而不復考其文義，誤之甚矣。

是書考證頗詳，而當時殊爲衆論所不滿。劉昌詩蘆浦筆記嘗摘其舛誤十一條，又稱其比事門中原注，案今本無比事之名多所漏略，舉史記八事以例其餘。趙彦衛雲麓漫鈔亦摘其中「論佛法與天地並原」一條爲所學之誣妄，并稱其詬訾前賢不少，如詩人得句，偶有相犯，卽以爲蹈襲，及恃記博，妄有穿鑿。周煇清波雜志則謂其記荆王元儼戲劇批判及宗室子好尚之僻諸事，有論其不應言者，旋被旨毁版。盛如梓恕齋叢談又載當日有知麻城縣鄭顯文者，遣其子之翰赴御史臺論曾，事涉訕謗，有旨曾、顯文各降兩官，臣僚繳奏，乃黜顯文，送其子汀州編管，後京鏜愛其書，始版行，與煇所記不同，未詳孰是。王士禎池北偶談以爲曾書多不滿王安石，顯文殆又襲黨人故智。今觀其書，以荀彧爲漢之忠臣，以馮道爲大人，其是非甚爲乖剌，又如孫仲鼇賀秦檜詩，曾惇上秦檜書事十絶句，皆臚載無遺，是其黨附權姦，昭然可見，并其書遭人攻擊，蓋由於此，士禎偶未詳考也。

案以荀彧爲漢忠臣，范蔚宗已有此意，至以馮道爲大人，則曾乃敍富弼、蘇轍、王安石之言而推論之，兩條皆見卷十。皆不足爲深病，惟黨附權姦，爲實有其事，趙彦衛已譏之矣。雲麓漫鈔卷十云：「能改齋漫録記誦亦博矣。第一卷書佛法，乃引列子商太宰答問之語，以謂佛法原天地之始。案此條今本無。又言秦益公生日，蜀人李善詩云：『無窮基有無窮問，第一人爲第一官。』其後言者以爲過，有旨禁之，仍著令，然前輩多有之，如荆公、東坡皆有曾魯公、張文定生日詩。案見卷十一。又載曾郎中案卽曾惇獻秦十絶，『裴度只今稱聖相』之句，解云，李義山韓碑詩『帝得聖相相曰度』，蓋取晏子春秋仲尼魯之聖相也。案見卷五及卷十一。意以禁生日爲非，聖相爲可稱。此下云，夷考其人，姓吳名曾字虎臣云云，引已見前。蓋癸酉歲正是秦興大獄，追治賢士大夫時，必有以取媚，致身清要，宜乎取聖相，而以禁生日爲非，釋氏之教與天地并原也。」是則曾之黨附權姦，灼然有據，士禎所云云，誠爲失考。然而曾之媚秦檜，其事尚不止此。宋史檜傳云：「檜擅政以來，屏塞人言，蔽上耳目，凡一時獻言者，非誦檜功德，則訐人語言，以中傷善類。欲有言者，恐觸忌諱，畏言國事，僅論銷金鋪翠、乞禁鹿胎冠子之類，以塞責而已。」又云：「張扶請檜乘金根車，又有乞置益國官屬及議九錫者，檜聞之安然。」此所言當時士大夫情狀，自張扶外，皆無主名。及考繫年要録卷一百六十五云：「紹興二十三年，敕令所删定官吳曾面對，乞禁採捕鹿胎爲飾，因舉真宗皇帝不殺羔羊事，以爲自澶淵講好之後，十有九年不言兵，而天下富庶者，其源蓋出於此。」朱子語類卷百三十一云：「問張魏公行狀秦相叛逆事如何，曰：當時煞有士大夫獻謀者，亦有九錫之議矣，吳曾輩是也。」然後知宋史檜傳所言乞禁鹿胎冠子及議九錫者，卽曾也。漫録卷十盛稱桑維翰，且載其出帝時上書曰：「議者以陛下于契丹有所供億，謂之耗蠹，有所卑遜，謂之屈辱，微臣所見，則曰不然。且以漢祖英雄，猶輸貨於冒頓；神堯武略，尚稱臣於可汗。此謂達於權變，善於屈伸，所損者微，所利者大。」此乃藉維翰以贊和議，且歸功於檜也。其面對時所言澶淵講好，十九年不言兵，亦是此意。其極乃至欲導檜爲操、莽，可謂喪心無耻者矣，提要之所以罪曾者，尚未足以盡曾也。陸心源宋史翼卷二十九爲曾作傳，僅摭拾地志之浮詞，亦不能知曾之爲人，余故詳考之如此。

學林十卷

宋王觀國撰。觀國，長沙人。其事蹟不見於宋史，湖廣通志亦未之載。惟賈昌朝羣經音辨載有觀國所作後序一篇，結銜稱左承務郎知汀州寧化縣主管勸農公事兼兵馬監押，末題紹興壬戌秋九月中澣，則南渡以後人也。

嘉錫案：勞格讀書雜識卷十一、陸心源儀顧堂題跋卷八，均考觀國仕履，而陸氏爲詳，其跋云：「按觀國政和九年進士，簽書川陝節度判官，以招諭逋逃轉一官。紹興初，官左承務郎，知汀州寧化縣，累升祠部郎中。按據繫年要録卷一百五十一，觀國乃祠部員外郎，非郎中。十四年，御史李文會劾觀國與直學士院劉才邵皆万俟卨腹心，出知邵州，見繫年要録、宰輔編年録、羣經音辨後跋、劉才邵㮊谿居士集。」余考容齋隨筆卷七云：「王觀國彦賓有學林。」則其字爲彦賓。宋會要一百册職官七十云：「紹興十四年二月二十八日，中書舍人劉才邵、祠部員外郎王觀國，並與外任。以臣僚言，二人皆附万俟卨，今卨既出，宜逐罷故也。」此又提要及勞氏、陸氏所未詳也。

考晁公武、陳振孫兩家書目及宋史藝文志，是書俱未著録。吴曾能改齋漫録、趙與旹賓退録引之，均稱曰學林新編，而今所傳本，但題學林，無「新編」二字。考袁文甕牖閒評、王楙野客叢書，亦衹稱王觀國學林，則當時已二名兼用矣。

案張淏雲谷雜記卷一、卷四及容齋隨筆引此書，均作王觀國學林。

演繁露十六卷續演繁露六卷宋程大昌

周密齊東野語云：「程文簡演繁露初成，高文虎嘗假觀之，稱其博贍。文虎子似孫，時年尚少，因竊窺之。越日程索回原書，似孫因出一帙曰繁露詰，其間多文簡所未載，而辨證尤詳。今其書不傳，諸家亦不著於録。」考似孫所著緯略，其精博未必勝於大昌，或傳聞者過，周密誤載之歟？

嘉錫案：楊守敬日本訪書志卷七載其所得影宋本緯略，有嘉定乙亥似孫自序四庫本及守山閣本均無自序一首，略云：「嘉定壬申春，程氏準新刊尚書公演繁露成，以寄先公，先公得書，晝夜看不休。似孫從旁問曰：『書何爲奇古，而耽視若此？』先公曰：『是皆吾所欲志者，筆不及耳。』似孫晝夜之力，省侍旁見聞者，鈔作一卷，曉以呈先公。先公翻閱再三，且曰：『此書好於演繁露，何人所作？』對曰：『似孫嘗聞尊訓，有所欲志，而筆不及，是乃夜來旋加緝録者。』先公喜曰：『吾志也，宜增廣卷帙，庶幾成書。』一月後，甫得卷十二，而先公已捐館，展卷輒墮淚。」周密所載，蓋卽因此，而傳聞異辭。據似孫所自言，則緯略乃仿演繁露而作，而非所以詰難演繁露，自不當有繁露詰之名，周密殆亦未見似孫自序也。

蘆浦筆記十卷

宋劉昌詩撰。昌詩字興伯，江西清江人。第七卷「仙卜」一條，稱開禧乙丑竊太常第，則寧宗元年登進士。書末嘉定乙亥自跋，稱捐俸刻於六峯縣齋，則嘗爲縣令，但六峯不知爲何地。前有嘉定癸酉自序，稱服役海陬，賣鹽外無職事，惟繙書以自娛，凡先儒之訓傳，歷代之故實，文字之譌舛，地理之遷變，皆得溯其源而尋其流，蓋其監華亭蘆瀝場鹽課時作，故以「蘆浦」爲名也。

嘉錫案：李劉梅亭四六標準卷三十六有代回上高劉主簿啓，是其人先嘗爲上高縣主簿。

宋史藝文志地理類有劉昌詩六峯志十卷。提要謂六峯不知何地，考宋會要第一百八十二册兵二十云：「嘉定八年九月，知真州六合縣劉昌詩言，本縣屯戍，歲一更替，去年蒙撥到人馬，逐名點驗，並無老弱殘疾。」云云。嘉定八年，正是乙亥，與自跋紀年合，然則六峯卽六合縣耳。輿地紀勝卷三十八云：「六合卽定山也。其山相接，舊名六峯，曰寒山，曰獅子，曰雙雞，曰芙蓉，曰高妙，曰石人。」六合本因山得名，故亦號爲六峯矣。書中「草鞋大王」一條，稱「紹興癸丑，余客淮南」云云，癸丑爲紹興三年，下距嘉定乙亥凡八十三年，計其年且百餘歲，必無尚爲縣令之理。卽距開禧乙丑亦七十三年，計其年當過九旬，更必無登第之理。考紹熙五年亦爲癸丑，或傳寫譌舛，以熙爲興歟？

案紹熙癸丑乃四年，非五年，下距嘉定乙亥止二十二年，較作紹興癸丑相去八十三年者爲近情理，其爲傳寫之譌無疑。

考古質疑六卷

宋葉大慶撰。大慶，宋史無傳，是書亦不見於藝文志，惟永樂大典散見各韻中，又別載入寶慶丙戌葉武子、淳祐甲辰其子釋之序各一篇。據其文考之，知大慶字榮甫，當時以詞賦知名，嘗官建州州學教授，其里貫則序文不具，莫能詳也。其書考證詳明，類多前人所未發，在南宋說部之中，可無愧淹通之目。獨沈晦不顯，幾至終湮，殆以名位不昌，故世不見重耶。

然蠹蝕凋殘，逾數百載，卒能遭逢聖代，得荷表章，亦其光氣之不可掩也。謹採掇編綴，訂正舛譌，釐成六卷。

嘉錫案：此書雖經四庫採掇成編，但頗有遺漏未備。文廷式純常子枝語卷三十七曾從永樂大典一萬一百五十六録出論司馬遷疏略而難信，論史記不載燕昭築臺事，論史記與通鑑紀事不同，凡三條，又從一萬二百八十五録出論莊子寓言一條，皆館本所無。

學齋佔畢四卷

宋史繩祖撰。繩祖字慶長，眉山人。受業於魏了翁之門，了翁鶴山集中有題史繩祖孝經一篇，卽其人也。其仕履始末不甚可考，惟陽昉字溪集末有其挽詩，結銜稱朝請大夫、直煥章閣、主管成都府玉局觀齊郡史繩祖，蓋奉祠時作。所謂齊郡，其郡望也。是書皆考證經史疑義。

嘉錫案：元黄溍金華先生集卷三十盤峯先生墓表孫潼發云：「衢俗好鬭，先生被郡檄，徧行村落，戒諭之。蜀名卿史公繩祖僑寓是邦，先生暇日，輒相與研究性理之學，爲士者往往得其緒言，而有所開悟。」則繩祖於晚年入元後尚僑居衢州，爲人講學也。至其仕履亦有可考者。勞格讀書雜識卷十一云：「史繩祖。後村大全集六十四史繩祖江西提舉制，碧梧玩芳集五史繩祖直煥章閣江東提舉制，略云：『人有典刑，學深淵縕。緇十二經之說，仰屋著書；以六百石之官，乘軺刺部。重申巽命，自西徂東。』原注云：「蓋自江西移江東也。」

鼠璞一卷

宋戴埴撰。埴字仲培，桃源人。仕履無考。書中「楮券源流」一條，歷陳慶元、開禧、嘉定之弊，知爲南宋末人，故書録解題著録，而讀書志不著録也。

嘉錫案：陸心源儀顧堂題跋卷八鼠璞跋云：「埴，鄞縣人。祖機，字伯度，紹興初以特恩補官，爲金華主簿。父璲，亦進士，見攻媿集戴機墓志。兄埴，紹定五年進士，官太府卿。埴嘉熙二年進士，持節將漕，見寶慶四明志。王伯厚戴氏桃源世譜引，余初疑桃源爲埴之原貫，但世譜引謂爲晉戴逵之後，逵望譙國，後居剡川，與桃源無涉。蓋鄞有桃源鄉，宋張即之居之，著有桃源志，戴氏亦居鄞之桃源鄉，故譜稱桃源戴氏。然則桃源乃鄉名，非縣名也。埴爲四明人，故書中多辨正四明事。新修鄞縣志采摭甚備，埴附機傳，而不知即著鼠璞之戴埴。進士表既無其名，藝文志亦無此書，亦缺典也。」又近人王榮商容膝軒文稾卷四書鼠璞後云：「是書刻左圭百川學海中，題曰桃源戴埴仲培父。四庫提要以桃源爲縣名，故不詳其仕履。余觀書中辨『大人堂』、『佽飛廟』二條，皆四明掌故，乃知桃源實鄞之鄉名，非縣名也。案鄞志選舉表，埴嘉熙二年上舍，戴機傳埴與兄埴先後持節將漕爲衣冠光，語本王應麟桃源戴氏譜引。是戴氏本桃源鄉望族，埴之自署桃源者以此，而埴爲塤弟，與仲培父之字正合。左圭鄞人，故是書見收於學海，而志傳反不著録，則亦誤以桃源爲縣爾，世固有同時而同名者，如是書之撰，其出於鄞人無疑也。載考鄞志藝文據程端學春秋本義引用書目有四明戴培父春秋志，因歎曰：『此則埴書之見收於邑志者。』蓋埴字仲培父，而稱培父，猶劉原父、貢父之例，而程氏明云四明人，則桃源之爲鄉名，更無疑矣。」二家所考，彼此暗合，足以互相補，故并録之。然攻媿集卷一百六戴伯度即戴機墓誌銘云：「戴氏世爲鄞人，居桃源鄉。」其言明白如此，則亦不待旁徵博引矣。經義考卷一百九十二云：「戴氏培父春秋志，佚。」程端學曰「四明人」。亦不知培父名埴。得王氏之説，知其與鼠璞同出一人，又可知埴之留心經學，是書特其緒餘耳。

坦齋通編一卷　宋邢凱

不著撰人名氏，説郛題曰宋邢凱撰，亦不詳其爵里時代。所紀有淳熙中見冷世光論姓氏事，在孝宗時，又有慶元間高秉文命題、京鏜攻中官王德謙二事，及近見楊誠齋易傳語，則是書成於寧宗以後。又紀乾道辛卯王寧爲武寧宰，其家充里正，則武寧人也。

嘉錫案：勞格讀書雜識卷十一邢凱條云：「館閣續録八，嘉熙二年十二月□知江陰軍著作佐郎兼權司封郎官；又九，邢凱字廷舉，隆興府武寧人，嘉定七年袁甫榜進士出身，治禮記，紹定二年四月，召試館職，除秘書省正字，八月，通判吉州。」與提要所考者合。

愛日齋叢鈔五卷 宋失名

案愛日齋叢鈔散見永樂大典者，共一百四十三條，俱不題撰人姓氏。考諸家書目，亦多未著録，惟陶宗儀説郛第十七卷内載有此書二十二條，題爲宋葉某所撰，而不著其名。

嘉錫案：涵芬樓排印明鈔本説郛第十七卷，有愛日齋叢鈔十卷，題宋葉□□，第十八卷有坦齋筆衡六卷，題宋葉寘，注云「金華人」，二書前後相次。考黄虞稷千頃堂書目卷十二小説家類有宋葉寘愛日齋叢鈔十卷，又坦齋筆衡一卷。黄氏雖未必果見原書，然必有所本，決非杜撰，或者其所見陶宗儀説郛原本吴騫拜經樓抄校本千頃堂書目，係自盧氏抱經堂本傳鈔覆校，其卷十五類書類有陶宗儀説郛一百卷，知黄氏所據是南村原本，今張氏適園叢書刻本黄目作一百二十卷，乃淺人據陶珽本卷數妄改愛日齋叢鈔條下，撰人姓名尚未殘闕，遂據以著録歟？然則此書乃宋金華葉寘號坦齋者所撰，提要謂諸家書目未著録者，非也。陸心源宋詩紀事補遺卷八十一云：「葉寘字子真，號坦齋，池州青陽人，隱居九華山，以著書自娱。宋末監司論薦，補迪功郎、本州簽判。」余考洪咨夔平齋文集卷七有九華葉子真有詩見寄因和酬，卷十三有答葉子真書云：「昔過九芙蓉下，知有隱君子之廬。」與陸所言隱居九華者合。又一書云：「大比又近，俛踏槐黄否？」則其人蓋嘗應進士舉而未第者。魏了翁鶴山大全集卷十一有次韻九華葉寘見思鶴山書院詩，又卷三十五答葉子寘書云：「來諭屢屢恨柳惜韓，尊蘇慕黄，詞嚴而義正，志立而氣昌。」雖不知其所恨惜尊慕者爲何等語，然叢鈔中論韓、柳、蘇、黄詩文處最多，亦可證爲寘之所作也。劉克莊後村題跋卷一許介之詩卷跋云：「端、嘉以來，中外多故，天子稍越拘攣拔士，余取識如江西曾無疑、金華杜叔高、九華葉子真、衡陽許介之，相繼聘召。無疑、叔高入館，子真、介之但爲諸侯客。」與陸所言以論薦補本州簽判者亦合。俞文豹吹劍録外集録有九華葉寘所作三學義舉頌並序，乃爲嘉定十二年三學諸生伏闕論工部尚書胡榘事而作。以此考之，其人之本末仕履皆可見矣。以永樂大典本參校，相合者十二條，其説郛有而永樂大典脱去者十條，取以參補，實得一百五十三條。雖原書卷目已佚，而裒輯排訂，尚可考見大略。觀其論先儒從祀一條，有咸淳年號，知爲宋末人所作也。

案明本説郛録此書實有三十一條，余取以與閣本叢鈔相校，守山閣刻本即自文瀾閣録出。除二十二條之外，尚有「自稱字」、「壻稱門人」、「茉莉花」、「上馬石」、「丈人」、「土名傳訛」、「先生」、「閻羅王」、「猶豫」九條爲閣本所未收，蓋四庫館所據之説郛乃經陶珽删節竄亂者，未及見一百卷本也。説郛每條皆有標目，閣本無有，蓋館臣因永樂大典所引無條目，遂舉而盡去之，以歸一律，然不如各仍其舊之爲得也。

譚苑醍醐九卷明楊愼

其書亦皆考證之語，與丹鉛録大致相出入，而亦頗有異同。首有嘉靖壬寅自序。其名醍醐者，謂從乳出酪，從酪出酥，從生酥出熟酥，從熟酥出醍醐，猶之精義入神，非一蹴之力也。

嘉錫案：明無名氏筆記云：在甲戌叢編內。「譚苑醍醐，其敍出於楊升菴，疑爲升菴書，止一帖五卷而止，疑爲不全之書，及見莫廷韓所鈔，亦止五卷，其跋云：『此書吳人盧熊所著，洪武間人也。書亦賅洽可尚。』方知非楊氏書，第不知更有下帖否。」考明史藝文志及千頃堂書目著録此書，撰人皆題楊愼，作九卷，今謂止五卷，蓋偶見不全之本；至謂爲盧熊所著，當俟再考。

疑耀七卷明張萱

舊本題明李贄撰。前有張萱序，稱「負笈數千里，修謁其門，迺裒一編見示，屬以訂正，戊申歲以地官郎分務吳會，登梓以傳」云云。王士禎古夫于亭雜録云：「家有疑耀一書，凡七卷，乃李贄所著，而其門人張萱序刻者。余嘗疑爲萱自纂，而嫁名於贄，以中數有校祕閣書及修玉牒等語，萱嘗爲中書舍人，纂文淵閣書目，而贄未嘗一官禁近也。及觀『論温公』一條中云『余鄉海忠介益信不疑』云云。」今因士禎之説，而考之「奉朝請」一條云「余今年五十矣，始爲尚書郎」，是萱官户部時語，贄亦未嘗官六曹也。「蘭香」一條云：「此法在宋已有之，自吾廣始。」「蘇東坡」一條云：「東坡寓吾惠最久。」「文天祥」一條云：「文璧蓋守余惠州，而以城降元者。」是皆廣東人語，與萱之鄉貫相合，贄本閩人，無由作此語也，知此書確出於萱，士禎所言爲不謬。蓋以萬曆中贄名最盛，託贄以行，而其中刪除不盡者尚有此數條耳。相傳坊間所刻贄四書第一評、第二評，皆葉不夜所僞撰，知當時常有是事也。

嘉錫案：孫志祖讀書脞録卷七云：「疑耀七卷，乃張萱撰，舊題李贄者誤也。王阮亭古夫于亭雜録以書中有校祕閣書及修玉牒語，又一條云『余鄉海忠介』云云，證爲萱作。志祖案，此書第三卷明云『衰慈八十，膝下止萱一兒，官遠禄微，不能迎養』，則爲張萱無疑，并未嘗託名於贄也。不知何人僞撰萱敍，遂以其書移而屬之於贄也。亦類於作奏之忘去葛龔矣。」孫氏此條，可補提要之闕。屈大均廣東新語卷十一云：「疑耀者，博羅張萱所撰，坊刻以爲李贄，非也。中有稱『余鄉海忠介』語；又萱不喜佛，疑耀中辭多闢佛，謂列子述孔子言，西方有聖人，西方聖人，卽詩之西方美人，蓋周文王也，此非贄之言明甚。」又云：「博羅張萱孟奇所著，有彙經、彙史、史餘、彙雅、聞見録、心口語諸書，凡千餘卷，兵火後散佚殆盡，惟西園彙集、疑耀二書猶存。」白胤昌容安齋穌談卷九云：「嶺南張萱著一書曰疑耀，亦辨博，第不知託名李卓吾何謂，不過假以希傳播耳。」白氏書作於順治九年壬辰，見弟胤謙序。自言年近七十。見卷三。黄虞稷千頃堂書目卷十二有張萱疑耀七卷，是皆知此書非李贄所作，不始於王士禎矣。屈大均書在銷燬之列，黄氏書已録入四庫。然而白氏、王氏疑爲萱作而託名於贄，則猶未免考之未詳。道光時南海伍崇曜取疑耀刻入嶺南遺書，卷首有萱自撰之疑耀新序一篇，略云：「三十年前，余爲疑耀，凡二十七卷，蓋未卒之業也。歲戊申分司吴關，焦太史竑、黄觀察汝亨讀而嗜之，遂相與爲序以授梓。時榷事已竣得代，僅梓行七卷，余卽奉先太安人還里，尚餘二十卷未授梓也。此七卷者頗行於世，既罷歸，乃續十有餘卷，合舊稿當得四十餘卷，尚須整比，不欲遽災木耳。丁卯秋，郡大夫原本誤作父義興徐公還物以書見詢，疑耀七卷不知何人借爲閩禿李贄所著，亦大怪事，余疑信相半。戊辰初夏，余有事羊城，過友人李明府果卿，得疑耀閲之，徐公果不妄，謂余止校訂此書，復僞譔余一序，王伯穀書之，真大怪事也。第此輩殊自賣破綻，七卷中尚有數十處未盡改削，卽三尺童子讀之，亦皆知爲嶺南張某所著，不待辨也。余憶居西省日，禿以妖書株連繫詔獄，余偶偕同官好事往覘之，禿輒長跪頓顙數十，至破其額，余竊笑誰謂禿能佞佛耶。時余方一覿其面，輒唾地去，今僞爲余序者，乃謂余青衿時嘗負笈以從禿游，一何誣也。余爲青衿，未嘗跬步出國門，禿自薙頂，卽從七觀音居黄州，亦未嘗跬步涉五嶺，余何繇而負笈從之？一旦横罹此誣，豈以余亦嘗合掌七觀音耶？况焦、黄二公皆禿文字交，往來甚密，余疑耀果出於禿，能不覷破而肯爲曲筆否？余忖度之，二公爲余梓行疑耀七卷，時王百穀欲爲余譔一序，以雁行二公，余匆匆未及應，聞之友人，百穀微有憾焉。又余嘗有微言，見於他籍，以禿所譔著業爲朝廷焚棄，而行怪者復盛行其書，可以觀世矣，此語久已落在人間，又以百穀亦余文字交，可以取信於人，故有此破綻伎倆耳。故復綴數語於七卷疑耀之簡端，非嘵嘵也，亦以自明西園公萱自謂生平未嘗合掌七觀音而已。」然則此書爲萱所著，而當時人僞撰萱序，託爲李贄之所作，萱自敍其始末甚詳。王士禎諸家未見此序，故雖能鉤稽攷核，而知其出於萱，然王氏謂萱自著而嫁名於贄，提要又擬之於葉不夜之僞撰四書評，似萱欲假借贄之盛名以行其書者，皆非也。惟孫氏之所考，爲能與情事暗合耳。至於諸家所舉之證據，則皆萱所謂七卷中尚有數十處未盡改削，三尺童子讀之，皆知其爲嶺南張某所著者也。崇曜跋云：伍氏刻書諸跋皆譚瑩代作。「疑耀七卷，舊題李贄撰，王漁洋古夫于亭雜録、屈翁山新語辨之已詳。四庫提要著録是書，復歷指其謬，改題先生名。今循覽之，仍有各書所未及者，如『噴噓』一條云，今嶺外人噴噓，亦呼名大吉利市；『餘甘子』一條云，正余里中所呼油柑子也，均作嶺外人語。贄，閩人也。又如『禱夢』一條云，余庚子請告南歸，『風流罪過』一條云，余居京師，止是乞俸寫書，贄未嘗仕也。案贄嘗官姚安知府，見明史耿定向傳，非未嘗仕也，此語誤矣。至如『骨肉相關』一條，則云衰慈八十，膝下止萱一兒，官遠祿微，案此條已見讀書脞録。使贄讀之，當有啞然失笑者。贄卽庸妄，未必至此，新書云坊刻，殆不誣矣。」崇曜之意，蓋辯疑耀雖署李贄名，實非贄所攘竊，故曰贄雖庸妄不至此。考贄之死，明史耿定向傳不著年月，日知録卷十八引神宗實録云：「萬曆三十年閏二月乙卯，禮科給事中張問達疏劾李贄，得旨令廠衛五城嚴拏治罪。已而贄逮至，懼罪不食死。」陳鶴明紀卷四十五所記亦同。據張萱自序，此書授梓於戊申，是爲萬曆三十六年。僞本之刻，又在其後，其不出於贄明甚，可無庸辯也。觀萱自言嘗著書譏贄，而王百穀又挾不得作序之憾，故何人僞撰萱序，而百穀書之，然則嫁名撰序之人，萱殆知之，而不欲明言之，亦非坊賈所能辨也。崇曜又云：「嶺外久無刻本，玉生廣文玉生，譚瑩字曾代購得查氏聽雨樓藏本，仍題贄名，而闕六七兩卷，從浙中文瀾閣借鈔足本互校而重刻之，録西園存稾內新序一首以弁於其端，而焦、黄兩序則不可考矣。」案焦竑澹園集四十九卷內無疑耀序。然則此序乃崇曜於萱文集中録出，非原本所有，宜諸家之未見也，當更求西園存稾考之。

拾遺録一卷明胡爌

是書雜考訓詁，分爲六類，援引採輯，頗有根據。其論語類中，如「不舍晝夜」，朱子集注從經典釋文，舍音捨，及作楚辭辨證，則取洪興祖所引顔師古説，舍，止息也。論語「不舍晝夜」，謂曉夕不息耳，今人或音捨者非是，爌謂當以辨證之説爲定。「今也純」，集注從説文，爌引儀禮疏，古緇紂二字並行，釋文云紂音緇，依字系旁才，後人以才爲屯，因作純，是純卽緇也。「君子不以紺緅飾」，孔氏注一入曰緅，爌則引爾雅、考工記以正其誤。「卞莊子之勇」，集注云見説苑，爌則以爲先見荀子。邦無道則卷而懷之」，集注謂於孫林父甯殖放弒之謀，不對而出，爌則據左傳，謂甯殖當作甯喜。「子見南子」，陳自明以爲南蒯，爌則據左傳，南蒯叛時，孔子年方二十有二，子路少孔子九歲，年方十三，詆其説爲不通。其孝經類中，范祖禹古文孝經説言之不通也句，爌謂誤以司馬光注爲經文。其孟子類中「摩頂放踵」，據李善文選注所引，放作致於二字。「狗彘食人食，而不知檢」，據漢書食貨志所引，謂檢當作斂。趙岐注以曾西爲曾子之孫，以曹交爲曹君之弟，集注並從之，爌則據左傳闕宜中公子申皆字子西證，當從經典釋文以曾西卽曾申，據左傳哀公八年宋人滅曹，證曹交乃以國爲氏，非曹君之弟，又據呂氏春秋，知孔子置郵傳命之言爲論舜服三苗。其小學類中，據參同契證急就篇之「老復丁」，據詛楚文在秦惠文王二十六年，知小篆非剏自李斯，據顧命齊侯呂伋，知竹書稱太公卒於康王六年之妄，據張説謝碑額表，知以季札墓碑爲孔子書始於唐人。雖持論多本舊人，然要非空疎者可比。其經説類中司馬光語一條，自漢儒至宋慶曆一條，尤深中末流之失。其儷考類中，論文考古，亦多可採。上方楊慎則不足，下較焦竑則勝之多矣。

嘉錫案：此書凡分六類，一論語，二孝經，三孟子，四小學，五經説，六儷考，實卽取困學紀聞卷七之下半卷，此卷原是公羊、穀梁、論語、孝經四類，此去其公、穀耳。及卷八孟子、小學、經説卷十九評文之文，重録一過，惟將評文改爲儷考耳。紀聞評文前後兩見，卷十七評雜文，卷十九評宋四六，此書惟録其評四六者，故改爲儷考。無所考證，亦無所增補。其間與紀聞不同者，僅儷考内删去端平二年及慶元初二條，又俗語皆有所本一條誤分爲二。原文云「如今出杕杜箋」，此書於如今出之下，脱去三百二十九字，羼入後文王岐公答韓公詔條，末蓋放其意一句之中，以蓋放二字提行，下即接杕杜箋云云，自爲一條，末綴以其意二字，明係傳鈔之誤。近豫章叢書刻本附有胡思敬校勘記云：「放下當補出字。」意謂當作蓋放出杕杜箋，竟以蓋放爲俗語矣。「張文定草兩制薦舉勑」條，末多「愚謂君臣皆出於至誠，故詞意之間，靡不交孚，千載令人想慕耳」二十五字；「開禧追貶秦檜」條，改「嘉定之牽復幾於失刑」句爲「令人痛恨」；「野處草梁叔子制」條，末多「當時亦有不檢如此者」九字；「李顯忠復節鉞」條，末多「亦工」二字；「倪正夫草壽王尊號制」條，末多「用經亦妙」四字；「或試縣學見黜」條，末多「亦洒脱」三字；「毛憲」條，末多「亦工切」三字；「非刀匕是供」條，末多「亦工穩」三字。全書中其所自著之筆墨如是而已，其他偶有一二字不同，或删落一二句，均無闕宏旨。間於年號人名上加一宋字，别號上冠以姓氏，如致堂上加胡字，西山上加真字。欲以掩其剽竊之迹，然未及增加者尚十之七八。其孝經類中引國史志，乃宋之國史藝文志也。又引神宗寶訓，紀聞作聖訓。乃宋之神宗也。如斯之類，殆幾於不去葛龔，可謂拙於作僞。書中之所稱引，無一宋以後之人，亦無一宋以後之書，且有僅見於紀聞而不見他書者，故就其詞氣觀之，已可決其非明人所作，乃四庫館臣爲之作提要數百言，盛相推許，於人人習讀之困學紀聞竟至覿面不相識，寧非異事。且提要之論困學紀聞云：「書中辨正朱子語誤數條，如論語注『不舍晝夜』舍字之音，孟子注曹交曹君之弟，及謂大戴禮爲鄭康成注之類，皆考證是非，不相阿附。」而「不舍晝夜」及「曹交」二條，亦見於此書，提要又以爲熿説，曾不一加檢校，何其疏也。綜觀提要品評各家考證之書，於困學紀聞云：「應麟博洽多聞，在宋代罕其倫比，雖淵源亦出朱子，然考證是非，不相阿附，不肯如元胡炳文堅持門户，亦不至如明楊慎、陳耀文、國朝毛奇齡諸人肆相攻擊。蓋學問既深，意氣自平，能知漢、唐諸儒具有根柢，洛、閩諸儒亦非全無心得，故能兼收並取，絶無黨同伐異之私，所考率切實可據，良有由也。」於潁川語小云：「較之王觀國學林、王應麟困學紀聞，皆爲少遜，然大致考據詳核。」其於王伯厚可謂無間然矣。於緯略云：「疏舛雖不能無，然其言篤實無所假託，終出楊慎丹鉛録之上。」於丹鉛録云：「慎以博洽冠一時，使其覃精研思，網羅百代，竭平生之力以成一書，雖未必追蹤馬、鄭，亦未必遽在王應麟、馬端臨下，而取名太急，稍成卷帙，卽付棗梨，飣餖爲編，祇成雜學。王世貞謂其工於證經而疏於解經，詳於稗史而忽於正史，詳於詩事而略於詩旨，求之宇宙之外，而失之耳目之内，亦確論也。然漁獵既富，根柢終深，故疏舛雖多，而精華亦復不少，求之於古，可以位置鄭樵、羅泌之間，其在有明，固鐵中錚錚者矣。」於通雅云：「明之中葉，以博洽著者稱楊慎，而陳耀文起而與争，然慎好僞説以售欺，耀文好蔓引以求勝。次則焦竑亦喜考證，而習與李贄游，動輒牽綴佛書，傷於蕪雜。惟以智崛起崇禎中，考據精核，迥出其上，風氣既開，國初顧炎武、閻若璩、朱彝尊等沿波而起，始一掃懸揣之空談。」於焦氏筆乘云：「是書多考證舊聞，亦兼涉名理，然多剿襲説部，没其所出。竑在萬曆中，以博洽稱，而剽竊成書，至於如是，亦足見明之無人矣。」是提要之於楊升菴詆諆甚至，其學術之不如王應麟，已有定論，至於焦弱侯則幾置之不足齒數之列，而所謂胡爌拾遺録者，實卽應麟之書，姓名雖改，面貌如故，此如魏武帝變爲捉刀人，詎遂掩其英雄本色，提要遽評之曰「上方楊慎不足，下較焦竑則勝之多矣」，自相牴牾，進退失據，豈非「平生浪説古戰場，到眼翻迷目五色」耶？夫楊慎之學，上不如馬端臨，下不如方以智，提要又嘗謂「考古篇雖亞於容齋隨筆，要勝於鄭樵輩之横議」，而慎則僅得與樵比，然則并不如程大昌。今謂胡爌所録之困學紀聞不足以方慎，是則王應麟之學下於洪容齋、馬貴與數等，至顧、閻、朱諸儒更精於方以智，應麟尤不足望其項背矣，其然，豈其然乎？顧亭林之學固當優於伯厚，若閻、朱與王之高下，正恐未易言也，吾意以爲皆不如王。他人之視應麟如何，不敢知，若若璩，則提要固謂其不薄視應麟者，亦見紀聞條下。今謂其遠勝應麟，恐若璩不任受也。夫所貴乎文章鉅眼者，爲其暗中摩挲，能辨媸妍也，若徒以名之輕重爲高下，則其月旦，又惡足憑。今提要於一人之書，署名王應麟，則於宋代罕其倫比，署名胡爌，則在明代尚不得爲鐵中錚錚，以此衡量百家，進退古今作者，所褒貶寧可盡信哉。大抵官書雜成衆手，其弊必至於如此也。

訂譌雜録十卷　清胡鳴玉

是篇皆攷訂聲音文字之譌，大抵採集諸家説部，而參以己説。其中有闇合前人者，如文選神女賦一條，謂玉字王字顛倒互寫，是矣；然始辨其義者爲姚寛西溪叢語，申明其義者爲張鳳翼文選纂注，而鳴玉仍反覆力辨之，是未見二説也。

嘉錫案：李慈銘桃華聖解菴日記己集二云：「閲訂譌雜録，考據之學，愈後愈難，如高唐神女夢一條，辨文選刻本，於神女賦中王玉二字，顛倒互譌，遂以宋玉之夢，爲襄王之夢。四庫提要謂姚寛西谿叢語已言之，譏鳴玉未見其書，不知沈括夢谿筆談補先辨之甚詳。存中北宋人，又較令威爲早矣。以夢神女屬襄王，唐人詩已屢用之，蓋其沿誤甚久。

雜家類四總目卷一百二十

論衡三十卷

漢王充撰。充字仲任，上虞人。自紀謂在縣爲掾功曹，在都尉府位亦掾功曹，在太守爲列掾五官功曹行事。又稱永和三年，徙家辟詣揚州部丹陽、九江、廬江，後入爲治中。章和二年，罷州家居。

嘉錫案：後漢書卷七十九列傳第三十九有王充傳，略云：「仕郡爲功曹，以數諫争不合去。著論衡八十五篇，二十餘萬言。刺史董勤辟爲從事，轉治中，自免還家。肅宗特詔公車徵，病不行。年漸七十，志力衰耗，乃造養性書十六篇。永元中，病卒於家。」與自紀雖詳略不同，然提要之例，凡撰書之人，史有列傳者，皆只敍其名字爵里，而括之曰，事蹟具某史本傳而已。今此條獨據自紀，詳敍其出處，究之，不過歷仕州郡，無大關係，何其不憚煩也。豈不知後漢書有傳耶？

其書凡八十五篇，而第四十四招致篇，有録無書，實八十四篇。考其自紀曰：「書雖文重，所論百種，案古太公望，近董仲舒，傳作書篇百有餘，吾書亦纔出百，而云太多。」然則原書實百餘篇，此本目録八十五篇，已非其舊矣。充所作別有譏俗書、政務書，晚年又作養性書，今皆不傳，惟此書存。

案：藝文類聚卷五十八引謝承後漢書曰：「王充於宅內門户墻柱各置筆硯簡牘，見事而作，著論衡八十五篇。」范書本傳亦云：「著論衡八十五篇，二十餘萬言。」提要乃謂今本八十五篇，爲非其舊，且一字不及范書，是真不知充有列傳矣。考抱朴子喻蔽篇亦曰：「余雅謂王仲任作論衡八十餘篇，爲冠倫大才。」隋書經籍志雜家類有論衡二十九卷，後漢徵士王充撰，疑除其自紀一卷不數，否則唐初所得隋煬帝東都藏本，偶有闕佚也。然兩唐志皆作三十卷，是其完書具存，今本篇數與本傳合，卷數與唐志合，固當是相傳舊本。提要乃據自紀之文，謂其原書當有百餘篇。今案自紀，歷敘其所著書，有譏俗書、十二篇政務書、論衡、實論，亦所作書名，提要未引。然後假或人之論，設爲問答，自辯其著書體裁甚詳。考其文義，蓋自紀一篇，乃統敘平生之著述，不獨爲論衡而作。其間所辯者，著書體裁，除指明論衡者外，亦兼他著述言之，論衡八十五篇，益以譏俗書、政務書、實論，固當有百餘篇，惟養性書爲晚年之作，敘在自辯各條之後，不在此數內耳。漢志太公二百三十七篇，其下復分子目，爲謀八十一篇、言七十一篇、兵八十五篇，蓋其書非一種，故隋唐志著録太公書，有六韜、陰謀、陰符、金匱、兵法之屬。董仲舒本傳云：「仲舒所著，皆明經術之意，及上疏條教，凡百二十三篇。」是漢志儒家所録董仲舒書，其文亦非一體，充以二人所作書自比，明所謂百餘篇者，不僅指論衡一書。提要乃謂八十五篇者非其舊本，誤之甚矣。吳志虞翻傳注引會稽典録載翻對王府君曰：「有道山陰趙曄、徵士上虞王充各洪才淵懿，學究道源，著書垂藻，絡繹百篇，釋經傳之宿疑，解當世之槃結，或上窮陰陽之奥祕，下據人情之歸極。」此所云絡繹百篇，亦舉其平生著述總計之，不專指一書也。曄所著有吳越春秋、詩細歷神淵等書。信如提要之言，論衡有百餘篇，則趙曄所著之吳越春秋，亦當有百篇矣，然乎否乎？

高似孫子略曰，袁崧後漢書載充作論衡，中土未有傳者，蔡邕入吳始見之，以爲談助。談助之言，可以了此書矣。其論可云允愜，此所以攻之者衆，而好之者終不絶歟。

案：蔡邕以爲談助之説，卽充本傳章懷注所引袁山松後漢書之語，隋志有後漢書九十五卷注云：「本一百卷，晉祕書監袁山松撰。」舊唐志亦作山松，惟新唐志作袁崧耳。考山松晉書附見袁瓌傳，但云：「山松少有才名，博學有文章，著後漢書百篇。」不云名崧，則高似孫爲承新志之誤明矣。

封氏聞見記十卷

唐封演撰。演里貫未詳，考封氏自西晉北魏以來，世爲渤海蓨人，然唐書宰相世系表中無演名，疑其疎屬也。

嘉錫案：聞見記卷三銓曹條云：「中宗時，余從叔希顏始爲大樂丞。」考元和姓纂卷一云：「封，渤海蓨縣隆之右僕射。世系表云，隆之字祖裔，北齊右僕射富城宣懿子。隆之生子繪、子繡、孝琬。案：世系表及姓纂本條，孝琬乃興之之子，此二字衍。子繡，隋通州刺史，生德潤、德輿、德如、德彝。德潤，隋青城令，生行賓、行高、梁客。行賓生廣成，表作廣城雍州司法。廣成生希彥，表作希顏與聞見記合。中書舍人、吏部侍郎。」唐書宰相世系表略同。希顏爲行賓之孫，而演稱希顏爲從叔，則當爲行高或梁客之曾孫，第不知其曾祖究爲何人，若唐初宰相封德彝，則其叔高祖也。世系甚明，不得以無名字爲疑，表中於隆之弟興之一房，載及十世之孫，其於德彝，尤爲疎遠，然且臚舉無遺，則其不載演名，特偶然漏略耳，於服屬之親疎無關也。

書中石經一條，稱天寶中爲太學生。貢舉一條，記其登第時，張繟有千佛名經之戲，然不云登第在何年。佛圖澄碑一條，記大歷中行縣至內邱，則嘗刺邢州。卷首結銜題朝散大夫、檢校尚書吏部郎中、兼御史中丞。而尊號一條，記貞元間事，則德宗時終於是官也。

案：本書卷三貢舉條云：「余初擢第進士，張繟，漢陽王柬之曾孫也，時初落第，兩手奉登科記頂戴之曰『此千佛名經也』。其企羨如此。」唐摭言卷十云：「張倬者，柬之孫也。嘗舉進士落第，捧登科記頂戴之曰『此卽千佛名經也』。」同敍一事，而其名不同，孫與曾孫，昭穆亦異。唐書宰相世系表載柬之曾孫僅有昫、纁二人，無名繟或倬者。考上虞羅氏所刻襄陽冢墓遺文有張孚墓誌，題姪繟述。又有張軫墓誌，二人均柬之之孫，漪之子，世系均與表合，惟孚名不見於表。稱嗣子曰繟、曰縉，與聞見記合，知唐摭言乃傳寫之誤也。此事與本書無甚關係，以提要既徵引及此，遂牽連並考之，以諗觀者。兩書雖皆不著年月，然新唐書藝文志編年類有封演古今年號録一卷，注云：「天寶末進士第。」徐松登科記考卷九因之，列入天寶十五載，是演登第之年，非無可考也。顔真卿文貞宋公神道碑側記云：「公第三子渾之爲中丞也，方欲陳乞御製碑頌，未果，旋羯胡作亂，事竟不成。公孫儼泣請真卿論譔之，昭義軍節度觀察使、尚書左僕射、兼御史大夫平陽郡王薛公曰，嵩上慕公之德業，乃命屯田郎中權邢州刺史封演，購他山之石，曳以百牛，僝刻字之工，成乎半歲，磨礱既畢，建立斯崇。」據拓本，又見金薤琳琅卷十六、金石萃編卷九十七。此側記雖刻於大曆十三年，而碑則先立於大曆七年，碑文末題云：大曆七年歲次壬子九月二十五日孫儼追建。記中所敍，乃七年立碑之事。演時方刺邢州，足與本書卷八佛圖澄姓條大曆中行縣内邱之語，互相證明。演仕於昭義，爲薛嵩僚屬，故書中有記嵩事二條，卷六「打毬」條，永泰中，蘇門山人劉鋼于鄴下上書于刑部尚書薛公云，打毬，一則損人，二則損馬。又「道祭」條，昭義節度薛公薨，絳、忻諸方並管内滏陽城南設祭，南至漳河二十餘里，連延相次。嵩弟嶨事一條，卷八「巨骨」條，太子少師薛嶨爲邢州留後，亦有大骨，云洺州人掘漳河所得。皆記其所目擊也。金石録目録卷八有唐開元寺三門樓碑注云：「封演撰八分書，大曆十三年七月。」寶刻叢編卷六據以載入北京大名府下。大名府卽唐之魏州檢文苑英華卷八百六十三得其碑文，題作魏州開元寺新建三門樓碑。其略曰：「河朔之州魏爲大，魏之招提開元爲大。寶應初歲，王師北伐，寺門夷蕩，鞠爲灰燼。洎相國田公之在魏也，相國，英華作開國。原校云：「一作相。」案：唐之封爵凡九等，自郡公縣公以至縣男，凡六等，皆稱開國。其王爵及嗣王國公三等，則不帶開國字。唐書百官志，紀之甚詳。據舊書代宗紀，田承嗣於寶應二年已封鴈門郡王，不當稱開國。承嗣之兼使相，雖不知年月，然紀於大曆十年，貶承嗣爲永州刺史，時已稱其官爲檢校尚書左僕射、同中書門下平章事，至十二年三月復其官，此碑立於十三年。一本作相國者是也，今據改。勤四封之人而撫之，閱三軍之實而補之。諗于僧曰，彼道場勝地，而締構不備，豈吾心哉」云云，以年月官職考之，知其爲田承嗣作也。碑又云：「公令弟御史大夫兼貝州刺史北平郡王廷琳愛子左散騎常侍兼御史中丞悦、駕部郎中兼御史中丞綰從子太子賓客兼御史中丞昂，皆卓然自立，克茂家聲。」其名悉見舊書承嗣傳。承嗣之爲人，亂臣賊子也，而碑稱其惠誠智慈，四者咸備，貢諛惟恐不至，蓋演此時，已入承嗣幕府矣。按舊書代宗紀，大曆八年正月，昭義軍節度薛嵩卒。嵩本傳同，新書嵩附仁貴傳，云：「大曆七年卒。」誤也。十年正月，昭義牙將裴志清逐其帥薛崿，崿奔洺州，上章待罪，志清率衆歸田承嗣。舊書薛嵩傳云：「崿奔洺州，乞入朝，許之，至京，素服待罪。」新書亦同，而承嗣傳乃云：「裴志清逐崿，崿率衆歸於承嗣。」非也，「蓋誤衍一嗣字。演蓋於是時爲志清所脅，同歸於魏，遂爲承嗣所用耳。新書藩鎮傳云：「悦田悦，承嗣姪，開元寺碑稱爲承嗣愛子，蓋養子也。僭號魏王，以封演爲司刑侍郎。」據舊書承嗣傳，悦僭王在建中三年十一月，上距薛嵩之敗凡八年，去其撰開元寺碑之時纔四年餘耳，前後互證，知其臣事田氏亦已久矣。承嗣本羯胡之黨，狼子野心，好亂成性，首創藩鎮之局，寔爲亡唐之始禍，至其從子悦嗣立，遂明目張膽，建國立號。演以科第得官，竟甘心附逆，受其僞署，事平之後，幸得復爲王臣，乃自託於文學，優游著書，以掩覆其醜。其書卷二石經條，惓惓於寇亂之未平。卷九誠節條，慨然歎美權皋，能脱禄山之禍，若以此自鳴其所遭之不幸者。然而後世之人，考其平生之事蹟，未必遂諒其心也。出處不慎，以至於此，亦足悲矣。其石經條云：「天寶中，予在太學，與博士諸生共論經籍失正，爲欲建議，請立大唐石經，遷延未發，而蕃寇海内，文儒道消，至今四十六年，兵革未息。嗚呼！石經之事，亦俟河之清也。」自天寶十四載安禄山反，下數四十六年，爲貞元十六年，時方用兵討吴少誠，故云兵革未息。是年五月，韓全義與少誠戰於溵水南，王師敗績。九月，吴少誠賊迫官軍溵水呰下營，韓全義退保陳州，諸軍散還本道，官軍不振。十月，吴少誠上表待罪，詔雪少誠，復其官爵。以上均見舊書德宗紀是書當作於貞元十六年十月以前，提要僅據尊號條，案在卷四知其記貞元間事。今案舊書德宗紀，詔去神聖文武之號，事在興元元年。本書云:「貞元初,主上超然覺悟,乃下詔去其徽號,直稱皇帝。」貞元乃興元傳寫之誤。又云:「近歲百僚復請加尊號,上守謙沖,意不之許。」案之本紀,事在貞元六年,尚非其著書最後之時也。唐之藩鎮幕僚,例得檢校臺省官,演此書署銜檢校尚書吏部郎中兼御史中丞,蓋亦藩府所奏授,但不知其在何人幕府及任何等職事耳。案舊書承嗣傳,興元元年,承嗣子緒殺田悦,代爲節度使,貞元十二年卒。子季安嗣立,至元和七年始卒。演既久仕田氏,疑其當貞元間仍事田緒父子也。演平生事蹟不甚著,余鉤考羣書,得其始末如此,雖不敢自信無誤,要之大致當不甚相遠。近時有成都封寶楨者,重刻聞見記,自稱據家藏殘本二四兩卷,此兩卷略據學海類編本,校補闕字,因託之家藏。而以雅雨堂本足之,并作緣起一篇云:「公字端肅,派名夏時,案:世系表有夏時兼殿中侍御史,乃德彝之五世孫。若演卽夏時,則當爲希顔之族孫,與本書稱從叔希顔不合。且唐時亦無所謂派名,其言鄙俗可嗤。開元十四年春三月生陝西鳳翔麟遊賜第。此不見紀載,殆以意爲之。公之太高祖倫,字德彝,其子言道公之高祖也。以上兩代所敍官爵,與唐書本傳及世系表合,不具録。曾祖思敏,太府少卿、鄂岳節度副使。表不言何官,案方鎮表,乾元二年,始置鄂岳沔都團練守捉使,永泰元年升爲觀察使,元和元年始升爲武昌軍節度使。方演在時,鄂岳尚無節度,其曾祖安得先爲副使哉。祖守静,户部郎中、渠州刺史。表不言爲户部郎中。父利建,中書侍郎、國子祭酒。表不載利建官職,亦不見他書,恐出杜撰。公天寶太學生,天寶十二年及第進士。按：此與藝文志言演天寶末進士第不合，及第進士，亦非唐人語。天寶三年，已改年爲載，不當云十二年。大曆七年爲邢州内邱令，九年爲相州太守，以上兩官，均不見紀載，其云爲内邱令，蓋因本書言大曆中行縣内邱，誤以行縣爲縣令也。唐天寶元年，改州爲郡，刺史爲太守，乾元元年復舊，見舊書玄宗紀及職官志。大曆之時，安得有相州太守乎？十二年爲邢州刺史。案：此因四庫提要稱演嘗刺邢州，遂妄定爲十二年，不知據宋文貞碑側記，乃七年事也。建中二年，拜朝散大夫，入爲檢校尚書吏部郎中。按：唐初之檢校官，乃因其人階級未至，姑令檢校其事，雖未實授，而實辦本職，與正員無異。至肅宗寶應元年，陳少遊以回紇料糧使，檢校職方員外郎，是後身任他職，而檢校郎官自此始，皆例不到官。勞格郎官石柱題名考例言，考之甚詳。演之檢校吏部郎中，正此類。凡自外徵入，而授檢校官者，三公八座則有之，若郎官御史徵入，例授正官。此云入爲檢校郎中，考之兩唐書，並無此例。貞元四年拜兼御史中丞。」案：此所言年月皆不足據，宋文貞碑側稱演爲屯田郎中，世系表稱夏時兼殿中侍御史，何以不書。所敍演祖父及本身官職，荒誕錯誤，蓋全用家譜附會之説，而未考史事者。今節録其文，並附糾其謬如右，庶乎來者，不爲所惑焉。

尚書故實一卷

唐李綽撰。綽仕履未詳，考新唐書宰相世系表，趙郡李氏南祖之後，有名綽字肩孟者，爲吏部侍郎紓之曾孫，書中自稱趙郡人，或卽其人歟？是書宋史藝文志凡兩載之，一見史部傳記類，一見子部小説類，而注其下云「綽」一作「綽」，「實」一作「事」。今案曾慥類説所引亦明標李綽之名，則作「綽」者誤矣。

嘉錫案：勞格唐郎官石柱題名考卷十九於禮部郎中內補李綽云：新表趙郡李氏南祖房，吏部侍郎紓曾孫寬中子綽，字肩孟。舊昭宗紀龍紀元年十一月己丑朔，將有事於圜丘。辛亥，上宿齋於武德殿，宰相百寮朝服于位。時兩軍中尉楊復恭及兩樞密皆朝服侍上，太常博士錢珝、李綽奏論之，至晚不報。石刻升僊廟興功記，尚書禮部郎中賜緋魚袋李綽撰。原注：乾寧四年正月。錢氏大昕跋曰，陳直齋題膳部郎中，按禮祠客膳，雖云同署，而禮部爲頭司，餘爲子司，資望不等。綽於乾寧四年已官禮中，更閱十有餘歲，至開平二年，何以轉題膳部，恐直齋誤記，抑或中遭罷斥，而更敍復乎？新書藝文志原注：丙部子録農家類。李綽秦中歲時記一卷，直齋書録解題案：見卷六時令類。秦中歲時記一卷，唐膳部郎中李綽撰。綽別未見，此據中興書目云爾。其序曰：「緬思庚子之歲，洊周戊辰之年。」庚子，唐廣明元年；戊辰，梁開平二年也。又曰：「偶思昔年皇居舊事，絶筆自歎，橫襟出涕。」然則唐之舊臣，國亡之後，傷感疇昔，而爲此書也。余案觀綽與錢珝争内官朝服助祭事，蓋亦忠直之士，故國亡君死後，能守西山之節，不肯臣伏於賊。其歲時記自序，有感於庚子戊辰兩年者，因廣明元年，黄巢入西京，秦中自此殘破，而天下之事，亦遂魚爛而不可救，陵夷以至開平二年，朱溫弒昭宣帝，李氏遂絶，尤唐之臣子痛心之時也。其敍秦中舊事爲書，亦詩人黍離之意云爾。郡齋讀書志卷十二農家類曰：「輦下歲時記一卷，唐李綽撰。綽經黄巢之亂，避地鑾隅，偶記秦地盛事，傳諸晚學云。」避地鑾隅云云，亦必綽自序中語，但晁氏謂綽經黄巢之亂，而避地則誤。方巢破兩京時，綽雖亦嘗避難，然龍紀元年以後，復官京曹，未嘗竟客鑾隅，此必朱温篡弑之時，綽棄官逃去，始有此語。夫以文詞泛言之，楚粵之間，皆可謂之鑾隅，不知綽所適爲何地，然惟湖湘以南，於義爲協。宋史卷四百三十九文苑朱昂傳云：「梁祖篡唐，父葆光與唐舊臣顔蕘李濤數輩，挈家南渡，寓潭州。每正旦夕至，必序立南嶽祠前，北望號慟，殆二十年。後濤北歸，葆光樂衡山之勝，遂往家焉。」綽之志節，與蕘輩同，或亦其中之一人。蕘等事蹟已不甚著，遠不如司空圖、韓偓之煊赫，然猶見於紀載，綽則聲華闃寂，使非歲時記幸經著録，幾無從考其仕履，亦足悲矣。然渴不飲盜泉水，志士之苦心則然，彼豈求知於後世哉！吾輩讀古人書，論其世以知其人，固不可不表彰之耳。此書自新唐志、傳記類崇文總目、讀書志、書録解題、紺珠集皆作李綽撰，不獨曾慥類説爲然，則宋志謂「綽」一作「綽」者，自是誤字，不足據也。

自序謂賓護尚書張公三相盛門，博物多聞，綽避難圃田，每容侍話，凡聆徵引，必異尋常，遂纂集尤異作此書。蓋皆據張尚書之所述，惟張尚書不著其名，新唐書藝文志沿崇文總目之謁，以張尚書爲卽延賞，晁公武、陳振孫已斥其誤。然書中稱嘉貞爲四世祖，又稱嘉祐爲高伯祖，則所謂張尚書者，當在彥遠、天保、彥修、曼容諸兄弟，其文規、次宗，乃宏靖子，於嘉貞爲曾孫，不可稱高祖，振孫乃皆以其不登八座爲疑，亦非也。觀其言賓護移知廣陵，又言公除潞州旌節，則必嘗爲揚州刺史、昭義節度使者，當以史於天保諸人下略其官位，遂致無可考耳。

案：張尚書之爲何人，凡有數説。新唐志及郡齋讀書志卷十三引崇文總目，均謂尚書卽張延賞，本書云：「公平康里宅，乃崔司業融舊第，有司業題壁處猶在。」太平廣記卷二百十四引作張弘靖平康里宅，宋敏求長安志卷八亦云：「平康坊太子賓客分司東都張弘靖宅，本國子司業崔融舊第，有融題壁處。」則不以爲延賞，而以爲弘靖。讀書志云：「案其書稱嘉貞爲四世祖，疑非延賞也。」書録解題卷十一云：「弘靖盧龍失御，貶賓客分司。綽唐末人，未必及弘靖。弘靖之後文規、次宗、彥遠，皆不登八座，未詳所謂。唐志卽以爲延賞，尤不然。」是此兩説，已爲前人所駁，且二人官爲宰相，爵至公侯，亦不得稱尚書，其爲紕繆，顯然可見。本書又曰：「公云牧弘農日，捕獲伐墓盗十餘輩。」廣記卷四百二引作張文規牧弘農日云云，則又以爲尚書卽文規也。此由廣記編纂，不出一手，故前後矛盾。考舊書張延賞傳，弘靖子文規，官至右散騎常侍，兼御史中丞桂管都防禦觀察使，不言曾官尚書，新書張嘉貞傳亦不書。然文規子彥遠作法書要録序，實稱先君尚書，不得以史官所追記，疑其家嗣之自敍，文規之稱尚書，疑是身後贈官，則史臣所書，亦未爲失。陳振孫以爲文規未登八座者非也。三説之中，以此説差爲有據，然考其事實，亦殊未合。本書曰：「盧元公好道，重方士，有王谷者，得黄白術，變瓦礫泥土，立成黄金。賓護時在相國大梁幕中，皆目覩之。」元公者，盧鈞謚也。舊書鈞傳，大中初爲汴州刺史、宣武軍節度使，賓護在其幕中，不過判官掌書記之流。而延賞傳云文規歷拾遺補闕吏部員外郎，開成三年十一月右丞韋温彈劾文規。長慶中，父弘靖陷在幽州，文規徘徊京師，不尋赴難，不宜塵汙南宫，乃出爲安州刺史。」嘉泰吳興志卷十四郡守題名云，張文規會昌元年七月自安州刺史授遷國子司業。由是言之，則文規在開成間已入官臺省，出典方州，逮至大中紀元，將及十稔，豈有翻居幕職之理，不合一也。綽自序云：「綽避難圃田，寓居佛廟，叨遂迎塵，每容侍話」云云，蓋與張尚書同避難時所記也。鄭州中牟縣，隋名圃田縣，有圃田澤在縣西北七里。見元和郡縣志卷八唐自朱泚平後，黄巢未起以前，天下未嘗有大難，東西兩都尤安若覆盂，河東張氏有宅在西都平康里，見前東都思順里，見新舊傳苟非兩都危急，何爲避處圃田？此必廣明元年十一月黄巢陷東都之時，綽及賓護倉皇逃出，以中牟西距洛陽三百餘里，足以避其鋒，而東去汴州纔百餘里，里數均據元和志計算宣武大軍所在，可藉以自壯，故暫居於此，以覿其變。此時不但延賞、弘靖已死數十年，卽文規亦不及見也，何以言之？彦遠歷代名畫記卷一敍畫之興廢篇末題大中元年歲在丁卯，而其卷三敍甘露寺畫壁云：「顧畫維摩詰，大中七年，今上因訪宰臣此畫，遂詔壽州刺史盧簡辭求以進。」卷十李仲和傳中亦有今相國令狐公之語，令狐綯大中四年拜相，十三年罷。是其書之成，不出宣宗之世。法書要録雖不著時代，而名畫記卷二云：「今彥遠又別撰集法書要録，共爲二十卷。」則二書乃同時所作，其自序中已稱先君尚書，是文規之卒，必在大中以前，下距廣明元年，尚二三十年，安得與李綽同避黃巢之難乎？不合二也。此書之所謂張尚書，固當是彥遠諸兄弟，然亦絕非彥遠，蓋彥遠字愛賓，不字賓護。新傳言彥遠乾符中至大理卿，考之舊書僖宗紀，在乾符二年，其四年卽書以殷僧辯爲大理卿，則彥遠或卽卒於是時，未嘗官至尚書也。賓護不知何人之字，似與天保之義爲近曾慥類説卷四十五引作護賓，似得其實。提要所舉彥遠諸兄弟，乃據新書宰相世系表言之，表尚有彥回字幾之，茂樞字休府二人。然名畫記卷十有從兄監察御史厚，則其羣從甚繁，不盡見於表，無以定知其爲何人也。書中稱嘉貞爲四世祖，讀書志已引之，知宋本如此。此不但賓護自敍，卽李綽亦所深知，必無譌誤。若嘉祐爲嘉貞之弟，當爲賓護高叔祖，而以爲高伯祖，張諗爲弘靖之弟，於賓護爲叔祖，而以爲尚書公之羣從，此非傳寫之誤，卽綽聽聞之未審，不可執以爲據也。

其書雜記近事，亦兼考舊聞，如司馬承禎、王谷、盧元公、尉遲迥、韋卿材、謝真人、淪落衣冠、章仇兼瓊、郭承嘏諸條，雖頗涉語怪，然如蘭亭敍入昭陵、顧長康畫清夜遊西園圖、謝赫李嗣真評畫百衲琴、戴顒刻佛像、碧落碑、狸骨帖、寶章集、靈芝殿、佛教屬鬼宿、昌黎生改金根車、謝安無字碑、鄭虔三絶、顧況工畫諸軼事，皆出此書。而墓碑有圓空德政碑不當有圓空一條，楊子華畫牡丹花已見北齊一條晉書寒具一條，省試鶯出谷詩一條，杜牧未爲比部一條，王右軍書千字文一條，尤頗有考證，王楙野客叢書引據最爲博洽，而牡丹引楊子華事，天厨引西園圖事，又引其東方朔一條證山海經事，皆據爲出典。在唐人小説中，亦因話録之亞也。

案：河東張氏三代相門，窮極富貴，自嘉貞以下，並好購藏圖書，鳩集名迹，其子孫耳濡目染，自具家風。故此書所載，以談書畫者爲多，與彥遠所著法書要録、歷代名畫記，足以互相發明，成爲一家之學。如提要所舉諸條，蘭亭敍入昭陵，見要録卷三。何延之蘭亭記，武后令崔融爲王方慶撰寶章集序，見要録卷四。唐朝敍書録及卷六述書賦下李嗣真云，顧畫屈居第一，然虎頭又伏衛協畫北風圖，見名畫記卷五衛協傳，讀彥遠書，始知虎頭伏衛協，乃張氏語，非嗣真語也。太平廣記卷二百十四引此條有注云：「此圖嘗在韓吏部家。」亦與名畫記合，今本但有注云：「北風圖毛詩義。」而無廣記所引語，蓋傳寫脱誤。謝赫歎伏曹不興所畫龍首，見名畫記卷四曹不興傳。李汧公斲琴，名「響泉韻磬」，見名畫記卷一敍畫之廢興，但不言是百衲耳。鄭虔三絶，見名畫記卷九鄭虔傳，惟無柿葉學書事。顧況工畫，見名畫記卷十顧況傳，但要貌海中山是王默語，非況語，與是書小不同。晉書中寒具，即今之餽餅，名畫記作環餅見名畫記卷二論鑒識收藏。夫古人一家之學，原是父子兄弟自相傳授，本不必分別爲何人之語，然彦遠著書，在李綽之前，提要謂以上諸條，始見此書，則不免知其一，不知其二矣。其他書中所言，如司馬承禎、李約、王廙、汲冢書、王内史帖、王僧虔、八分書、飛白書、書儈孫盈諸條，皆可與彦遠兩書互與印證，戴顒刻佛像、魏受禪碑、張懷瓘書斷之類，彼此不合，亦足以考異同，學者自可研討，無庸詳述也。

惟張宏靖蕭齋記，本爲李約作，原記尚存，而云蕭齋在张氏東都舊第。李商隱僅兩任校書郎，一任太學博士，本傳可考，而云臺儀自大夫以下至監察，通謂之五院御史。唐國案本書作國朝，提要改之，致不成詞。歷五院者，惟李商隱、張延賞、温造三人，皆爲失實，要之瑕不揜瑜，固不以一二小節廢矣。

按：弘靖記見法書要録卷三，題爲唐高平公蕭齋記，總目作大父相國高平公蕭齋記略云：「隴西李君約於江南得蕭子雲壁書飛白蕭字，與字俱載舟還洛陽仁風里第，遂建精室，陷列于垣，復本書之意，得遥覩之美，蕭齋之名，於此字俱傳矣。」不言以蕭字歸張氏，然歷代名畫記卷一云：「大父高平公與愛弟主客員外郎自注云：彦遠叔祖名諗。及汧公愛子纘、自注云：祠部郎中。纘弟約自注云：兵部員外郎，字存博。更敍通舊，遂契忘言，遠同莊惠之交，近得荀陳之會，約與主客，皆高謝榮宦，琴尊自樂，終日陶然，士流企望莫及也。繇是萬卷之書，盡歸王粲，一廚之畫，惟寄桓玄。李兵部又於江南得蕭子雲壁書飛白蕭字，匣之以歸洛陽，授余叔祖，致之修善里第，搆一亭，號曰蕭齋。」是則李約所藏書畫及飛白蕭字，已於生前并歸之張諗矣。考元河南志卷一修善坊在長夏門街之東第一街，而仁風坊在長夏門街之東第五街，相距雖不甚遠，實非一地。蓋弘靖所言仁風里第者，李氏宅也。彦遠所言修善里第者，張氏之宅也。兩第雖同有蕭齋，而蕭字已遷移易主矣。本書云：「兵部李員外約，汧公之子也。識度清曠，迥出塵表，與主客張員外諗同棄官，并韋徵君況案：宰相世系表，韋氏鄖公房，安石孫斌，子況，諫議大夫。牆東遯世，不婚娶，此謂李約耳。張諗有子師質，非不婚者。不治生業，李尤厚於張，每與張匡牀静言，達旦不寢，人莫得知。贈張詩曰：我有心中事，不向韋二説。秋夜洛陽城，明月照張八。」二人之交情如此，約不娶無子，故舉平生所寶，悉以贈諗。此本書所以言子雲蕭字傳至張氏，賓護東都舊第，有蕭齋也。據兩唐書傳，張氏舊第，在東都思順里，號三相張家。考之河南志，修善坊之北，即思順坊，正相毗連，然則張諗之第，亦即延賞之第，以其盛麗駕都城，本傳語。緜亙兩坊之閒，故兄弟同居，而門户各別耳。傳言子孫五代，無所加工，宜其傳至賓護，猶居於此也。但名畫記於蕭齋下自注云

「王涯相倚權勢負之而趨，太和末爲亂兵所壞」，是當賓護之時，蕭齋雖存，而字則亡矣。此書不言其存壞，蓋賓護語焉不詳耳。館臣作提要時，偶然檢及法書要録，而忘却名畫記，遂以爲失實。夫人自言其家庭之事，已非外人所能置喙，況生千餘年後，據其所知，以疑所未知，而以彼所自言者爲不足信，不亦大可笑乎！李商隱誠未官御史，然朱勝非紺珠集卷三引此作李尚隱，今本蓋淺人，但知有李義山，遂妄改爲商。唐才子傳卷七李商隱傳曰：「出爲廣州都督，人或袖金以贈，商隱曰，吾自性分不可易，非畏人知也。」亦誤以尚隱事爲商隱。舊書良吏李尚隱傳云：「尚隱景龍中新書卷一百三十本傳，作神龍中。爲左臺監察御史，自殿中侍御史新傳不書此官出爲伊闕令，累遷御史中丞，代王鉷新傳作王丘爲御史大夫。」尚隱踐歷五院，本傳敍事，偶略去侍御史一院耳，提要不知爲傳刻之誤，而以爲作者之疵瑕，不可謂之善思誤書也。

東坡志林五卷

宋蘇軾撰。陳振孫書録解題載東坡手澤三卷，注曰，今俗本大全集中所謂志林者也。今觀所載諸條，多自署年月者，又有署讀某書書此者，又有泛稱昨日今日不知何時者，蓋軾隨手所記，本非著作，亦無書名，其後人裒而録之，命曰手澤。而刊軾集者，不欲以父書目之，故題曰志林耳。中如「張睢陽生猶罵賊，嚼齒穿齦；顔平原死不忘君，握拳穿掌」四語，據東坡外紀，乃軾謫儋耳時，醉至姜秀才家，値姜外出，就其母索紙所書。今亦在卷中自爲一條，不復別贅一語，是亦蒐輯墨迹之一證矣。此本五卷，較振孫所紀多二卷，蓋其卷帙，亦後人所分，故多寡各隨其意也。

嘉錫案：黄庭堅豫章集卷二十九跋東坡敍英皇事帖云：「往嘗於東坡見手澤二囊，中有似柳公權、褚遂良者數紙，絶勝平時所作徐浩體字。手澤袋蓋二十餘，皆平生作字，語意類小人不欲聞者，輒付諸郎入袋中，死而後可出示人者也。」蓋軾平生最喜作字，見紙輒書，見黄集同卷題東坡字後。其手寫付諸子者，自其生時，已名手澤，當必軾所自名，故不以語忌爲嫌。提要泥於禮記「父没而不敢讀父之書手澤存焉爾」之語，以爲必其身後子孫之所命名，非也。其書爲軾隨手所記，本非著作，觀庭堅語意自明，其編次出於後人，或亦有所增補，而非零星蒐輯者也。

珩璜新論一卷宋孔平仲

考平仲與同時劉安世、蘇軾、南宋林栗、唐仲友，立身皆不愧君子，徒以平仲、安世與軾不協於程子，栗與仲友不協於朱子，講學家遂皆以寇讎視之。夫人心不同，有如其面，雖均一賢者，意見不必相符。論者但當據所争之一事，斷其是非，不可因一事之争，遂斷其終身之賢否。韓琦、富弼不相能，不能謂二人之中，有一小人也。因其一事之忤程、朱，遂併其學問文章德行政事，一概斥之不道，是何異佛氏之法，不問其人之善惡，但皈五戒者有福，謗三實者有罪乎？安世與軾，炳然與日月争光，講學家百計詆排，終不能滅其著述。平仲則惟存本集、談苑及此書，栗惟存周易經傳集解一書，仲友惟存帝王經世圖譜一書，援寡勢微，鑠於衆口，遂俱在若存若亡間，實抑於門户之私，非至公之論。今仍加甄録，以持其平。

嘉錫案：提要此條，所謂講學家者特泛言之之辭，未嘗實指其人。然提要嘗謂朱子有心抑劉安世，不載其行事於言行録，於朱子之詆蘇東坡，尤爲憤懣不平，每借題發揮，以快其議論。夫劉安世、蘇軾、孔平仲皆不協於程子者，提要既疑朱子排抑安世與軾，則此條謂講學家視三人爲寇讎者，非指朱子而誰，特以連類及於林栗、唐仲友之事，兼不協於朱子者言之，故泛以講學家括之云耳。然吾嘗以其實考之，則朱子之推服劉安世甚至，且具載其行事於言行録中。詳見傳記類言行録條下至於排詆東坡，誠所不免，此自因學術之不同，非恨其不協於程子。且其晚年於東坡贊不容口，晦菴集中年月可考也。說見陳澧東塾讀書記卷二十一，兹不備引。其於平仲議論及之者蓋寡，然考晦菴集卷八十四跋孔毅父談苑云：論談苑語見本條，兹略去。「世傳孔書有珩璜新論者，多是類集古今事實之近似者，而一本附記近世見聞數十事，自趙獻公以下，無不遭其詆毁。嘗細考之，筆勢不甚相似，或好事者附益之，惑亂後生，甚可惡也。因閲此帙，筆其後以曉之。」是朱子於平仲著述，皆加護惜，且於僞託其言者，嚴加辨别，以免爲平仲之累。而謂其百計排詆，欲滅其著述，然乎否乎？今所傳珩璜新論，皆無附記數十事，豈非得朱子辨之於早之力耶。自明楊慎爲蜀黨復九世之讎，攻擊朱子，不遺餘力，提要承其餘風，往往藉講學家譏訕朱子，而於全集語類不暇細考，所謂抑於門户之私者，實躬自蹈之。夫未嘗徧觀其書，而遽以空言排斥，於他人且不可，況於朱子乎？吾既欲爲提要諍臣，則於此類，不可以不辯。

雜家類五 總目卷一百二十一

曲洧舊聞十卷 宋朱弁

弁字少章，朱子之從父也。文獻通考載弁曲洧舊聞一卷、雜書一卷，骫骳説一卷。此本獨曲洧舊聞已十卷，然此本從宋槧影鈔，不應有誤，必通考譌十卷爲一卷也。

嘉錫案：書録解題卷十一云：「弁於晦庵爲從父。」考晦庵集卷三十七答尤延之表書云：「叔祖奉使葬事，甚荷憐念。叔祖當日挺身請使，留虜中十六年，竟保全節而歸，以奏對論和不可專恃，且虜有可圖之釁，忤秦丞相，遂廢以死。在虜中時，嘗有祭徽廟文，或傳以歸，乙覽感動，錫賚甚寵。」又卷九十八有弁行狀紀敍尤詳且云：「熹先大父於公爲三從兄弟，先子初登第時，嘗往拜公溱、洧之上。」又卷八十三跋朱奉使狀云：「右叔祖奉使直閣公還自虜中，乞表朱昭等死節事狀也。」又卷八十七有祭叔祖奉使直閣文，首稱「從孫具位熹敢昭告于故五十六叔祖父奉使直閣府君」，其他文多及弁者，皆稱之爲族祖，然則弁乃朱子之族祖，而非從父也。容齋續筆卷十六云：「靖康之難，朱昭等數人死於震武城，予得朱弁所作忠義録於其子林。」朱子之父名松，而弁之子名林，字皆從木，足證其爲兄弟行，陳氏失之不考，而提要誤從之。行狀又云：「曲洧舊聞三卷、續骫骳說一卷、雜書一卷。」與通考及書録解題所載卷數又不同，疑卷帙有分合耳。又按宋張端義貴耳集一集卷上云：「文公奉使朱弁之姪」，則其誤亦已久矣。惟陳景雲注絳雲樓書目卷二云：「朱弁曲洧舊聞一卷。弁字少章，考亭叔祖，語類中所稱奉使叔祖者，案：見語類卷百五十八。即其人也。弁乃晁以道之戚，此書多出於晁氏之言，其平生行迹，詳見考亭行狀中。」其說居然不誤。

嬾真子五卷宋馬永卿

宋史藝文志著録，晁、陳二家書目乃皆不載，然袁文爲建炎、紹興間人，王楙爲慶元、嘉泰間人，費袞爲紹熙、開禧間人。文甕牖閒評駁其中印文五字一條，楙野客叢書駁其中承露囊一條，袞梁谿漫志駁其漢太公無名母媼無姓一條，是其書未嘗不行於世，特二家偶遺之耳。

嘉錫案：宋洪邁夷堅志支癸卷十，有淳兆殿榜、蔡確執政夢、古塔主三條，注云：「右三事見馬永卿嬾真子録。」其中惟古塔主一條，不見於今本。支癸成於慶元三年五月，見自序是亦其書行於南宋之證也。又容齋四筆卷十二景華御苑條，記崔德符誤入御苑事云：「知馬永卿嬾真子録有之，而求不可得，漫記於此。」今考嬾真子卷五，果有此事，知邁甚重其書矣。四筆成於慶元三年九月，見序在著夷堅支癸之後，而云求不可得者，謂知其書中有此事，而翻檢偶未得耳，非未見其書也。

春渚紀聞十卷

宋何薳撰。薳浦城人，自號韓青老農。其書分雜記五卷：東坡事實一卷、詩詞事略一卷、雜書琴事附墨説一卷、記研一卷、記丹藥一卷。明陳繼儒秘笈所刊，僅前五卷，乃姚士粦得於沈虎臣者。後毛晉得舊本，補其脱遺，始爲完書，即此本也。薳父曰去非，嘗以蘇軾薦得官，故記軾事特詳。

嘉錫案：宋詩紀事卷四十四云：「何薳字子遠，號韓青老農，浦城人，去非之子，東都遺老，入南渡尚存，著春渚紀聞。」提要於宋人仕履，多據宋詩紀事，此條則取材於書録解題，卷十一並紀事亦未嘗考，故不知其字子遠，亦太疏略矣。其實薳字子楚，非子遠，紀事亦誤也。王洋東牟集中與薳唱和詩甚多，其卷十四有隱士何君墓誌云：「富春樵隱何君，名薳，字子楚，本建安人，宋之浦城縣，屬建州建安郡。博士正通中子也。博士諱去非，正通字也。以下叙去非事，今不録。死葬富陽縣韓青谷，以嘗令富陽，而民懷之也。君少嗜學，盡得父書，又自以父子名蘇氏，凡蘇公遺文、刀筆、題誌、小辯、雜説、巧發弄語，無不收誦，縱橫用之而不知。本家貧，不肯拘局以謀進取，去來泛泊，率無常棲。晚乃卜築韓青，以保先塋。所至必得名客勝士與之定交，吴中人士，翕然好之。君長身瘠色，好爲青麻短製，時曳曲竹，謦欬林莽中，步登半峯，以望江潮，不知君者，以君何謍也。紹興乙丑紹興十五年十一月十三日，以疾卒於樵居，樵居在博士故塋之前。享年六十有九，子二人。將終，謂其妻曰：我既無以遺若，環壁無可易錢充葬費者，可録我平生翫意具畫若干卷、硯二、削格觿佩雜物若干種，送吾所厚某人，取其償以瘞我，妻皆如言。初，博士爲徐州學官，君尚少，得黄預魏衍淵源，同升陳先生無己堂，透引句律，其後學成，所與以文雅相引重者甚衆。浚儀趙令時德麟、三衢毛滂澤民、山陽李仲舒漢臣、胥山沈晦元用、吴興劉一止行簡、陽羡蔣粲宣卿、東牟王伯淮景源、錢塘關注子東，此人皆知名當世，其褒拔賞裁，人用聽決，咸欲挽君大之而終不能也，其命也歟！」誌雖不及其著述，然以其言考之，遠自名蘇氏學，喜收誦其遺文，故能記東坡事實。嘗得句法於陳無己，故善談詩詞。平生頗蓄玩好之物，故雜書琴事，且説墨與研，讀其書可以知其人矣。宋史藝文志雜家著録作十三卷、書録解題卷十一入小説家作十卷，原本説郛同。陳繼儒刻入祕笈普集者只六卷，次第與毛本合，但時有佚脱，且分卷不同，其第六卷首六條，即毛本卷五之末，繼之以記墨，而書終焉。故姚士麟序云：「自野駝已上，録自舊名，即毛本之前五卷記墨已下，更從秘本抄補。」中無東坡事實、詩詞事略，雜書琴事三類，後無記硯、記丹藥二類，毛晉購得抄本刻之，其書始全。晉跋云：「祕笈止五卷，後又補記墨二十三則。」則五卷之後，尚有記墨，實爲六卷，其言甚明，提要讀之不詳，遂謂祕笈所刊，僅前五卷，非也。

五總志一卷 宋吳炯

炯仕履未詳，惟宋中興百官題名記載紹興十三年七月吳炯爲樞密院編修官，八月除浙西提舉，其始末則不可考見矣。書中有與蘇叔黨自太原至河外事。

嘉錫案：此書今有知不足齋及藝海珠塵兩刻本，題爲吳坰。知不足齋本題江左吳坰述。書中凡自稱名處，皆作坰，吳郡志、臨安志亦作坰，提要作炯者誤也。沈濤交翠軒筆記卷四云：「吳炯五總志：余昔在晉與蘇叔黨自太原之河外，避暴水于廣道，行李隔絶，而腹中枵然。詢諸驛吏，唯有波稜菜與米爾，即取以爲糜。余有詩戲叔黨曰：『誰知吾子波稜粥，壓倒東坡玉糝羹。』叔黨和云：『肉食紛紛故多鄙，吾寧且食小人羹。』案此二句見斜川集，按見卷二題爲和吳子駿食波稜粥，蓋子駿即坰之字也。」勞格讀書雜識卷十一「吳坰原作炯，今改正，下同。著五總志」條云：「吳郡志七，提舉常平茶鹽司、右通直郎吳坰紹興十三年九月四日到任，紹興十四年十二月三十日改除兩浙運判。咸淳臨安志五十，吳坰紹興十四年兩浙運副。」此可補提要所未詳。考之建炎以來繫年要録於卷一百四十九，紹興十三年八月書云：「樞密院編修官吳垧提舉浙西茶鹽公事」，與提要所引中興百官題名記合，而其除兩浙運判，則不書，惟卷一百五十四紹興十五年七月，有兩浙轉運判官吳垧誤作炯乞勸民濬華亭等處沿海三十六浦，以泄水勢事。又卷一百六十三云：「紹興二十二年七月，左朝散大夫知眉州邵博罷。先是直徽猷閣程敦厚廢還里居，專以持郡縣短長通賕謝爲業，及博爲守，貌禮之，而凡以事來，輒不答，敦厚銜之。會直徽猷閣成都府路轉運副使吳垧從襄陽來，多以襄人自隨，分屬郡取俸，博獨不予。敦厚知垧怒，乃爲匿名書訐博過惡，垧得之大喜，劾於朝，詔罷博令。成都府究其事，前是垧已捕博送成都府司理獄，擇刻深吏主鞠之。眉州兵馬都監鄧安民以勤力爲博所知，首捕寘獄中，數日掠死，博懼，有問即承。提點刑獄公事周綰知其冤，亟詣獄疏決，博乃得出。閱實其事，但得以酒媿游客及用官紙劄過數等事，博坐降三官。」又卷一百六十五云：「紹興二十三年八月，左宣教郎王孝廉謀據成都以叛，伏誅。轉運副使吳垧裒取文書，具言於朝，於是垧已移知荆南府，然未受命也。」又卷一百六十六云：「紹興二十四年五月，直徽猷閣知荆南府吳垧主管台州崇道觀，以垧引疾有請也。時鼎、澧原誤豐茶寇猖獗，殺傷潭、鼎巡檢官，焚溆浦縣，垧未受命，以憂死。」是則垧之平生仕履見於史册者甚詳，提要以爲始末無可考，非也。要録於邵博條下自注云：「洪邁夷堅志修入。」今考夷堅甲志卷二十果有其事而加詳，但諱垌之名，稱曰吴君。且云：「吴君帥荆得疾，親見鬼物往來其前，避正堂不敢居，無幾而死。」注云：「成都人周時，字行可，説邵守眉日，行可爲青神令。」邁雖喜語神怪，而記時人親所見聞，必非純出誣構。垌之爲吏，以嚴酷濟其貪，雖頗能著書，不足取也。夷堅丙志卷四云：「瀘州自酈瓊之難，死者或出爲厲，帥守相繼病死。張晉彦祁作詩千言，諷邦人立廟祀之，瀘人如其戒，郡治始寧。」並載其詩，略云：「士民日凋瘵，岳牧嬰禍罹。一紀八除帥，五喪三哭妻。」自注云：「張節度宗顔夫婦俱喪，陳閤學規、李舍人誼、韓大夫沃、鮑左司琚皆死，杜觀察琳、吴徽猷垌皆喪妻。」詩言八除帥，而注只七人者，其一人病而未死。酈瓊之叛，在紹興八年七月。見宋史高宗紀知瀘州陳規病卒，在紹興十一年。見繫年要録卷一百三十九。鮑琚知瀘州，在紹興十四年。見要録卷一百五十二。而張祁詩中敍事之次第，以吴徽猷爲最後，詩於五喪三哭妻下，又歷叙八人之事。當在紹興十餘年間，然則垌罷兩浙運判以後，又嘗知瀘州矣。

又一條內，載其大父事仁宗爲御史，嘗言大臣未報復，上章乞斬姦臣以謝天下，大書鐵御史三字賜之。又一條，稱嘉州歲貢茘枝、紅桑等物，大父爲犍爲令，作三戒詩見意，九重稱獎。又載其父嘗居李邦直幕府，及崇寧乙酉謫居荆南諸事，蓋亦北宋舊族，隨高宗南渡者也。

案：勞氏云新編方輿勝覽五十二：「皇朝吴中復爲犍爲令，土産紅桑、紫竹、荔枝三貢爲民害，作三戒詩勒石。」余考此事先見輿地紀勝卷一百七十六。中復，興國永興人，宋史卷三百二十二有傳。此書言上既用其言，黜二大臣，復大書鐵御史三字賜之。據本傳，仁宗時宰相梁適、劉沆，皆中復所劾罷，然不載賜御書事。輿地紀勝卷三十三云：「吴中復字仲庶，登景祐進士第，由御史登法從，仁宗以飛白書鐵御史三字賜之。」與是書合。續通鑑長編卷一百八十四云：「時號中復爲鐵面御史。」可以互證。總目卷一百五十五北湖集，提要云，宋吴則禮撰。則禮字子副，富川人。富川即永興縣之舊名以父御史中復廕入仕，官至直祕閣，知虢州。事蹟略見陳振孫書録解題，而不甚詳備。今考集中續百憂集行，有「疇昔罪臣投荆州」之句，則中間曾以事貶謫也。案：此與五總志載其父謫居荆南正合。永樂大典載有韓駒北湖集序，稱則禮卒於虢州之後一年，其子坰綴輯詩文云云。是則坰爲中復之孫，則禮之子，提要於集部内具有明文，而於此條竟不知中復之名，蓋雜成衆手，未嘗互考也。

欒城遺言一卷

宋蘇籀撰。籀字仲滋，眉州人，轍之孫，遲之子也。南渡後居婺州，官至監丞。籀年十餘歲時，侍轍於潁昌，首尾九載，未嘗去側，因録其所聞可追記者若干語，以示子孫。

嘉錫案：宋史職官志國子監、少府監、將作監、軍器監、都水監、司天監，皆有監丞，提要泛稱籀爲監丞，則不知竟是何官？元吴師道敬鄉録卷五云：「蘇籀字仲兹，遲長子，爲适後，以祖蔭補官陝州儀曹掾。任子諒薦入漕幕，登朝爲太府監丞、將作監丞，補外，參議夔府，遠不能赴，改會稽，請祠歸卒，累官朝請大夫，贈大中大夫。少侍文定公講學，以文學見知晁以道、張加父、當作劢父洪玉父諸公，然自處方嚴不苟合，故仕止於此。喜論事，多著述，今存雙溪集十五卷、潁濱遺言一卷。」周必大平園續稾卷十二有蘇文定公遺言後序，略云，蘇文定公晚居許昌，造道深矣！避禍謝客，從遊門人，亦罕與言，其聞緒論者，子孫而止耳。然諸子宦遊，惟長孫將作監丞仲滋，諱籀，年十有四，才識卓然，侍左右者九年，記遺言百餘條，未嘗增損一語。既老，以授其子郎中君詡，郎中復以授其子道州府君森，余嘗與道州同僚，故請題其後。

東園叢説三卷

舊本題宋李如篪撰。如篪始末未詳，據卷首紹興壬子自序，則括蒼人，時爲桐鄉丞。正德崇德縣志載，宋李如篪字季牖，崇德人。少游上庠，博學能文，著有東園叢説、樂書行世，晚以特科官桐鄉丞。人名書名仕履並合，當卽其人也。

嘉錫案：張文虎舒藝室雜著甲編卷下有是書跋云：「東園叢説上中下三卷，昔從館本鈔出，棐人指海第三集，頗有脱誤處，無從補正，姑仍之。案：指海爲錢熙祚所刻，其編校皆出張氏手。頊韓緑卿中翰昕我新得滂喜園藏本，中有姚舜咨印記、黄蕘圃跋，信爲舊鈔本，共上下兩卷。其下卷卽棐本之中下二卷，與上卷卷帙相若，不知何以中分。末有判府吴大卿劄子，則刊本所無，末題朝請大夫知舒州軍州事吴宗旦劄子。案李如篪仕履無聞，據自序知爲括蒼人，原注云：宋時未置括蒼縣，蓋居括蒼山也。而官桐鄉丞。又據「三江」條，而知其嘗爲通州酒官。宋無桐鄉縣，觀其於吴劄子題判府大卿，而吴偁李爲知丞議郎，是時桐城屬舒州，疑桐鄉當指桐城。吴爲知州丞，乃屬官，故相偁謂如此，而其式用劄子也。正德崇德志載李爲崇德人，考今桐鄉，本古崇德縣地，豈因桐鄉丞而致誤乎？然志言李字季牖，未見他書，又言所著有東園叢説及樂書，則又與劄子中樂本一語相合，必有所據。豈李晚遷崇德邪，抑其子孫遷居崇德，而并以其祖爲崇德人邪？考曾豐緣督集卷十七李季牖輿地新書序云：「淳熙乙巳至廣，廣州司理參軍括蒼李如篪季牖出所著輿地新書十卷。」此張氏所未知也。

其書諸家不記録，莫考其所自來。下卷雜説中所作初夏詩及其父歡喜口號三首，爲自來録宋詩者所未及。又是書自序作於壬子，爲紹興元年，周庭筠刊書跋作於甲寅，爲紹興三年，而記「時事」一條，記紹興六年楊幺李成事憸佞」一條，記紹興二十四年秦塤登第事以少敗衆」一條，記紹興三十一年兩淮失守事，且有稱高宗廟號者，則書當成於孝宗時，年月殊不相應。且語孟説一門，語孟合稱，不似南宋初語。所辨「北辰不動」一條，與明陳士元論語類考之説同，似乎曾見集注，故有此説，亦不似朱子以前語。其天文曆數説，謂今之渾天，實蓋天之法，亦似歐羅巴書既入中國之語，宋以前卽推步之家未明此理，無論儒生或近時好事者，因如篋書名，捃摭舊文，益以所見，僞爲此帙歟。

案：張氏跋云：「李自序題紹熙壬子，周庭筠跋題紹熙甲寅刊本，誤熙爲興，或據之謂壬子爲紹興元年，甲寅爲紹興三年，而書中載有紹興六年後事及偁高宗廟號。且語孟合偁，不似南宋初語。「北辰」一條，似曾見集注。其論渾天，亦似歐羅巴入中國後語，遂疑爲近人僞託。案紹興元年，乃辛亥，非壬子。三年乃癸丑，非甲寅。按：壬子乃紹興二年，甲寅乃紹興四年，提要差互一年耳。紹熙三年壬子，五年甲寅，上距紹興初凡六十年。書中「坡詞」條，明載其父與王子家同直祕閣語東坡卜算子詞事，在紹興三年，云其言三蘇事甚多，愚幼小不能記憶，可知著書作序，不在其時，明乎紹興乃紹熙之誤。則又可知李與朱子同時，朱子論孟集義序作於乾道壬辰，李或曾見其稾。且「北辰」之説，發於祖暅之，何必集注。蓋天卽渾天之説，發於崔靈恩，何必歐羅巴。觀其論「地深厚之數」及「天地之形」二條，於地圓之理全未解得，必非曾見歐羅巴書者。蓋總以熙興一字之誤，不及致詳，生諸轇轕耳。」張氏之説，卽爲訂正提要此條而發。

雲麓漫鈔十五卷宋趙彦衛

彦衛字景安，紹熙間宰烏程，又通判徽州。此書有開禧二年序，自署新安郡守，其所終則不可考矣。

嘉錫案：宋史宗室世系表二十三，彦衛爲魏王廷美第四子，廣陵郡王德雍六世孫。説郛卷十四有宋趙某號灌園耐得翁所著就日録，引此書稱爲雲麓趙昂景安漫鈔，字同而名異，未詳其故，豈彦衛一名昂歟？書録解題卷十一云：「雲麓漫鈔二十卷、續鈔二卷，通判徽州趙彦衛景安撰。續二卷，乃中庸説及漢定安公補紀也。彦衛，紹熙間宰烏程，有能名。」提要所敍彦衛官爵，全出於此。錢大昕潛研堂金石文跋尾續第五云：「同年醻唱詩，紹熙改元正月五日，提點浙西刑獄建安袁説友起巖會同年之在吳下者於姑蘇臺，與集者凡十二人，人各賦七言律詩一篇，皆隆興元年木待問榜進士也。」原詩及序見八瓊室金石補正卷一百十。其十二人中有浚儀趙彦衛景安，本書卷一第二條卽云：「慶元五年，疑當作二年余爲天台倅。」勞格讀書雜識卷十一「趙彦衛」條云：「赤城志十秩官門通判題名，慶元二年四月趙彦衛以朝奉大夫至，四年六月替。攻媿集三十四，朝奉郎知湖州烏程縣趙彦衛爲鄉民訴水傷擁併死八人降一官制。蘭亭考十載詩一首，注趙徽州彦衛倅台日，常許蘭亭二三説，丙辰春因以詩扣之，此其次韻也。」據其所考，知彥衛又嘗通判台州，與本書合，可以補提要所未備。宋之徽州亦稱新安郡，見輿地紀勝卷二十彥衛蓋嘗兩官其地，前爲通判，後爲知州，否則陳直齋傳聞不審，誤以知州爲通判也。宋會要第一百三册職官第七十五云：「慶元六年四月九日，朝請大夫主管建寧府武夷山沖佑觀劉坦之、朝散大夫幹辦行在諸司糧料院趙彥衛並放罷，以監察御史林采言：「昔台州之民，洪水蹂踐，死於非命，坦之爲守，彥衛爲倅，坐視不恤。今或祠禄，或六院，公論未當。」據此，則彥衛倅台州後，曾以罪罷官，其後復官守倅，蓋起自謫籍也。又第一百六十六册刑法二下云：「嘉泰二年二月二十八日，新差權知隨州趙彥衛言：「恭惟國家祖宗功德，超冠百王，真賢實能，遠踰前代。史館成書有三朝國史、兩朝國史、五朝國史，莫不命大臣以總提，選鴻儒以撰輯，秘諸金匱，傳寫有禁。近來忽見有本朝通鑑長編、東都事略、九朝通略、丁未録，與夫語録家傳，品目煩多，原作類多鏤板盛行於世。其間蓋有不曾徹聖聽者，學者亦信之，然初未嘗經有司之訂正，乞盡行索取私史，下之史館，公共考核。或有裨於公議，即令存留，仍不許刊行，自餘悉皆禁絶。原誤作盡絶如有違戾，重寘典憲。從之。」是彥衛未知徽州之前，嘗先知隨州，本書卷十二嘗記隨州山水蓋已屢典州郡矣。宋史寧宗紀云：「嘉泰二年二月癸巳，禁行私史。」不言其所以然。李心傳建炎以來朝野雜記甲集卷六曰：「頃秦丞相既主和議，始有私史之禁，時李忠簡光嘗以此重得罪。秦相死，遂弛語言律，近歲私史益多，郡國皆鋟木，人競傳之。嘉泰二年，言者因奏禁私史，且請取李文簡續通鑑長編、王季平東都事略、熊子復九朝通略、李柄丁未録及諸家傳等書，下史官考訂，或有裨於公議，乞卽存留，不許刊行，其餘悉皆禁絶，違者坐之。」原注：「二月甲子。」按：較宋史僅差一日。所紀較宋史爲詳，然不書言者姓名，讀宋會要，乃知其人卽彦衛也。彦衛以爲諸家私史，有不曾徹聖聽，亦未經有司之訂正者，故奏請禁絶。心傳則曰：「文簡所著長編，凡九百餘卷，孝宗甚重之。季平、子復皆嘗上其書，除職遷官，仍付史館。柄以父任監行在都鹽倉，乾道八年夏，上其所編丁未録二百卷，自治平四年至靖康元年，按：此兩年皆丁未。詔特改京官付國史院。」夫此四書者，雖純駁不同，然皆嘗經宋朝祖宗之御覽，付之史官，加以特賞，而彦衛乃請更下史館考核，豈當時史官之學識，果優於孝宗朝史臣李燾、洪邁輩乎？續通鑑長編等，皆煌煌數百卷之書，紀本朝之政事，大抵以國史爲本，本書卷六。嘗引長編辨汪彦章集題陳文惠逸事，非是。彦衛悉請不許刊行，甚者嚴加禁絶。乃其所著漫鈔，間載朝野之事，不過短書小説之流，亦未嘗徹聖聽，經考核者，而竟一刻於漢東學宮，再刻於新安郡齋，此何説耶？然則彦衛之奏禁私史，其必有故矣。按彦衛仕宦於慶元、嘉泰、開禧之間，皆韓侂胄專權竊政之時也。雖蕞爾小官，未必與侂胄有何關涉，然嘗爲御史林采所劾罷。林采者以攻擊僞學，久居言路者也，（見宋史侂胄傳）則其不容於侂胄之黨明矣。乃居不二年，（由慶元六年四月放罷，至嘉泰二年二月知隨州）已起徒步，綰郡符，當侂胄威福自恣，賄賂公行之日，果以何道而致此耶。私史雖多，於國計民生有何大關係，且亦何與外郡牧守事，而彥衛亟亟建言，惟恐燬滅之不盡，此必因當時人之語錄家傳，紀述時事，爲侂胄所惡，彥衛乃爲此奏，以獻媚權姦耳。其涉及續通鑑長編等書者，特欲擴大其事，以示所言不專爲時人發也。心傳記此事，先敍秦檜禁私史以爲緣起，其意可知，此奏上後，即獲俞允，數年之間，彥衛又換守徽州矣。（彥衛知徽州，不詳年月，漫鈔序題開禧二年重陽日，在上此奏後四年餘。）隨乃邊境僻郡，（南宋時隨與金爲隣境。）徽則東南大藩，且中書堂除十五闕之一也。（見朝野雜記甲集卷六。）若非自結權臣，安能得此於廟堂乎？自此以後，彥衛姓名，遂不見簡牘，蘭亭考稱之曰趙徽州，蓋官止於此，疑其與侂胄俱敗矣。嗟夫！士大夫讀書稽古，亦欲垂聲名於後世，而不能忘情富貴，遂不惜以讒言邪說，取媚當時，方冀幸其事之弗傳，而不意七八百年之後，猶有人能發其覆於故紙堆中也。一時之所得無幾，尚不能必其無後患，而笑罵且至於無窮，若彥衛者，可以鑒矣。余讀宋會要，有感於彥衛之事，遂詳考之如此，亦欲垂空文以爲世戒云爾。

據自序初名擁鑪閒記，本十卷，先刻於漢東學宮，後官新安，併刻後五卷，始易今名。案文獻通考載雲麓漫鈔二十卷，又續二卷，與自序不符，豈其後此十五卷之外，又有所增？抑通考誤十卷爲二十卷，誤續五卷爲二卷也。世傳朱彝尊曝書亭所鈔宋本，乃止十卷，是此書原非一本，未能斷其孰是矣。

案：文獻通考卷二百十七此條引陳氏說，其卷數亦卽本之書録解題，宋志雜家類有趙彥衛雲麓漫鈔二十卷，又雲麓續鈔二卷，與解題合，則非通考之誤也。解題明言續二卷，乃中庸說及漢定安公補紀，今十五卷本無此二種，安得謂續二卷卽後五卷乎？明鈔本說郛卷八十内録有此書數條，注云十卷，與今本亦不合。余謂此書在宋時蓋有三本，其初刻於漢東者只十卷，說郛所録及朱彝尊所鈔者是也。十卷本書名，蓋後來所改。後又增五卷，併刻於新安郡齋，四庫所收者是也。最後又更益五卷，附以中庸說、定安紀爲續鈔二卷，則不知刻於何處，是爲最足之本，書録解題及宋志所著録者是也。今足本亡而十五卷者僅存，然二本多寡固不同，不可混而一之也。

書中記宋時雜事者十之三，考證名物者十之七。其記事，於秦檜父子無貶詞。

案：彥衛黨於韓侂胄，而秦檜者，侂胄之所甚惡也。故開禧用兵，先下詔削檜王爵，改謚繆醜。彥衛著書於是時言及於檜，安得無貶詞乎？今考其書卷十云：「能改齋漫録記問亦博矣，第一卷書佛法，乃引列子商太宰答問之語，以謂佛法原天地之始。又言秦益公生日，蜀人李善詩云：『無窮基有無窮問，第一人爲第一官。』其後言者以爲過，有旨禁之，仍著令。然前輩多有之，如荆公、東坡皆有曾魯公、張文定生日詩。又載曾郎中獻秦十絶『裴度只今稱聖相』之句，解云，李義山韓碑詩，「帝得聖相相曰度」，蓋取晏子春秋仲尼魯之聖相也。意以禁生日爲非，聖相爲可稱。夷考其人，姓吴名曾，字虎臣，撫州臨川人，秦益公當軸，獻所業得官。紹興癸酉自敕局改右承奉郎、主奉常簿，爲玉牒檢討官。宜乎秦薨，不敢出。蓋癸酉歲，正是秦興大獄，追治賢士大夫時，必有以取媚致身清要，宜取聖相。而以禁生日爲非，釋氏之教，與天地並原也。」觀此條之意，其不滿秦檜甚明，且言其興大獄追治賢士大夫，尚得謂無貶詞耶？然曾黨於檜，死後著書，猶有感恩不忘之意，雖乖公論，尚不失爲厚道。彦衛逢迎韓侂胄，於侂胄生時著書，一字不及韓氏。侂胄死而其書傳，人竟不知其爲侂胄之黨，用心尤巧於曾。孰知官書載其奏劄，明出姓名，遂至敗露，信乎巧者造物之所忌也。迹其生平，取媚權要，與吴曾同。當其以上書得典大郡，亦正侂胄窮治鈎黨、禁錮賢士大夫之時，但或不至稱侂胄爲聖相，及勸加九錫耳。而遽著書貶曾，不知己之所爲，亦難逃後人之斧鉞。「蝙蝠不自見，笑他梁上燕」，其是之謂乎？

自序以爲可敵葉夢得避暑録話，殆不誣也。

按：彦衛自序云：「此書本名擁鑪閒紀，近有避暑録，似與之爲對，易曰雲麓漫鈔云。」詳其語意，蓋謂近人有避暑録，而己書名曰擁鑪閒紀，避暑擁鑪，恰似作對，意以爲嫌，故易其名，非自誇其書可敵避暑録也。提要之説，非趙氏意，愛日齋叢鈔卷一尚引作趙彦衛閒紀。

老學菴筆記十卷續筆記二卷宋陸游

文獻通考列之小説家中，今檢所記軼聞舊典，往往足備考證。惟以其祖陸佃爲王安石客，所作埤雅，多引字説，故於字説無貶詞，於安石亦無譏語，而安石龍睛事併述埤雅之謬談，不免曲筆。

嘉錫案：李慈銘桃華聖解盦日記辛集二云：「放翁此書，在南宋時足與猗覺寮雜記、曲洧舊聞、梁谿漫志、賓退録並稱。其雜述掌故，閒考舊文，俱爲謹嚴，所論時事人物，亦多平允。四庫提要譏其以其祖右丞之故，於王氏及字説俱無貶詞，不免曲筆。今考其書於荆公亦無甚稱述，如云輕沈文通以爲寡學，誚鄭毅夫不識字，又不樂滕元發目爲滕屠鄧酤，及裁減宗室恩數諸條，俱不置斷語，而言外似有未滿意。惟一條先右丞言荆公有詩正義一部，朝夕不離手，字大半不可辨也。謂荆公忽先儒之説，蓋不然也。則荆公本深於經學，所記自非妄説。其言字説，亦祇一條云字説盛行，唐博士耜、韓博士兼皆作字説解數十卷、太學諸生作字説音訓十卷、劉全美作字説偏旁音釋一卷、字説備檢一卷，又以類相從爲字會二十卷，以及故相吳元中、門下侍郎薛肇明等詩文之用字説，而亦未嘗加以論斷。至所舉十目視隱爲直，則本説文義也。其論詩數十條，亦多可觀。劍南於此事本深，尤宜其談言微中。」

雜家類七 總目卷一百二十三

事實類苑六十三卷

宋江少虞撰。少虞始末未詳，據序首自題，稱左朝請大夫權發遣吉州軍州事，而江西通志亦未載其履貫，蓋已不可考矣。其書成於紹興十五年，以宋代朝野事迹，見於諸家記録者甚多，而畔散不屬，難於稽考，因爲選擇類次之。分二十二門，各以四字標題，自序作二十八門，蓋傳録之譌也。

嘉錫案：宋志故事類、類事類並有江少虞皇朝事實類苑二十六卷。王洋東牟集卷八江少虞責官制云：「漢宣帝勤恤民隱，故重二千石之選。朕念赤子，付之牧守，庶幾其安，而爾領郡寄，租税之輸，宜檢弊奸，乃庸吏言惟務貲貨，何以副朕之望哉！聊鐫一階，用懲失職。」明凌迪知萬姓統譜卷三云：「江少虞字虞仲，常山人，政和進士，調天台學官。寇至，守倅遁去，少虞獨率弱卒堅守，人有死志，首射殺渠魁，賊遂潰去。歷建、饒、吉三州守，治狀皆第一。著宋朝類要，詔藏史館，有雜著經説奏議百餘卷。」是其仕履，猶有可考。此書蓋一名宋朝類要。

古今説海一百四十二卷

明陸楫編。楫字思豫，上海人。是編輯録前代至明小説，分四部七家：一曰説選，載小録、偏記二家；二曰説淵，載別傳家；三曰説略，載雜記家；四曰説纂，載逸事、散録、雜纂三家，所採凡一百三十五種，每種各自爲帙，而略有删節。考割裂古書，分隸門目者，始魏繆襲、王象之皇覽，其存於今者，唐馬總意林以下皆其例也。楫是書作於嘉靖甲辰，所載諸書，雖不及曾慥類説多今人所未見，亦不及陶宗儀説郛捃拾繁富，鉅細兼包，而每書皆削其浮文，尚存始末，則視二書爲詳贍，參互比較，各有所長，其蒐羅之力，均不可没焉。

嘉錫案：滙萃古今小品文字，加以刊削，刻爲叢書，自是明人一種風氣。黄虞稷千頃堂書目卷十五類書類，著録陶宗儀説郛以下諸書皆是也。其佳者能使古人單篇零種，賴以傳世，有網羅放失之功。然而聚瑣雜猥鄙之書，而又割裂飣餖，顛倒錯繆者，亦往往而是。甚至杜撰書目，妄題撰人，移甲作乙，以僞爲真，紛然淆亂，至於不可究詰，誠所謂災梨禍棗矣。此書所收各種，尚頗有根據，在明人雜纂之中，猶爲不甚僞妄者，然其一百三十五種之中，説淵一部，至六十四種，其間除宋、明人所著林靈素傳、海陵三仙傳、遼陽海神傳、中山狼傳四種之外，餘皆自太平廣記録出，而没其撰人及出處，是猶未免欺人技倆。蓋談愷之刻太平廣記在嘉靖丙寅，四十五年而陸楫此書，刻於嘉靖甲辰，二十三年其時廣記尚不經見也，今廣記既已録入四庫書中，惡用此隨意抄撮不完不備者哉！說淵之外，見於四庫著録者二十五種，江南别録、三楚新録、溪蠻叢笑、桂海虞衡志、真臘風土記、北户録、西使記、默記、墨客揮犀、聞見雜録、山房隨筆、鐵圍山叢談、孔氏雜説、睽車志、話腴、朝野僉載、文昌雜録、錢氏私志、遂昌山樵雜録、高齋漫録、霏雪録、漢武故事、樂府雜録、教坊記、北里志也。其中聞見雜録，即聞見近録。孔氏雜説，即珩璜新論。而此書所刻，大抵删削不全，見於存目者亦二十五種，北征録、北征後録、北征記、北邊備對、滇載記、朝野遺記、諧史、昨夢録、三朝野史、談藪、古杭雜記、蒙齋筆談、碧湖雜記、桐陰舊話、東園友聞、拊掌録、艮嶽記、青溪寇軌、煬帝海山記、煬帝迷樓記、煬帝開河記、養痾漫筆、損齋備忘録、靖難功臣録也。以上所舉，恐檢閲未周，或尚有遺漏。則提要所斥而不録者也。然則雖號稱一百三十五種，其不見於四庫書目者不過二十餘種而已，固可分别著録存目，何用全部繕入乎？左圭百川學海爲叢書之祖，尚不得附存其目，而獨於此書，謂其有蒐羅之力，遂不惜浪費紙筆，何其幸也。觀提要於朝野遺記、東園友聞，見總目卷一百四十三小説家存目一。皆詆曹溶學海類編所收之僞，而不知其先已刻入此書中，知其於全書，未嘗細檢矣。

雜家類存目二總目卷一百二十五

拳拳録二卷清李衷燦

其學出鹿善繼、孫奇逢。是書云不爲俗情所染，方能説法度人，光明藏中，孰非遊戲；淫坊酒肆，偏歷道場；絲竹管絃，皆談般若，則定興容城之學，均無此論矣。

嘉錫案：武林舊事卷十載張約齋鎡賞心樂事序云：「昔賢有云，不爲俗情所染，方能説法度人。蓋光明藏中，孰非游戲。若心常清淨，離諸取著，於有差別境中，而能常入無差別定，則淫房酒肆，偏歷道場，鼓樂音聲，皆談般若。倘情生智隔，境逐源移，如鳥黏黐，動傷軀命，又烏知所謂説法度人者哉！」衷燦之言，蓋全從此剽竊也。

四庫提要辨證卷十六

子部七

雜家類存目四總目卷一百二十七

章申公九事一卷宋章惇

不著編輯者名氏，晁、陳二家書目及宋史藝文志皆未著録。卷首序云，丞相惇性喜揮翰，在政府時，日書數幅，予嘗見雜書一卷，乃鈔録之。蓋從其墨跡録出，前七則皆論書體源流及用筆之法，惟第八則敍呂元圭幻異事，第九則末署曰元祐六年十一月五日京口西齋大滌翁書。元祐六年，正惇貶汝州時。按東都事略，惇自汝州徙揚州，提舉洞霄宫，以父老乞侍養，歸蘇州。其事宋史不載。今題此書所云大滌翁者，當因領洞霄宫，故以自號，而京口亦由汝赴蘇所經之路，與東都事略一一相合，知非僞託，然惇人不足道，併其書亦爲世所棄置矣。

嘉錫案：宋張邦基墨莊漫録卷十云：「章丞相申公子厚，以能書自負，性喜揮翰，雖在政府，暇時日書數幅。予嘗見雜書一卷，凡九事，乃抄之，因載於此。」與此書卷首小序語意脗合，蓋此序卽點竄邦基之語爲之，特刪去十數字耳。漫録所抄九事，其前七事及第九事皆論書法，惟第八事記吕元圭，亦與此書同。其末題云：「元祐六年十一月五日京口涵芬樓影印本脱口字西齋東廳大滌翁書，時小至後一日也。」復與提要所考者合，然則此書，蓋好事者從墨莊漫録中抄出，以給藏書家者，非真從墨蹟録出也。

誠齋揮麈録一卷

舊本題宋楊萬里撰，左圭收入百川學海中。今檢其文，實從王明清揮麈録話内摘出數十條，别題此名。凡明清自稱其名者，俱改作萬里字，蓋坊刻贋本，自宋已然。百川學海在叢書中最有體要，然且如此，其餘固無足責矣。

嘉錫案：近人王國維觀堂外集庚辛之間讀書記云：「揮麈録二卷，刊于左圭百川學海第二集，題楊萬里撰，四庫全書提要謂其全文全從王明清揮麈録話内摘出數十條，别題此名。余謂此書，似卽揮麈前録之初槀，其題誠齋撰固誤，然謂摘鈔爲之，則不盡然。今細檢之，則此本上卷，卽前録之卷一。唯末三條，乃前録卷二之第三、四、五條。下卷皆見於前録之卷二卷三，唯末郭稹一條，則在卷四。又條數雖少，而文字略同，唯此本卷上徽宗梓宫南歸條，多二十八字，其文字，作者所自删，非他人所附益。又王氏之書，本無定卷，直齋書録解題揮麈前録三卷，今通行本四卷，而此本二卷。揮麈後録後有明清自跋云：『明清頃焉不自量度，嘗以見聞漫輯小帙，曰揮麈録，輒以鏤版，正疑審是于師友之前久矣。』則前録脱稿後，卽有刊本，其爲二卷、三卷、四卷雖不可知，然鏤版必遠在紹熙以前。今四卷本前有慶元元年實録館牒，當爲後定之本。而此本爲初刊本，其後四卷本行，而此本希見，售僞者遂改爲萬里敷。」又云：「此本徽宗梓宮條全文曰：『徽宗梓宮南歸有日，丞相秦檜當國，請以永固爲陵名。先人建言，北齊叱奴皇后實名矣，不可犯，且叱奴夷狄也，尤當避。秦大怒，幾陷不測，後數年，卒易曰永祐。近見邵博公濟所著小説，詆先君此議，然後知當時阻此議者，卽此人也。』前録無末二十八字，岳珂媿郯録五引此條亦無之。珂駁明清曰，叱奴后本非北齊，乃宇文周也，其謚曰文宣，明清當是見北齊有文宣帝謚號偶合，而誤記耳。遡是而上，又有元魏文明馮后，亦葬永固，蓋亦叱奴之前，而明清不知援證，其誤又可知。愚案珂説是矣，而明清父銍原議，並未嘗誤。邵氏聞見後録一云，紹興己未金人許歸徽宗梓宮，宰臣上陵名永固，有王銍者言犯後魏明帝、原注云：疑文明之誤。後周文宣二后陵名，下秘書省參考，如銍言。前漢平帝、後漢殤帝、十國劉龑同曰康陵，本朝順祖亦曰康陵；後魏明帝、後周宣帝、唐中宗同曰定陵，本朝僖祖亦曰定陵；漢惠帝、唐懿宗王后同曰安陵，本朝宣祖亦曰安陵；唐太宗曰昭陵，本朝仁宗曰永昭陵；後魏宣武后曰永泰陵，唐玄宗曰泰陵，本朝哲宗亦曰永泰陵。原注云：「維案邵氏所舉尚有未盡，太祖永昌陵亦與漢成帝昌陵同名。」蓋本朝陵名犯前代陵名者不一，祖宗以來不避也。予時爲秘書郎，爲秘監言，具白丞相，不報，再議，徽宗陵名改永祐云。邵氏之言如此，則王、邵二說，皆持之有故。又秦檜頗右王說，當無幾陷不測之事，明清殆以其父得罪秦氏爲榮，故爲此說，岳氏之言亦由未檢邵氏書也。倦翁又云中興會要注曰，先是有詔於西京修奉陵寢，有司撰陵名永固，既而梓宮權攢紹興府會稽縣，故改今名。則秦檜當時，蓋不肯自以爲誤，姑以攢宮非久固之地而易之。此語殆爲實錄，然邵說苟行，則亦不必爲此曲說，明清亦自知己說不實，故删此詆毁之語歟。觀此一條，則此書殆明清初稾，而誤題誠齋之名，非從揮麈前録四卷中摘出爲之者。獨怪左禹錫生于宋末，去誠齋、仲言時代未遠，乃不能辨别，遂使誠齋以王銍爲父，以曾紆爲外祖，貽千載笑柄也。」

損齋備忘録二卷

明梅純撰。純，夏邑人，成化辛丑進士，洪武中駙馬都尉梅殷之玄孫。書中自稱初以應襲指揮使，登進士後，讀近思録中張子論世禄子孫不應工聲病售，有司遂請於朝廷而復舊官，蓋亦戛然自異之士矣。

嘉錫案：明史寧國公主傳云：「殷孫純，成化中舉進士，知定遠縣，忤上官，棄歸。襲武階，爲中都副留守。」千頃堂書目卷五云：「梅純字一之，南京孝陵衛人，駙馬都尉殷曾孫。舉成化辛丑進士，授懷遠知縣，與上官不合，投檄歸，再補蔭孝陵衛指揮使擢中都留守致仕。」均與純自敍者不合。疑純實以忤大吏棄官，所謂因讀近思録而請於朝廷復舊官者，特其託詞焉耳。提要遽許以戛然自異，又不載純所終之官，殆皆未考之於史也。純乃殷之玄孫，故録中稱殷爲先高祖，史謂爲殷孫，亦誤。

其紀事類中述梅殷之歸京師，乃以母老之故，其擠死笪橋下，出於趙深、譚曦之竊害，非成祖之意。是以其家受恩未艾，與史迥異，亦曲筆也。

案：損齋備忘録云：「先高祖駙馬都尉，洪武末出鎮淮安，殷以建文時鎮淮安，以革除故稱洪武。靖難師至，猶固守其地。後臣民共推戴文皇帝繼大統，先高祖知太夫人無恙，遂散師還京。同時有周是修者亦自經，言者請追戮。上曰：彼食其禄，自盡其心。一無所問。嘗仰觀此言，則上於先臣固無所罪也，而姦諛者乃擅害之。痛哉！賴聖明卒置於法，而臣家逮今受恩未艾」云，此卽提要所指爲曲筆者。考明史梅思祖傳云：「思祖從子殷爲駙馬都尉，自有傳。」而其實並無殷傳，僅附見寧國公主傳中。傳云：「寧國公主，孝慈皇后生，洪武十一年下嫁梅殷。殷字伯殷，汝南侯思祖從子也。嘗受密令輔皇太孫，及燕師日逼，惠帝命殷充總兵官，鎮守淮安，悉心防禦。燕兵破何福軍，執諸將平安等，遣使假道於殷，以進香爲名。殷答曰『進香，皇考有禁，不遵者爲不孝』。王大怒，復書言：『今興兵誅君側惡，天命有歸，非人所能阻。』殷割使者耳鼻縱之，曰：『留汝口爲殿下言君臣大義。』王爲氣阻。王卽帝位，殷尚擁兵淮上，帝迫公主齧血爲書投殷。殷得書慟哭，乃還京。既入見，帝迎勞曰：『駙馬勞苦。』殷曰：『勞而無功耳。』帝默然。永樂二年，都御史陳瑛奏殷蓄養亡命，與女秀才劉氏朋邪詛咒。帝曰：『朕自處之。』命錦衣衛執殷家人送遼東。明年冬十月，殷入朝，前軍都督僉事譚深、錦衣衛指揮趙曦擠殷笪橋下，溺死，以殷自投水聞。都督同知許成發其事。帝怒，命法司治深、曦罪，斬之，籍其家。遣官爲殷治喪，謚榮定。」此下所敍事，均與潘氏所引書合，故不複引。夫明史於殷之死，僅據事直書，初未嘗言出自帝意，與純之所言，尚不至大相逕庭，不知提要所謂與史迴異者，果安在也。純之曲筆，獨以殷之還京，爲因其母尚在，不言得公主血書，蓋嫌其祖牽於私愛，故爲是忠孝不兩全之説耳。實則殷之所爲，已高出於望風歸款者遠甚，固無庸苛責以死，亦不必曲爲之諱也。

潘檉章國史考異卷五云：「實録永樂二年十一月己亥朔，都御史陳瑛等劾奏駙馬都尉梅殷蓄養亡命及無賴之徒，出入其家者八十餘人，又私匿韃靼人，與女秀才劉氏之女造爲邪謀，乞正其罪。上曰：『梅殷朕自處之。』命錦衣衛執殷所匿韃靼人送遼東。三年十月乙丑，駙馬都尉梅殷卒。殷，汝南侯思祖從子，頗驕侈，不慎行檢。上卽位，廷臣多言其過者，特優容之。殷與前軍都尉僉事譚深、錦衣衛指揮趙曦有隙，一日四鼓入朝經竹橋，深、曦令人捽殷墜橋下死，而曦誣奏殷自投水死。上疑盜殺之，命下捕盜甚急，至是都督許成發其事。上震怒，命法司治深、曦罪，賜殷祭，謚榮定，遣官治喪葬。官其二子順昌中軍都督同知，景福旗手衛指揮使，均食禄不視事。壬申，譚深、趙曦伏誅，籍其家，而封左軍都督許成爲永新伯，按：官殷二子，及封許成，均見明史。子孫世襲指揮使，旌其發深等之姦也。按國史所書殷之被殺，最爲詳明，而遜國臣記則謂殷入朝，譚深、趙曦令人擠殷死笪橋下，曦言殷自投河死。都督許成發其事，上怒罪深、曦。對曰，此上命也。上大怒，立命力士持金瓜落二人齒，斬之。初，公主牽衣大哭，問駙馬安在。上曰，爲公主踪跡賊，無自苦。成祖與公主問答，亦見明史。余憶陳瑛之劾殷，繼曹國長興二獄之後，則文皇固非無嫌於殷者，然以寧國之故，實無意殺之也。而深、曦以私怨逆探上指，擠之死地。觀成祖賜寧國書，言駙馬殷雖有過失，兄以至親不問，比聞溺死，兄甚疑之。今都督許成來首，乃小人所害，訊鞫果得其情，明史載此書都督許成來首下，作已加爵賞，謀害之人，悉置重法，特報妹知之，蓋彼此互有删減。則成祖之心事，亦既暴於天下矣。許成、譚深皆靖難功臣。實録書洪武三十五年九月戊子，陞許成爲左軍都督僉事，譚深爲前軍都督僉事，而成以同僚之雅，不難白發其奸，此非賣深等以塞口可知也。且深等事發下獄，閱七日而伏誅，何緣有觸怒立斬之説乎?」潘氏之所以爲成祖辨者至矣。余以當日情事測之,成祖之惡殷蓋甚切,特其迫公主齧血爲書時,必曾許以不死,故隱而未發。而譚深、趙曦者,或果與殷有私隙,以爲死之必無罪,或欲以殷爲奇貨,而謂殺之可邀功。潘氏所謂逆探上指,擠之死地者,蓋得其情。殷既死,帝或本不知情,又爲公主所逼,遂窮治其事,既知爲深、曦所害,以爲非己之命也,故不惜殺之,以説於公主。不然,帝之天性殘忍,所誅夷多矣,何畏於一弱女子,而必爲此以自解免哉。故梅純謂爲姦諛者擅害之,亦尚不爲失實也。然殷縱不見害於深、曦輩,亦終必爲帝所殺,蓋帝於建文忠臣殺戮無遺種,若曾執金鼓抗顔行者,尤所深惡。鐵鉉之死無論矣,其他如耿炳文、盛庸,皆於元二年被陳瑛希旨奏劾自殺。雖平安之以材勇見惜,何福之以宿將見用,亦卒不免。而至庸劣如李景隆,且有開門迎降之功,猶遭禁錮絶食,僅乃不死。況殷嘗數責辱帝,又爲陳瑛所劾,豈能久活,卽無笪橋之禍,其死亦時日間事耳。純謂成祖於殷,固無所罪,此則不免爲尊者諱,在當時之臣子立言,不得不如此也。潘氏又據「純先高祖知太夫人無恙,遂散師還京」之語,以駁遜國臣記,言成祖迫公主以血書招至,及勞而無功之對,以爲鋪揚過實,此則過於信純之巽詞,非所以成人之美,今所不取。

編珠二卷舊題隋杜公瞻補遺二卷續編珠二卷清高士奇

編珠二卷，舊本題隋杜公瞻撰。補遺二卷、續編珠二卷，則國朝康熙戊寅詹事府詹事錢塘高士奇所輯也。案編珠隋志不載，唐志但有杜公瞻荆楚歲時紀一卷，而無此書。宋志始著於録，然世無傳本，始出於士奇家，其序稱於内庫廢紙中得之。原目凡四卷，佚其半，遍覓不可得，輒因原目補爲四卷，又廣其類之未具者爲二卷。

嘉錫案：通志藝文略類書類有編珠五卷，隋杜公瞻撰。宋尤袤遂初堂書目類書類有編珠，不著撰人名氏，此尤氏通例。當卽公瞻之書，此先於宋志著録者也。徐乾學編珠序云：「詹事江村高公偕余奉命校勘閣中書籍得之，已逸其後二卷，詹事喜而録之。」士奇自序云：「曩直大内南書房，奉命檢閲内庫書籍，於廢紙堆中得隋著作佐郎杜公瞻編珠一册，原目凡四卷，遺其半，徧覓不可得，因手鈔之，藏笥篋間」云云。朱彝尊曝書亭集卷三十五杜氏編珠補序云：「隋安陽令中山杜公瞻撰編珠四卷，新、舊唐書志經籍、藝文無之，至宋始著於録。其書流傳特罕，故晁氏郡齋讀書志、趙氏附志、陳氏書録解題均未之載，而唐、宋、元羣書亦鮮有引之者。是書余獲之中簿，手鈔以歸，惜闕其半，今詹事府詹事錢唐高君按其目補之。」士奇刻本未録此序。合此三序觀之，是三人同見此書於内庫中，而彝尊、士奇各鈔一本以歸，不得謂獨出於士奇之家，必非士奇所杜撰。彝尊雖與士奇唱和，而其後爲士奇所嫉，中讒免官，必不肯與士奇共同作僞，亦以明矣。王士禎居易録卷十七云：「杜氏編珠四卷，内府寫本，闕三四卷。」是則池北書庫所藏本，亦出於内府，可見當時傳鈔者，不獨竹垞、江村兩家矣。士禎又曰：「公瞻自序，隋皇在江都日，命微臣編録，大業七年正月奉敕撰進，原脱此字。勒成四卷。稱煬帝曰隋皇，不可曉。其云在江都日者，按史大業元年秋八月，行幸江都。二年三月發江都，四月至東京。書蓋奉詔旨編於是時，而稱大業七年，何也？」今按高氏刻本公瞻自序實作皇帝幸江都日，不作隋皇，王氏鈔本偶誤耳。隋書及北史煬帝紀並云：「大業六年三月，幸江都宫。七年二月，上自江都御龍舟入通濟渠，遂幸於涿郡。」序題大業七年正月，正煬帝在江都之日，無可疑者，士禎讀煬帝紀曾未終篇，遽爾肆筆，疑及此書，謬之甚矣。考内閣大庫書檔舊目此目凡二十種，皆清代内閣典籍廳收掌之檔案，近始自内閣大庫檢得之，由中央研究院歷史語言研究所編次印行。第七種，内有編珠一本，不全。此目雖不著時代，以其所收書考之，當編於康熙二十年以前，詳見原目卷首方甦所撰敍録而徐乾學之序末題康熙三十二年。高士奇之序編珠紀年爲戊寅，乃康熙之三十七年也。然則士奇所言之内庫，卽指内閣大庫，而其所見之編珠佚去二卷者，卽此目中不全之本，蓋可知也。以此相證，知士奇之本，確得之内庫矣，非士奇及朱彝尊之所依託也。

首載大業七年公瞻自序，稱奉敕撰進，其結銜題著作佐郎兼散騎侍郎。又有徐乾學序稱杜公瞻無所表著，談藪載京兆杜公瞻嘗邀楊玠過宅，酒酣嘲謔者，卽此公瞻無疑。

案：兩唐志均有杜公瞻荆楚歲時記二卷，然不載其仕履。隋書杜臺卿傳云：「有兄蕤，學業不如臺卿，而幹局過之，仕至開州刺史。子公贍，瞻之誤少好學，有家風，卒於安陽令。」北史杜弼傳云：「子蕤，字子美，學業不如弟臺卿，而幹局過之。隋開皇中，終於開州刺史。子公瞻，仕隋安陽令。」是公瞻雖無所表著，而姓名實見於正史，徐乾學及提要皆未詳考也。今書所署官爵，不見於隋書、北史，然考元和姓纂卷六云：「魏僕射杜畿後家中山，裔孫弼，北齊徐州刺史。生蕤，隋治中御史。生公瞻，原本此下有臺卿二字，乃傳寫之誤，蓋本作生蕤、臺卿。蕤，隋治中御史也。隋著作郎。」與此書正合，史舉其所終之官耳。乾學所引談藪見太平廣記卷一百七十四，稱公瞻爲臺卿之猶子，與北史正合。彝尊序云：「公瞻爲臺卿之兄子，父曰開州刺史蕤，而膠州刺史弼者，其祖也。有子之松，官起居舍人，見隋書。又有同心芙蓉詩載續玉臺新詠，按此詩出文苑英華卷三百二十二。尚書序謂無表著故具書之。」是乾學之言已爲彝尊所駁，提要似未見此序也。

初學記三十卷唐徐堅等

案唐書藝文志載玄宗事類一百三十卷，又初學記三十卷，注曰，張説類集要事以教諸王，徐堅、韋述、余欽、施敬本、張烜、李鋭、孫季良等分撰。似乎二書皆説總其事，而堅等分修。晁公武讀書志則曰初學記三十卷，唐徐堅等撰。初，張説類集事要以教諸王，開元中詔堅與韋述等分門撰次。又似乎事類爲説撰，而堅等又奉詔擇其精粹，編爲此書。考南部新書載開元十三年五月集賢學士徐堅等纂經史文章之要，以類相從，上制名曰初學記。則晁氏所言，當得其實，唐志所注，敍述未明，偶合兩書爲一耳。

嘉錫案：玉海卷五十七引集賢注記云：「開元十六年正月，學士徐堅以下撰成初學記三十卷奏之，賜絹有差，寫十本，分賜諸王。初，尹鳳翔宣敕與燕公云，兒子欲學綴文，若御覽、類文、博要、珠英之類，都秩廣大，卿與學士撰集要事要文，以類相從，務要省便。」自初尹鳳翔以下作雙行小注。集賢注記乃韋述所撰，見新唐書藝文志。述卽撰初學記之一人，所言自最爲可信。然則此書本是張説奉敕撰集，説總其成，而徐堅以下分修耳。新唐志所言，正合當日情事，晁公武之言，殊欠分曉，提要翻據之以駁新志，誤矣。唐會要卷三十六云：「開元十五年五月一日，南部新書作開元十三年五月。集賢學士徐堅等纂經史文章之要，以類相從，上制名曰初學記，至是上之，欲令皇太子及諸王檢事綴文。」南部新書壬卷與此全同，提要拾會要不引，亦非也。考周必大承明集卷七引柳芳唐曆云：「明皇詔集賢學士徐堅等纂經史文章之要，以類相從，欲令皇太子檢事綴文，上賜名初學記。開元十四年三月撰成撰成年月，集賢注記、唐會要、南部新書與此皆不同，當是傳寫互異。以獻，賜堅絹三百疋。」乃知會要之言，又出於此。其所以不言張說奉敕撰集者，以說雖總其事，而書則成於徐堅諸人之手，故題堅等之名，以著其實耳，不得以此駁新唐志也。舊唐書張說傳云：「十三年玄宗詔說及禮官學士等，賜宴於集仙殿，改名爲集賢殿，因下制改麗正書院爲集賢殿書院，授說集賢院學士，知院事。」徐堅傳云：「開元十三年，玄宗改麗正書院爲集賢院，以堅爲學士，副張說知院事。」新書兩傳略同。其事亦見唐會要，並載張說以下十八學士之名，新志所載初學記撰人，多在其中，惟無施敬本、張烜、李銳三人，蓋後來入院者。張說以宰相知集賢院事，爲學士之首，故玄宗欲撰初學記，獨降敕與說。蓋凡集賢諸學士有所撰述，皆說總領其事，又不獨初學記一書爲然。玄宗事類亦是張說奉敕，徐堅等分修，提要狃於初學記，不題張說之名，必以事類爲說撰，初學記爲堅撰，正坐不知當時制度耳。

元和姓纂十八卷

唐林寶撰。寶，濟南人，官朝議郎、太常博士。序稱元和壬辰歲，蓋憲宗七年也。寶，唐書無傳，其名見於藝文志諸家書目，所載並同。惟唐會要稱王涯撰，蓋以涯曾作序而謁。鄭樵通志又稱李林寶撰，則因李吉甫命寶作是書，二名連寫，傳寫脱去吉甫字，遂併爲一人。觀樵姓氏略中譏寶作姓纂，而不知林姓所自出，則藝文略中本作林寶可知也。焦竑國史經籍志亦因之作李林寶，誤之甚矣。

嘉錫案：林寶，新唐書雖無傳，然其名見於舊書，不獨載於新書藝文志也。舊唐書卷一百十三裴遵慶傳云：「子向，建中初，李紓爲同州刺史，奏向爲從事。朱泚反，李懷光又叛河中，使其將趙貴先築壘于同州，紓來奔奉公，向領州務。貴先脅縣尉林寶役徒板築，不及期，將斬之，吏人百姓齊竄。向即詣貴先，以逆順之理責之，貴先遂來降。」考資治通鑑卷二百三十，李懷光遣趙貴先築壘於同州，事在興元元年，下距元和元年只二十八年，撰姓纂之林寶，與爲同州縣尉者必係一人無疑。唐同州治馮翊縣，寶蓋先爲馮翊尉，逮元和中，乃入爲太常博士耳。又考李肇國史補卷下云：「大曆以後，專學者曆算則董和，天文則徐澤，姓氏則林寶。」由大曆元年至元和七年，凡經四十八年，則寶之以姓氏學名家久矣。若夫王涯作序稱濟南林寶，而書録解題卷八乃稱三原林寶者，則亦有説焉。考本書卷三二十一侵，林氏本有五望，其濟南鄒縣一望，出於林登，爲唐清苑、博野二令，以二子官居高陸，入關居三源縣，是爲寶之太高祖，故寶以三原自署，原源古字通用。洪瑩刻板時，孫星衍爲之作序，乃以爲疑，知其於本書未嘗過目矣。洪氏所刻，卽庫本也，但於卷六之廿八頁及廿九頁均脱去庫本半頁耳。至於據僞本秘笈新書於一東熊字下，增熊克家譜，於二十鹽詹字下，增詹大卿體仁家譜，而忘考其何代人，尤爲可笑。二人均南宋時人，體仁與於慶元黨禁，宋史卷三百九十三有傳。熊克卽作中興小曆者，宋史文苑傳亦有傳。洪瑩在有清中葉，號稱名狀元，卽其學可知矣。以姓纂在今日盛行洪氏本，故附糾之如此，其以之與庫本校出脱誤者，吾友陳援庵也。

書至宋已頗散佚，故黄伯思東觀餘論稱得富弼家本，已闕數卷。陳振孫書録解題亦稱絶無善本，僅存七八。此本在永樂大典中皆割裂其文，分載於太祖御製千家姓下，又非其舊第，幸原序猶存，可以考見其體例。今仍依唐韻以四聲二百六部，次其後先，又以鄧名世古今姓氏辨證所引各條補其闕佚，仍釐爲一十八卷，其字句之譌謬，則參校諸書，詳加訂正，各附案語於下方。

案：庫本極爲潦草，僅取材於永樂大典，雅號稱以古今姓氏書辨證所引補其闕佚，今加以覆檢，輒多所遺漏。羅叔言振玉曾取姓氏書以校姓纂，亦不能盡也。又如章定名賢氏族言行類稾於每一大姓之下，歷代名人言行之前必先引姓纂云云，往往出今本之外，其或僻陋小姓，無名人言行可紀，則或逕引姓苑及百家譜等書，以明其得姓之所自始，其實亦卽姓纂文也。卽如一東融姓下引代本云云，明係林寶避唐太宗之諱。九魚於姓下稱大唐初宇文化及部將於士澄云云，尤爲林氏書之明證。類稾著録，四庫中館臣曾未一檢以補姓纂之闕佚，亦太疎略矣。又據姓氏書辨證之例推之，凡複姓應收入下一字韻中，譬如東里氏，應收入紙韻里字下，而今本收入東字下，此大誤也。北京大學藏有舊鈔本古今姓氏遥華韻一部，從甲至癸，凡九十六卷，係巴陵方氏碧琳琅館所捐，署臨川布衣洪景修進可編，序題至大元年。序中自言參用章定類稾，其書爲四庫所未收，以校姓纂，時有創獲。其所引用頗有出類稾外者，卽同引姓纂，亦有異同出入，足以互相參訂。惟其引書，往往改易原文，如姓纂言某朝有某官某人，必改曰某人某官，又每氏之下或連引姓氏典故數條，而於首條題曰姓纂，或於末條注曰姓纂，然諦審其文，有似全取姓纂者，有似取他書羼入者，余嘗再三慎擇而取之，不敢苟也。往時羅仲言丈嘗以姓氏書校姓纂，亦尚有遺漏。余於庚申歲，曾取名賢氏族言行類稾、古今姓氏遥華韻、古今姓氏書辨證、翰苑新書僞本謝枋得秘笈新書卽純取自此編。以輯姓纂佚文，凡得四百五十餘條。近見今人岑仲勉所校姓纂，其所引書與余同，惟未引遥華韻耳，然岑氏意在校讎，非爲輯佚耳。其洪瑩校本，詹大卿、熊克二條之謬，岑氏亦已摘及之，熊在岑校卷一，詹在卷五。其於林寶仕履，則據唐會要卷八十，知其官太常博士。又據册府元龜五百五十四及新唐書卷五十八，知其以太常博士曾與蔣乂、樊紳、韋處厚、獨孤郁等同修德宗實録。元龜無獨孤郁。又引會要卷三十九云：「元和十三年八月，鳳翔節度使鄭餘慶等詳定格後勑三十卷，左司郎中崔郾、國子博士林寶同修。」同誤作用。又據新唐書五十八云：「皇唐玉牒一百一十卷，開成二年，李衢、林寶譔。」岑氏於林寶之官品著述，考之甚詳，而獨於舊書裴延慶傳中寶之事蹟未之及，其殆千慮之一失歟！岑氏又引元龜卷六百二十一云：「開成元年，召宗正卿李弘澤問圖譜，弘澤對臣已請追林贇、鄭覃與李固言。林贇實有氏族學，時論以爲不公。癸卯，勑追分司東都林贇同修七聖玉牒，從宗正寺之請也。」請原誤謂岑氏以爲修玉牒爲林寶，引玉海五十一引新志皇唐玉牒下注云：「册府元龜云，舊史作一百五十卷，屯田郎中李衢、汭王府長史林寶等□開成元年閏六月乙未，召宗正卿李弘澤問圖譜，對以祖宗已來，並未修續。癸卯，勑汭王府長史林寶同修七聖玉牒。」岑氏云，知應麟所見舊紀卷一十七下、元龜卷五百六十及六百二十一均作林寶，不作林贇，今本爲傳寫之訛無疑。則知寶又嘗爲汭王府長史，岑氏以林贇爲林寶之誤，以玉海爲之證，當不誣也。余所爲元和姓纂校補八卷，自謂用力頗勤，蠅頭細字，行間幾滿，既無力顧鈔胥，别繕清本，又不能覓刻工付之棗木，將來不知何人以之覆醬瓿，抑或以蠟以蔽車頂，則數年心血付諸流水矣。

蒙求集注二卷五代晉李瀚　宋徐子光注

晉李瀚撰。瀚始末未詳，考李匡乂資暇集稱宗人瀚作蒙求，則亦李勉之族。又五代史桑維翰傳稱初李瀚爲翰林學士，好飲而多酒過，晉高祖以爲浮薄，當卽其人也。

嘉錫案：日本元化中天瀑山人林述齋述齋名衡，官大教頭，見彼國人內藤虎次郎所撰宋槧單本尚書正義解題所刊佚存叢書第四帙，有古本蒙求三卷，首有天寶五年饒州刺史李良薦蒙求表，趙郡李華蒙求序，題唐安平李瀚撰注。又森立之等經籍訪古志卷五、楊守敬日本訪書志卷十一各著録舊鈔舊刻本蒙求數種，亦多有薦蒙求表及李序，惟楊氏所得古鈔卷子改裝本，表末天寶五年八月一日饒州刺史李良上表，下多令國子司業陸善經爲表，表未行而良授替，事因寢，二十字。楊氏謂授贊當是受替，事字下屬。楊氏云：「李瀚爵里雖未詳，而首有李華一序，卽李良之表，亦明著天寶五原作八誤年，自注云，此二篇提要本想缺佚。乃提要既引匡乂資暇集，稱宗人瀚作蒙求，知爲李勉之族。又引五代史桑維翰傳有好飲酒之李瀚，定爲晉人，是並李匡乂亦晉人矣，最爲矛盾。」愚案楊氏駁提要之誤是矣，然李良表中明言臣境內寄住客前信州司倉參軍李瀚，李華序中稱爲安平李瀚，是瀚之爵里皆有可考，而楊氏顧以爲未詳，所謂楚則失矣，齊亦未爲得也。黃廷鑑第六弦溪文鈔卷三書李翰蒙求後曰：「蒙求一書，晁氏讀書志未載案：讀書志卷十四類書類有此書，黃氏失考。陳直齋書録解題兩云唐李翰撰，明顧起綸以爲卽昌黎云作張巡傳者也。今四庫提要定作五代晉之李瀚，引李匡乂資暇及五代史桑維翰傳爲證，豈不以匡乂爲唐末時人，距元和時隔六七十年，按：提要實不知此書爲唐李翰所作，且翰卒於大曆初，非元和時人，黄氏此語亦失考。而去石晉時未久歟，然終有可疑者。考宋葉大慶考古質疑引李翰蒙求吕望非熊一條，下文有曰，杜甫、李翰、白居易皆唐人也。又宋釋文瑩玉壺清話載李瀚事兩條，一云，瀚及第于和凝相榜下，後與座主同任學士。一云，宋太祖擒劉鋹，遣學士李瀚就尚書張昭問俘廟之儀。又王楙燕翼貽謀録載太宗興國二年，右拾遺李瀚上書切諫云云，則瀚又嘗仕宋，未終於晉也。今以諸書觀之，則資暇所云宗人翰，自屬作張傳之李翰，桑維翰傳之李瀚，卽宋之李瀚，本爲二人，名字亦異。」是提要之説，黄氏已先駁之矣。然黄氏僅知李翰嘗作張巡傳，而不知其人於兩唐書皆有傳，則考證亦尚粗疏。惟周中孚鄭堂讀書記卷六十云：「蒙求唐李翰撰，崇文目稱李瀚撰，晁氏、鄭氏案：謂通志藝文略。稱唐李瀚撰，俱誤加水旁，陳氏稱唐李翰原誤作瀚撰，宋志稱李瀚撰，崇文目及宋志雖不言何代，而崇文目列於王殷範、白廷翰之前，新唐志雜家載王殷範案：唐志作王範。續蒙求三卷、白廷翰唐蒙求三卷，宋志列於邱延翰、劉綺莊、李商隱之前，則亦知非唐後人作也，新唐志偶失載耳。惟全唐詩誤爲唐末五代人，而近時金元李案：金三俊字元李作補注，於例言中妄引王仲言揮麈後録，稱其人爲晉内相，後仕契丹通顯云云，案金三俊蓋承提要之誤。以傳會其説。不知仕契丹者本名澣，字日新，自注云：取澣濯之義，與翰、瀚不相應。附宋史李濤傳，按：此卽五代史桑維翰傳之李瀚。其歷官始末，與揮麈録同而加詳。又見陶介立岳五代史補三雕本流傳，或譌澣爲瀚，案：五代史作瀚 非有兩人也。若著此書之李翰，其歷官事迹俱見新、舊唐書李華及蕭穎士傳。其作是書也，華常序之，以爲可以不出户而知天下，華序雖佚，然元遺山作十七史蒙求序尚引之，自注云，見遺山集。則其爲唐之李翰，而非石晉之李瀚明矣。又李濟翁資暇集中引蘇武持節、鄭衆不拜二句，以爲余宗人翰作蒙求云云，其於朱博烏集一句，既釋其誤，且云：『職由蒙求而復白家六帖注引』云云，知是書在白氏六帖之前又明矣。」周氏未見李良表、李華序，而其考證則視提要及黃氏、楊氏特爲精密。楊氏未見周氏書。考明顧起倫蒙求標注萬曆元年刻序云：「翰故趙人也，天寶末擢進士，歷官翰林學士。父華弟觀，並以文學擅名，嘗所善張中丞巡，及其死節，傳巡功狀表上之，具載文藝傳。」是顧氏已知作此書者爲唐之李翰矣。特謂翰爲華之子，不免大誤。新唐書文藝傳李華傳云：「宗子翰，從子觀，皆有名。翰擢進士第，調衞尉，張巡死節，翰傳巡功狀表上之，累遷左補闕、翰林學士。大曆中病免，客陽翟卒。」舊書李翰附文苑蕭穎士傳云：「華宗人翰，亦以進士知名，天寶中寓居陽翟。案：據梁肅序，寓居陽翟，不當在天寶中。禄山之亂，從友人張巡客宋州，撰張巡、姚誾等傳兩卷上之。上元中爲衞縣尉，按：唐文粹卷五十三李翰殷太師比干碑云：天寶十祀余尉於衛。則非上元中也。入朝爲侍御史。」按：御史臺精舍題名無李翰。敍事不具始末，不若新書之詳。考文苑英華卷七百三梁肅補闕李君前集序云：「君名翰，趙郡贊皇人也。弱冠進士登科，解褐補衛縣尉，其後以書記再參淮南軍謀，累遷大理司直。天子聞其才，召拜左補闕，俄加翰林學士。始君筮仕，值蔽善者當路，故屈於下位。原注云：天寶末，房公琯、韋公陟薦公充史官諫司之任，當國者不聽，乃已。中歲多難，時方用武，故屈於外藩。及夫入宣室而揮宸翰也，方用人文以飾王度，則因疾罷免。君既退歸，居於河南之陽翟。」新書蓋本於此。瀚與翰實卽一人，翰爲華宗人，故此書有華序，翰與華、觀均爲同宗。華本傳云：「趙郡贊皇人。」韓愈李元賓墓銘韓集卷二十四云：「其先隴西人。」李濟翁稱翰爲宗人，濟翁自署隴西人，據唐書世系表及古今姓氏書辨證，卷二十一隴西與趙郡，雖分兩房，而其先同出一祖，故可互稱同宗。據梁肅序，翰實趙郡贊皇人，而李華序稱爲安平李翰，舊傳又謂寓居陽翟，蓋安平其本貫，陽翟其寓居。唐人多自署郡望，而以本貫爲僑寓，故李良表中稱爲境内寄住客也。獨是李良之表，有甚可疑者，安平於唐時，屬河北道深州，天寶元年改州爲郡，刺史爲太守，於是改深州爲饒陽郡。李良表上於天寶中，稱翰爲境内寄住客，則當稱饒陽郡太守，不當稱饒州刺史。若稱刺史，亦當爲深州，不當作饒州。若謂爲江南西道之饒州，則天寶元年已改爲鄱陽郡，表上於五載，不當有饒州刺史，其可疑一也。唐玄宗天寶三年改年爲載，此表仍署天寶五年，不用當時制度，其可疑二也。新書李華傳云：「累中進士、弘辭科，天寶十一載，遷監察御史，徙右補闕。安禄山反，爲盜所得，僞署鳳閣舍人。賊平，貶杭州司户參軍。上元中，以左補闕、司封員外郎召之，稱疾不拜。李峴領選江南，表置幕府，擢檢校吏部員外郎，以風痺去官。大曆初卒。」舊傳云：「開元二十三年進士，天寶中登朝，爲監察御史，累轉侍御史、禮部吏部二員外郎，陷賊貶官，廢於家卒。」天寶五載，華尚未登朝，而李良表中有司封員外郎李華當代文宗之語，與新、舊史皆不合，其可疑三也。余嘗反復推求，知皆後人所妄改也。蓋天寶時改年爲載，州刺史爲郡太守，其制行之未久。至肅宗乾元元年，悉復其舊，由此相承不改。此書爲鄉塾課蒙之本，書録解題卷十四謂舉世誦之，以爲小兒發蒙之首。傳鈔者各以其意妄爲删改，淺人不知天寶、乾元間掌故，見李良表所署天寶五載及饒陽郡太守字，與當時制度不同，以爲此必傳寫之誤，遂奮筆改爲天寶五年饒州刺史，致成此巨謬而不悟也。至於李華仕履，新、舊書皆不言天寶中爲司封員外郎，然考唐摭言卷四云：「李華以文學名重於天寶末，至德中，自前司封員外郎起爲相國李梁公峴從事檢校吏部員外郎。」考之唐史，肅宗至德二載，九月復京師，十二月斬賊官達奚珣等一十八人，賜陳希烈等七人自盡。華之貶官當在此時，其明年二月即改元乾元，是華在至德中，自貶官至改元，爲時僅月餘，其間不容遽有司封員外郎之拜。若如摭言之説，至德中已稱前司封員外，似華之爲此官，當在天寶時，則李良之稱司封員外郎，初非訛誤。然考新唐李峴傳，至德二載，擢京兆尹，封梁國公。其時未嘗在江淮，其爲荆南節度知江淮選，乃在代宗即位之後。摭言謂華爲峴從事，時陳少遊鎮淮陽，一旦城門吏報華入府云云。則華之爲從事，實在峴領江淮選時，摭言以爲至德時事，乃傳聞之誤。要當以新書華傳所言，上元中召司封員外郎不拜，唐郎官石柱題名司封員外内無華名，勞格始據摭言及李良表補入之。李峴領選江南，乃表置幕府者爲合於情事，則此表之稱司封員外郎李華者，殆亦淺人所妄改也。然其文則實出唐人手筆，若遂以此表爲僞撰，且因以疑蒙求非唐之李翰所撰，則誤矣。元好問遺山文集卷三十六十七史蒙求序云：「安平李瀚撰蒙求二千餘言，李華作序，李良薦於朝，蓋在當時已甚重之。案李瀚自嫌文碎，此特自抑之辭。華謂可以不出卷而知天下，是亦許與太過。唯李良薦章，謂其錯綜經史，隨便訓釋，童子固多弘益，而老成頗覺起予，此爲切當耳。」其所引均與今本合，知宋、元刻本，固有李華序及李良表矣。

其注不著撰人名氏，案陳振孫書録解題曰，補注蒙求八卷，徐子光撰，以李瀚蒙求句爲之注，本句之外，兼及他人事。所言與此書相合，惟八卷之數，與此本二卷不同，然此本卷帙頗重，蓋後人以八卷合併也。

案：經籍訪古志卷五、日本訪書志卷十一載舊鈔本蒙求補注三卷，及標題徐狀元補注蒙求三卷，訪古志著録此種，亦舊鈔本，訪書志則爲日本活字本。均有子光序，末題時訪書志誤作明己酉仲冬之月辛卯吉日徐子光序，見訪書志，余所藏明治十六年箋注蒙求校本，亦有此序。四庫著録之本，佚去此序耳。楊氏跋標題徐狀元補注蒙求云：「按徐子光不詳其人，龜田興見後稱活字本有宋度宗咸淳戊辰宋秉孫序曰，君其問諸徐君，以爲然乎否？似是當時現存之人。徐氏補注成於己酉，下距戊辰僅二十年，按：己酉爲理宗淳祐九年，戊辰爲度宗咸淳四年。然則徐子光爲理宗、度宗兩朝間人，其説當爲有據。顧余所見活字本，均無宋秉孫序，當是龜田其見又一時集印之本也。」又跋附音增廣古注蒙求舊鈔本云：「首有薦蒙求表，次行題光禄大夫、行右散騎常侍臣徐賢等奉勅撰。按此本首題徐賢名不可曉，據龜田興刊本，言三春三春不可解，俟考。朝鮮本俱有徐賢名，森立之訪古志所稱容安書院本、寶素堂本亦有之，而享和所刊朝鮮本則無之，龜田興疑徐賢爲朝鮮人，所云附音增注，卽出於其人。又疑徐賢卽徐子光之名，皆未詳也。」嘉錫案：龜田興考得子光之書作於宋理宗時，頗足以補提要之闕。考陳振孫於淳祐中官國子司業，癸辛雜識別集下言徐元杰暴亡，少司成陳振孫有疏。案：元杰卒于淳祐五年。則子光補注之成，振孫固及見之矣。徐賢署銜爲右散騎常侍，據宋史職官志，自元豐改官制後，未嘗除此官，見宋史卷一百六十一職官志一。則龜田興疑賢卽子光者，非也。

子光號爲徐狀元，其書成於淳祐九年。考文獻通考卷三十二引宋登科記，有理宗淳祐元年狀元徐儼夫，當卽此人。萬姓通譜卷七曰：「徐儼夫字公望，平陽人。淳祐初進士第一，累官至禮部左侍郎，致仕卒。」與通考合，然字公望，不字子光，又似非一人者，疑莫能明也。各書著録李翰蒙求皆三卷，森立之、楊守敬所見補注諸本亦作三卷，然振孫與子光同時，則子光書自作八卷，其作三卷者，蓋後人據李翰原本分卷也。四庫著録本作二卷，與諸本又不同。

其書以蒙求原文冠於卷首，後以每二句爲一節，各爲之注。注雖稍嫌冗漫，而頗爲精核，如呂望非熊句，以六韜原文無非熊字，則引崔駰達旨注始用非熊以明之。周嵩狼抗句，以晉書嵩傳作抗直，則引世説新語本作狼抗以明之。賈誼忌鵩句，以鵩賦無忌字，則引孔臧鴞賦賈生有識之士，忌前鵩焉以明之。燕昭築臺句，以史記乃築宮，非築臺，則引孔融與曹操書，鮑昭樂府皆稱築臺以明之。胡昭投簪句，以本傳無投簪字，則引摯虞所作昭贊以明之。如斯之類，皆爲不苟。凡其事未詳，而舊注所説莫知何據者，如趙孟疵面、子建八斗、蘇章負笈、申屠斷鞅、龍逢版出、何謙焚祠之類，皆疑以傳疑，亦不失詳慎。其中偶爾失檢者，朱翌猗覺寮雜記嘗摘其毛寶韓壽二事，今考紀瞻出妓句，事見世説新語，舊注所引不誤，而云今本不載。江革忠孝句，事見南史，乃以爲後漢之江革，改忠孝爲巨孝。顔叔秉燭句云，事出毛公詩傳，今詩傳實無此文，皆不免小舛。又如劉惔傾釀句，乃誤讀世説以傾家之傾，爲傾酒之傾，亦失於糾正。然大致淹通，實初學之津筏也。

案：子光補注内所載之舊注，實李翰自注也。李良薦蒙求表云：「竊見臣境内寄住客前信州司倉參軍李瀚，學藝淹通，理識精究，撰古人狀跡，編成音韻，屬對類事，無非典實，名曰蒙求，約三千言。注下轉相敷演，約萬餘事。瀚家兒童三數歲者，皆善諷讀，談古策事，無減鴻儒，不素諳知，謂疑神遇。」又云：「錯綜經史，隨便訓釋，童子則固多弘益，老成亦頗覽起予。」李華序云：「安平李瀚著蒙求一篇，引古人言行美惡，參之聲律，以授幼童，隨而釋之，比其終始，則經史百家之要，十得四五矣。每行注兩句，按：此謂每行録蒙求正文兩句，而注於其後，非謂兩句，只有注一行也。人名外傳中，有別事可記，亦比附之，雖不配上文，所資廣博，從切韻東字起，每韻四字。」是則翰自著書而自注之，表及序均言其體例甚詳。宋莊季裕雞肋編卷下云：「趙岐謂孟軻字則未聞，而李翰注蒙求引史記云字子輿，今觀史記則未嘗有。」是季裕猶知其注爲李翰所自作也。王觀國學林卷七云：「唐李瀚撰蒙求五百九十八句，每句著一人，每一人著一事，非博學不能爲此。然其疵在于一人而分作二句或三句，又其所著，不皆出于經史，而間取小説雜書，如毛寶白龜，糜竺收資，皆出於搜神記。今補注本於毛寶句，改引晉書。壺公謫天，初平起石，皆出于神仙傳。補注壺公句，改引後漢書。

孫晨槀席，靈輒扶輪，皆出於類林。補注孫晨句引三輔決録，靈輒句引左傳，無扶輪事。孫鐘設瓜，黄尋飛錢，宋宗雞窗，皆出于幽明録。龐儉鑿井，出于風俗通。盧充幽婚，出于志怪集。補注據舊注引孔氏志怪。張氏銅鉤，出于三輔決録。王果石崖，出于神怪志，蓋小説雜書多妄誕，不可取信，而瀚取此與經史同列，非訓蒙之所先也。」觀國所見，亦李翰原注也。觀國南宋初人，在徐子光之前，且徐氏注引書，與觀國所言多不合，蓋子光所見舊注，非原本也。然學林同卷又云，後漢黄香傳不載扇枕事，李瀚蒙求曰黄香扇枕，注蒙求者引東觀漢記曰：「黄香事母至孝，暑月扇枕。」先引李瀚蒙求，後云注蒙求者，則觀國已不知注爲李瀚所自作矣。蓋所見之本，已無李良表及李華序也。至徐子光作補注序曰：「唐李瀚日本訪書志引子光序作唐李瀚，此據明治刻箋注本改正。搜羅載籍，采古人行事，著爲蒙求，事跡粲然，班班可考，其於屬辭備閲，不爲無補矣。然鮮究本根，類多舛訛，覽者病焉，豈瀚之所載然歟，抑亦後世傳襲之誤也。予嘗嘉其用意，而惜其未備，於是漁獵史傳，旁求百家，窮本探原，摭華食實，大抵傳記無見，而語淺謬妄者，就加是正。至於載籍之中閒有故實，可以概舉者，仍掇一二附焉。」觀其所言，蓋亦不敢定舊注爲出於李翰與否，故作存疑之辭。又其所見舊注，爲已經後人删改之本，故於趙孟疵面等句，均直引舊注，而不能知其出於何書。其後并此删改之舊注亦亡，四庫不著於録，故提要不知所謂舊注者，爲何人之注也。自佚存叢書傳入中國，而後得見李翰原注，然其所刻亦删改本也。至光緒初，楊守敬至日本，始得古鈔本蒙求一卷，卷子改裝本爲李翰原注本，又得附音增廣古注蒙求三卷者二通，一古鈔本，一舊鈔本。亦係舊注删節之本，要皆遠勝於徐子光之補注也。楊氏跋古鈔蒙求曰：「李瀚蒙求，日本所傳，本有二種，一爲舊注本，卽李瀚自注，一爲徐子光補注本自補注本行，而舊注本遂微。寬政十二年，有龜田興者，覺舊注本雖不出書名，而所引多逸聞逸事，知其必有根據，因復據傳鈔數本校刊之。謂范、張雞黍，出于謝承書；賀循儒宗，出何法盛晉中興書；劉充一錢，出司馬彪；李充四部，出臧榮緒，而舊注未舉書名，徐子光不推究其根源，唯據范蔚宗書、唐修晉史，私用芟祚，擅自增損云云。所詆頗中其失，獨怪李瀚作蒙求而自注之，當必原委粲然。如吳淑之自注事類賦，豈有不注所出，開學者飣餖之門，唐人無是也。余乃得此古鈔本一卷，其原係用墨絲欄作卷子本，後乃裁斷改摺本，相其筆跡當在唐、宋間，首題蒙求上卷，自王戎簡要起，至蔡邕倒展止。蓋通爲上下二卷，自注云各本並作三卷。篇中每注，皆出書名，自注云：「有未自注者，大抵皆習見事。」案楊氏於此下歷舉各句下所引之書，如東觀漢記、魏略、益部耆舊傳、孟子、項岱説、妒記、九州春秋、春秋後語、晉陽秋、宋略、三輔決録、華嶠後漢書、類林、衛玠别傳、晉中興書、韓詩内傳、王隱晉書、列士傳、嵇康高士傳、續晉陽秋、會稽録、三齊略記、襄陽耆舊傳、陳留耆舊傳之類，皆已佚之書，而舊注本或不出事名，或改引他書。卽現存之書如漢書、魏志、史記、世説、莊子、搜神記，亦多與舊注不合，其詳具見訪書志，文繁不備引。引東觀漢記及世説尤多，凡所引與舊注詳略大異，不可縷舉。余意此書在唐時，必多童蒙誦習，鄉俗鈔寫，憚其煩文，遂多删節，其後並所引書名略之。至宋徐子光，不見有書名之本，但見其文與事，與見存書多異，又未能博考類書傳記，遂就見存書史換之，故往往有與標題不符。龜田興雖覺其有異，然其學亦未博贍，不能一一注其所出，得此本始恍然李氏原書卓然大雅，惜僅存上卷，不得爲完璧耳。」其跋古鈔本附音增廣古注蒙求曰：「此本缺李良表、李華序，首題附音增廣古注蒙求卷上下，題安平李瀚撰注，以滕公佳城爲中卷，陳逵豪爽爲下卷，自注云與徐子光本不同其注多不著書名，蓋亦舊注本經後人節删者，篇中亦間引補注，以享和元年日本所刊朝鮮本照之，雖不盡同，大致同出一源，蓋又在龜田興所祖本之後。然其所據終多李瀚原注，按：楊氏不知作蒙求者爲唐李翰，故其跋中，瀚澣互出。故亦往往有異聞，勝于徐子光補注本。今就中下二卷校之，董永自賣注文出搜神後記；自注云徐氏不知所出，引後漢，删後字。翟湯隱操注文出晉中興書，自注云，見世説注，徐氏改引晉書，與標題不合。相如題柱注文出華陽國志，自注云，徐氏不知所出。老萊班衣引高士傳，徐云舊注引列女傳，無班衣事，知所見爲誤本。自注云，列女傳安得有此事。不占殞車注引韓詩外傳，今但見新序，外傳不載，然不得謂舊注爲誤。按：文選長笛賦不占成節鄂李善注，正引韓詩外傳，足見舊注不誤，楊氏亦未能證明。大抵李氏所注皆根據於故書雅記，龜田興所云李瀚注蒙求時，如謝承、華嶠等之後漢書，王隱、虞預等之晉書尚存，不得以范蔚宗之後漢書，唐太宗之晉書校之，其語誠是。特以傳鈔者省其書名，徐氏以其與所見之書不合，遂謂傳記無見，皆以見存書易之，往往有與標題不合者。」又云：「日本元化中，天瀑山人以活字收入佚存叢書，卽此種也。案：佚存本，實與楊氏所得鈔本不盡合，如楊氏此跋中所舉董永、翟湯、相如三條，佚存本皆不出書名。然呂望非熊注引六韜，已改作非虎，按古鈔舊注本皆作非龍非彪非熊非羆，天瀑亦據鈔本，而與今本六韜同，又引補注以正之，抑天瀑所爲耶。」按：此書鄉塾傳鈔，各以意爲刪改，彼此不同，天瀑所得，自是另一鈔本，卽非熊之作非虎，亦恐非天瀑所改也。楊氏又有跋舊鈔本補注蒙求一篇，專駁提要此篇之誤，其略曰：「按徐子光未詳其人，書錄解題始著錄稱爲八卷，四庫著錄稱集注二卷，不題徐子光名，蓋又後人所省略也。此本三卷，以史丹青蒲爲中卷，相如題柱爲下卷。自注云，與舊注本不同。提要於此書多誤，今爲辨之如下。提要云，原作又云注雖稍嫌宂漫，而頗爲精核，如呂望非熊句，以六韜原文無非熊字，則引崔駰達旨以明之。不知六韜作非虎非羆者，此宋以下之本也。按李善注劉越石贈盧湛詩引六韜正作非熊非羆，又云周嵩狼抗，以晉書嵩傳作抗直，則引世說以明之。不知舊注本引世說，自注云，此當時俗語，卷子本如此，舊注本不出書名。晉書改作抗直，已失當日對母之意，徐氏既知狼抗出世說，乃先引晉書，而以世說證之，正其好改舊文之失。又云燕昭築臺，以史記乃築宮，非築臺，則引孔融書以明之。按卷子本引春秋後語本作築臺，自注云，舊注引史記作築臺。非史記也。又云胡昭投簪，以本傳無投簪字，則引摯虞所作昭贊以明之。按卷子本及舊注本皆引昭贊，非徐氏所補也。又云趙孟疵面、子建八斗、申屠斷鞅、龍逢版出、何謙焚祠之類，皆疑以傳疑，自注云，補注俱直引舊注，未得所出。今按趙孟疵面，出王隱晉書。自注云，見御覽三百六十五。子建八斗，出南史謝靈運傳。自注云，此非僻書，何亦不能檢出。龍逢版出，原注引論語陰嬉讖，此事稍隱，然亦見文選任彥昇百辟勸進箋注文。又謂江革忠孝事見南史，非後漢之江革，此說本之野客叢書。自注云，瑯玡代醉篇襲之。按卷子原注引東觀漢記，江革字次翁，忠臣孝子之稱行天下云云，是本有忠孝二字，不必以後漢書作巨孝爲疑。唯申屠斷鞅，自注云，疑出東觀漢記。按，初學記十八引周斐汝南先賢傳曰，建武八年，車駕西征隗囂，郭憲諫曰，天下初定，車駕未可以動，憲乃當車拔佩刀，斷車鞅云云。後漢書作斷靷，疑本一事，而傳者分屬之。蔚宗采先賢傳入郭憲傳中，遂於申屠剛傳不載此事。何謙焚祠自注云，何謙附見晉書謝玄傳，不言其焚祠事，當在十八家晉書中。未知其原耳。又云，顏叔秉燭事出毛公詩傳，今詩傳實無此文，按今詩小雅巷伯傳實有此文。按，提要此條，已爲俞正燮癸巳存稾卷十二所駁，李慈銘越縵堂日記第二十二册亦嘗言之。考提要於余蕭客文選音義條，歷舉蕭客之失，末云：「惟洞簫賦注顏叔子一條，引毛萇傳巷伯篇爲證，糾何焯批本之誤爲有考證耳。」是提要亦知此事之出於毛詩，而於此顧云云，可謂自相矛盾。又云劉惔傾釀，自注云：補注據晉書改作劉惔。按：世說本作恢，文選任彥昇王文憲集序注引臧榮緒晉書本作恢，今本晉書作惔，恐誤。誤讀世說以傾家之傾，爲傾酒之傾。此說亦本於老學菴筆記，謂欲傾竭家財以釀酒飲之，引山谷詩欲傾家以繼酌爲證，不知傾家釀何等直捷蘊藉，乃增成傾家財以釀酒，迂曲少味矣。山谷詩翦截爲句，亦非務觀之意，提要乃謂徐氏失於訂正，何也。至於毛寶、韓壽原誤作嬉二事，原題亦未爲大失，不足爲李氏病。紀瞻事見世說，徐氏云今本不載，提要非之，是已。按此書何晏神伏，周鎮漏船，許洵勝具，舊注并引世說，徐氏云今本無載，其實三事今本皆有之。淵明把菊注，引白衣送酒事，此出續晉陽秋，自注云：見書鈔一百五十五、初學記十一、御覽三十二又九百十六、事類賦五。徐氏不能引，但以南史、晉書無白衣字，遂於引南史後增一云一段，足知其陋。大抵徐注，凡見於正史者，卽以易舊注；其不見正史者，卽不能博采傳記，證明之。自序稱旁求百家，窮本探源，特大言欺人耳。提要以博瞻推之，過矣。」今案楊氏指摘提要之失，可謂詳矣。然尚有未盡者，提要引朱翌猗覺寮雜記摘其毛寶、韓壽二事，因謂子光偶爾失檢。今考猗覺寮雜記卷下云：「毛寶白龜，蒙求引搜神記，以爲投江獲龜救者寶。晉書以爲養龜人。竊香者賈充之女，非韓壽也。皆當以傳爲正，蒙求以教小兒，其誤如此。」尋朱翌語意，乃駁李翰蒙求之誤，非謂徐子光補注也。佚存本原注於毛寶白龜句正引搜神記，謂龜乃寶所贖放，與朱翌所見本同，若徐注則已改引晉書矣。可知翌之所駁，實非徐注，若韓壽竊香句，則兩注皆謂賈充之女，密盜以遺壽，并無謬誤。翌之意蓋謂當作賈女竊香，不當言韓壽竊香，此乃指蒙求正文言之，尤與徐注無涉，提要乃謂徐氏失檢，是於雜記及徐注原文，皆未細讀也。然而翌之所駁，實未得當，李翰之言毛寶白龜，自是據搜神記，不得以晉書駁之。此等事本不當入正史，唐修晉書好采小説，其言毛寶軍人，於市買一白龜，養之漸大，放諸江中。邾城之敗，養龜人投水，如覺墮一石上，乃是先所養白龜，送至東岸，遂得免焉。其説全本之幽明録，太平廣記卷一百十八引同一出於小説，安見晉書之必是，而蒙求之必非乎？古今之事，傳聞異辭者多矣，可勝駁耶。若夫竊香之人，雖爲賈充之女，然其竊之也，用以遺壽，則雖謂壽實竊焉可也。楊氏謂二事原題未爲大失，不足爲李氏病，是矣。而不知提要實誤會爲徐氏失檢，非謂李氏也。

書敍指南二十卷宋任廣

其書初刊於靖康中，版旋被燬。有俞氏者，携舊本南渡，其後輾轉傳寫，多非完帙。至國朝康熙初，金券得韓氏所藏本，繕録未竟，而券没，反併原本第十卷佚之。雍正三年，金匯得不全宋本，適尚存第十卷，乃重爲鈔補刊刻，而此書復完。蓋若隱若顯，幾五六百年，其不亡者幸也。

嘉錫案：日本訪書志卷十一云，書敍指南二十卷，明萬曆刊本，前有嘉靖六年巡按山西監察御史吳興沈松序，次有萬曆丙申知鎮江、襄陽兩府事永嘉王繼明序。蓋嘉靖間刻於河東，按：鐵琴銅劍樓藏書目卷十七云：「此嘉靖六年御史吳興沈松得沁水李瀚藏本，序而刻於山西，李鈔自中祕者。」是嘉靖刻本尚有存者矣。萬曆間又重刻於襄陽者也。目録分元亨利貞爲四集，每集分五卷，合爲二十卷，題浚水任廣德儉甫編次，猗頓後學喬應甲重校，提要載此書與此合。唯所據雍正三年金匯刻本，稱自靖康版燬以來，五六百年，若隱若顯，不言明代有嘉靖、萬曆二刻，則此本流傳不廣，金氏未之見，提要亦未之見也。今金氏本亦罕見，唯三原李錫齡惜陰軒叢書有刻本。案：此書張海鵬墨海金壺、錢熙祚守山閣叢書皆有刻本，不僅惜陰軒也。

海録碎事二十二卷

宋葉廷珪撰。廷珪字嗣忠，崇安人。政和五年進士，出知德興縣。紹興中爲太常寺丞，與秦檜忤，以左朝請大夫出知泉州軍州事。王之望漢濱集有所作廷珪除官制，頗稱其學問之富，蓋當時亦以博洽稱也。

嘉錫案：宋會要第一百册職官七十云：「紹興二十二年七月四日，知漳州葉廷珪放罷，臣僚言廷珪前知泉州，出空名帖子私賣僧寺故也。」蓋秦檜諷使言者，以事中傷之。

古今姓氏書辨證四十卷

宋鄧名世撰，而其子椿裒次之。名世字元亞，臨川人。祖孝甫，見宋史隱逸傳，郎原序所稱文昌先生者是也。椿有畫繼已著録。

嘉錫案：此書首有其子自序，凡四稱名，皆曰椿年。書録解題卷八云：「古今姓氏書辨證四十卷，校書郎史館校勘臨川鄧名世元亞撰，其子椿年緒成之。」玉海卷五十亦云：「名世子椿年，裒集次序之，其書始備。」提要删去一年字，遂以爲作畫繼之鄧椿。考三朝北盟會編卷一鄧洵武家傳，後有其孫椿所附跋語，總目卷一百十二畫繼條下，提要亦云：「椿雙流人。祖洵武，政和中知樞密院。」案洵武於徽宗時上愛莫助之圖，力請相蔡京，至成靖康之禍。而其父綰，亦以附王安石致通顯。所謂笑罵由汝，好官須我爲之者也。宋史卷三百二十九有傳，謂鄧氏自綰以來，世濟其姦，而名世之祖孝甫，則在隱逸傳。略云：「鄧孝甫字成之，臨川人，第進士。元符末詔求直言，孝甫年八十一，上書云，亂天下者新法也。因論熙寧而下，權臣迭起，欺世誤國，歷指其事，而枚數其人，蔡京嫉之，削籍覊筠州，遂卒於筠。且死，命幼孫名世執筆，口占百餘言。其略曰，予自謂山中宰相，虛有其才也；自謂文昌先生，虛有其詞也，不得大用於盛世，亦無憾焉，蓋有天命爾。」洵武之與孝甫，其爲人如冰炭之不相容，椿年爲孝甫之曾孫，而椿則洵武之孫，籍貫不同，宗支亦别，惡可混而爲一，使高士之胤，忽作權姦之後乎？夷堅三志壬編卷一云：「南城鄧椿年，温伯左丞諸孫也。」温伯者，鄧潤甫之字，是又一鄧椿年也。李心傳繫年要録稱紹興三年十月，詔撫州進士鄧名世赴行在，以御史劉大中薦也。四年三月乙亥，上此書時，吏部尚書胡松年以其貫穿羣書，用心刻苦，遂引對，命爲右迪功郎。王應麟玉海所載亦同，惟言名世初以草澤得召，上書後始詔賜出身，充史館校勘。朱子語類，又謂其以趙汝愚薦，以白衣起爲著作郎，後忤秦檜勒停，均與心傳所記不同，則未詳孰是耳。

案：皇宋兩朝中興聖政卷十四，紹興三年冬十月丁亥書云：「詔撫州進士鄧名世赴行在，以宣諭官劉大中薦也。」又卷十五紹興四年三月乙亥書云：「詔草澤鄧名世引見上殿，名世初以劉大中薦，召赴行在，獻所著春秋四譜、古今姓氏，上遂命爲迪功郎。」此皆當日史臣所書，卽李心傳所本，而玉海卷五十則云：「四年三月乙亥撫州鄧名世以所著春秋四譜六卷、辨論譜説十篇、古今姓氏書辨證四十卷來上，吏部尚書胡松年看詳，學有淵源，辭亦簡古，考訂明切，多所按據，詔引見殿上。原注云二十五日。九月六日賜進士出身，充史館校勘。」原注云，會要一十四卷，書目十二卷。繫年要録稱爲撫州進士，而玉海言獻書後始賜進士出身，故提要以爲未詳孰是。考徐松輯本宋會要第五十六册云：「四年九月六日詔史館校勘鄧名世，以所著春秋譜六卷、辨論譜説十篇、古今姓氏書辨證十四卷來上，賜進士出身。」則玉海亦不誤。蓋進士爲科目之名，唐、宋之時，凡應科目，經有司貢舉者，通謂之舉人。然科目甚多，欲指明其爲某科，則稱之曰進士。曰明經等，不必其登科也。凡稱進士，本當曰鄉貢進士，或略去鄉貢二字耳。唐時及第而未入仕者，稱前進士。宋時登第卽入仕，則當稱其官，反不得稱進士矣。名世乃撫州之鄉貢進士，卽應進士舉，已得本州解送，而未登科者，猶明、清時之舉人故繫年要録謂之進士，而中興聖政又謂之草澤，朱子語類謂之白衣，其實一也。其後以獻書賜進士出身，則宋史選舉志所謂凡士不繇科舉若三舍而賜進士第及出身者，其所從得不一者也。卷二十九提要以繫年要録稱撫州進士，而玉海言上書後始賜出身爲未詳孰是，是不明唐、宋科舉之制矣。若其薦舉名世之人，則中興聖政及繫年要録皆謂是劉大中，朱子謂爲趙汝愚所薦，當是偶然誤記耳。中興聖政卷二十三，紹興八年六月癸亥書云：「尚書左僕射監修國史趙鼎、史館修撰句濤、祕書少監尹焞、著作郎兼校勘張嵲、佐郎胡珵、校勘鄧名世、朱松、李彌正、高閌、范如圭等上重修哲宗實録，九月書成，凡百五十卷。」是名世嘗與朱子之父同寮共事，故朱子能悉其行事也。中興小紀卷二十九，紹興十一年書云：「著作佐郎鄧名世，臨川人也。初，劉大中宣諭江西薦之，自布衣除删定官，洎入館，久兼史職。左僕射秦檜過局，嘗書其史稾之後爲得體，然娼嫉者衆，至是因擅寫日曆，爲言者所劾，罷去。久之，卒於家。」不言其忤秦檜。然繫年要録卷一百四十一云：「紹興十一年九月，祕書省著作佐郎鄧名世罷。以言者論，名世初本無官，緣諂事劉大中，遂力薦之於朝，自入館以來，蔑視同列，竊議時政故也。」又卷一百四十三云：「紹興十一年十二月，右奉議郎鄧名世特勒停，坐擅寫日曆故也。久之，卒於家。」又卷一百七十二云：「紹興二十六年進士鄧椿年言故父左奉議郎名世，以忤時相廢弛，不該日曆賞典，乞褒贈詔。御史臺看詳，名世嘗爲祕書省著作佐郎，秦檜以其本劉大中所薦，惡之。會名世擅録副本以歸，檜因令言者論列下吏，停官，遇赦牽復而死。其後御史中丞湯鵬舉言名世亦合預賞，乃特贈左承議郎。」此所記名世始末甚詳，與朱子言忤秦檜勒停之説合，而其子名椿年，不名椿，尤灼然明白矣。至於名世仕履，陳騤中興館閣録載之劇詳：「紹興四年八月，名世以删定官兼史館校勘。五年二月，除正字，仍兼校勘，七月丁憂。七年十一月，除校書郎。十年五月爲著作佐郎。以上分見卷八各題名。而其卷七，著作佐郎題名下又總敍之云，鄧名世字元亞，臨川人。紹興四年三月，以草澤上殿，賜同進士出身。案：名世上殿，雖在三月，而賜出身，則在九月，此從省文耳。十年五月，除。十一年九月，罷。」其前後遷轉，歷然可考，朱子謂爲白衣起爲著作郎，亦非也。宋會要一百册職官第七十云：「紹興十一年九月十四日，著作佐郎鄧名世放罷，以臣僚言，名世入館以來，專務誇誕捷給，蔑視同列故也。」與要録合。

文獻通考、宋藝文志俱作四十卷，惟宋會要作十四卷，中興書目作十二卷，殆傳寫之譌。其書長於辨論，大抵以左傳、國語爲主，自風俗通以下各採其是者從之，而於元和姓纂，抉摘獨詳，又以熙寧姓纂、宋百官公卿家譜二書，互爲參校，亦往往足補史傳之闕。蓋始於政宣，而成於紹興之中年，父子相繼，以就是編，故較他姓氏書特爲精核。朱子語類謂名世學甚博，姓氏一部，考證甚詳，蓋不虛也。後椿作畫繼，亦號賅洽，殆承其討論之餘緒乎？

案：玉海及永樂大典所引宋會要皆作十四卷，則非傳寫之譌。本書卷首有椿年原序曰：「先君太史公生平留意姓氏之學，古今姓氏書辨證，凡三本焉。其五卷者，成書於宣政之間，時諱學史，方貧賤中，無書檢閱，闕文甚多。其十四卷者，後稍銓次增補之，蓋成於建炎之初。是時晦迹窮山，攜幼避地，無虛辰昨給禮，案：當作給札，以禮字或作礼，形近致誤。上於法官者是也。然居懷未滿之志，其後蒙恩，備數太史之屬者八年，始盡得銓曹命官脚色册、烏府班簿隟括次序之，稍稍備矣。紹興辛酉冬，放歸山樊，家書稍備，會韓衢州美成同寓臨川，借其家藏熙寧姓纂、宋百官公卿家譜稽考參訂之。及將易簀，謂椿年曰，姓氏未成全書，死不瞑目。椿年乃盡哀手澤遺篇斷藁，又取宋名公文集行狀墓志訂證次序之，釐爲四十卷，卽此本也。」是則當時官給筆札，獻於行在者，實只十四卷。其四十卷者，乃名世後來自以他書參訂而未成，椿年據其遺藁補輯重編者也。序後題乾道四年，上距紹興四年獻書之時，三十四年矣。玉海以名世所獻者爲四十卷，已爲失實，乃提要僅據玉海所録之原序，玉海此序，乃兼采名世序論第三篇，及椿年後序爲之，然原文亦云："始於國姓，終於補遺，凡十四卷。"未嘗云四十卷也。依以立説，而於椿年之序，熟視無覩，豈不異哉！鄧椿與名世全無干涉，而謂承其討論之餘緒，非所聞也。

宋時紹興有刊本，今已散佚，永樂大典散附千家姓下，已非舊第。惟考王應麟所引原序，稱始於國姓，餘分四聲，則其體例與元和姓纂相同，今亦以韻隸姓，重爲編次，仍釐爲四十卷。目録二卷，其複姓則以首字爲主，附見於各韻之後，間有徵引譌謬者，併附著案語，各爲糾正焉。

案：椿年序題乾道四年，而提要謂有紹興時刻本，不知何據？此書原本錢曾也是園書目卷三曾著於録，至錢熙祚據孫星衍岱南閣刻本，卽四庫本。依廣韻重爲編次校訂，刻入守山閣叢書。後又得一宋槧不全本，缺卷五至十八、卷二十一至三十。乃更録爲校勘記三卷。名世之序論及目録具存，錢氏謂以今本校之，不特先後次序判然不同，而字句之脱漏差舛，至不可枚舉云。

帝王經世圖譜十六卷宋唐仲友

仲友後守台州，與朱子相忤，爲朱子所論罷，故宋史不爲立傳，惟王象之輿地紀勝稱其博聞洽識，尤尚經制之學。又朱右白雲稾有題宋濂所作仲友補傳云，在台州發粟賑饑，抑奸拊弱，搬浮梁以濟艱涉，民利賴焉。則仲友立身，自有本末，其與朱子相軋，蓋以陳亮之誣構。觀周密齊東野語所載唐朱交奏始末一條台妓嚴蘂一條，其事蹟甚明，未可以是病仲友也。

嘉錫案：提要此條既極爲仲友平反，又於孔平仲珩璜新論條下論之云：「考平仲與同時劉安世、蘇軾、南宋林栗、唐仲友，立身皆不愧君子，徒以平仲、安世與軾不協於程子，栗與仲友不協於朱子，講學家遂皆以寇讎視之。」蓋皆據齊東野語，謂朱子之劾仲友，乃爲陳同父所構故也。今考野語卷十七朱唐交奏始末條云：「唐平時恃才輕晦菴，而陳同父頗爲朱所進，與唐每不相下。同父遊台，嘗狎籍妓，囑唐爲脱籍，爲唐所賣。亟往見朱曰，唐謂公尚不識字，如何作監司。朱銜之，遂以部内有寃獄乞再巡按，既至台，適唐出迎少稽，益以陳言爲信，立索郡印付以次官，乃摭唐罪具奏。」又卷二十台妓嚴蘂條云：「天台營妓嚴蘂字幼芳，善琴弈歌舞絲竹書畫，色藝冠一時，閒作詩詞，有新語。朱晦菴以使節行部至台，欲摭與正之罪，遂指其嘗與蘂爲濫，繫獄月餘，蘂雖備受箠楚，而一語不及唐。兩月之間，一再受杖，委頓幾死，然聲價愈騰，至徹阜陵之聽。未幾，朱公改除。而岳霖商卿爲憲，因賀朔之際，憐其病瘁，命之作詞自陳。蘂略不構思，卽口占卜算子云：『不是愛風塵，似被前緣誤。花落花開自有時，總賴東君主。去也終須去，住也如何住。若得山花插滿頭，莫問奴歸處。』即日判令從良，繼而宗室近屬，納爲小婦以終身焉。夷堅志亦嘗略載其事，而不能詳，余蓋得之天台故家云。」夫陳同父學雜縱橫，爲人豪放，不矜細行或有之。若謂其交構朱、唐，設詞陷害，竟類小人行逕，當亦決不至此。至謂朱子因入同父浸潤之譖，挾仲友睚眦之嫌，遂摭拾其罪以入奏，類於鍛鍊周内，以快其報復之私者，此宜自好者所不肯爲。朱子縱不得爲大賢，不可謂非讀書識道理者，豈其度量之褊狹，心術之忮刻，一至於此乎？按夷堅志支庚卷十云：「台州官奴嚴蘂，尤有才思，而通書究達今古，唐與正爲守，頗屬目。朱元晦提舉浙東，按部發其事，捕蘂下獄杖其背，猶以爲伍百行杖輕，復押至會稽再論決，蘂墮酷刑而係樂籍如故。岳商卿霖提點刑獄，因疏決至台，蘂陳狀乞自便，岳令作詞，應聲口占云云，岳即判從良。」宋邵桂子雪舟脞語載明鈔本說郛卷五十七，題爲宋末國初人。按：萬姓統譜卷一百三云，邵桂子字德芳，淳安人，咸淳七年進士第，任處州教授。棄官歸隱，鑿池搆軒其上，名曰雪舟，則桂子蓋宋之遺民入元者。云：「唐悅齋仲友字與正，知台州。朱晦菴爲浙東提刑，數不相得，至於互申。悅齋悅官妓嚴蕊奴，晦菴捕送囹圄，提刑岳商卿霖行部疏決，蕊奴乞自便，憲使問去將安歸？蕊奴賦卜算子，末云云，憲笑而釋之。」與夷堅志合，均不言有陳同父構陷之事。宋吳子良林下偶談卷三云：「金華唐仲友，字與正，博學工文，熟於度數，居與陳同甫爲隣。同甫雖工文，而以强辨俠氣自負，度數非其所長，唐意輕之，而忌其名盛。一日爲太學公試官，故出禮記度數題以困之，同甫技窮見黜，既揭榜，唐取同甫卷示同官，咸笑其空疎，同甫深恨。唐知台州，大修學，又修貢院，建中津橋，政頗有聲，而私於官妓，其子又頗通賄賂。同甫訪唐於台州，知其事，具以告晦翁。時高炳如爲台州倅，按：高文虎字炳如。才不如唐，唐亦頗輕之。晦翁爲浙東提舉，按行至台，炳如前途迓而訴之。晦翁至，即先索州印，逮吏旁午，或至夜半未已，州人頗駭。唐與時相王季海爲鄉人，先密申朝省，避晦翁按章，及後季海爲改唐江西憲，而晦翁力請去職。蓋唐雖有才，然任數，要非端士，或謂晦翁至州竟按去之足矣，何必如是張皇乎？」所記與諸書又不同，亦不知其信否？子良寶慶二年進士，嘗從葉適游，與朱子洪邁亦同時，但年輩較後，所記當得之傳聞。惟就其言觀之，則同父雖與仲友有夙憾，然並無狎妓囑仲友爲脱籍之事，仲友卻與嚴蘂私，且縱子弟通賄賂，同甫據實以告朱子，並非憑空誣構。朱子身爲監司，既知所屬郡守之貪淫，自當按劾，亦非挾嫌報復也。子良所記，既與周密傳聞異辭，密後於子良數十年，提要果何所據而信其所言皆實録乎？考陸九淵象山文集卷七與句熙載書云：「初聞臺評相及，固已怪駭，然其餘一二三人，又頗當人心，亟欲一見全文，以覈厥旨，及得而觀之亦良可笑。如論吳洪王恕人亦孰以爲非。然吳洪章中，乃爲唐仲友雪屈，波及朱元晦，謂以洪醞釀竟成大獄，致仲友以曖昧去，議者冤之，此尤可笑。」然則當時仲友之黨，爲之鳴冤者，不過謂台州之獄，爲吳洪所醞釀，未嘗涉及陳同父。象山尚以爲可笑，蓋謂仲友之被劾本自不冤，而朱子非受人之譖者也。然吳子良及周密所記雖不同，均謂其事起於同甫，疑出於里巷流傳，取吳洪之事傅會之於同父。蓋流俗人不知有吳洪，以同父狀元及第，婦孺皆知，又嘗游天台，且與朱子友善，談者易於裝點故也。案晦菴文集卷十八十九按唐仲友凡六狀，其第一狀云：「臣今月十六日起離紹興府白塔院，道間遇見台州流民四十七人，皆云本州旱傷至重，官司催稅緊急，不免拋離鄉里。臣續訪聞知台州唐仲友催督稅租，委是刻急，又聞本官在任，多有不公不法事件，臣今一面躬親前去審究虛實。」是朱子之至台巡按，乃爲邑有流亡，非因部内冤獄，周密所記，卽已不免差誤。其第四狀云：「今據通判申，於黄巖縣鄭奭家追到嚴蘂，據供，每遇仲友筵會，嚴蘂進入宅堂，因此密熟，出入無間。仲友因與嚴蘂踰濫，欲行落籍，遣歸婺州永康縣親戚家，説與嚴蘂，如在彼處不好，卻來投奔我。至五月十六日筵會，仲友親戚高宣教撰曲一首，名卜算子，後一段云：『去又如何去，住又如何住。但得山花插滿頭，休問奴歸處。』十七日，仲友令嚴蘂逐便，且歸黄巖住下，來投奔我，遂得放令逐便。」其卜算子詞與洪邁、周密、邵桂子所記正同，乃作於唐仲友放令逐便之時，非作於岳霖判令從良之日。且爲高宣教所撰，而非嚴蘂所自作。洪邁所記，得之於其弟景裴，見洪自注。自屬傳聞之誤，周密又從而傅會之，真可謂齊東野人之語矣。邁謂唐與正頗屬目於蘂，朱子發其事，未嘗言其事之必無，子良且言仲友實與官妓有私，而密生數十年後，乃極口爲之呼冤，自謂得之天台故家。案吴子良籍隸臨海，見宋詩紀事卷六十四 卽台州之首縣，自記其鄉里之事，而與密大不同，則密所謂天台故家者，或嘗受仲友之私惠，不免於黨同伐異也。狀載嚴蘂供詞甚詳，而密謂一語不及唐，以卜算子詞推之，其言又豈可盡信乎？夫唐、宋之時，士大夫宴會，得以官妓承直，徵歌侑酒，不以爲嫌，故宋之名臣，多有眷懷樂籍，形之歌詠者，風會所趨，賢者不免。仲友之於嚴蘂，事之有無，不足深詰，卽朱子所舉仲友罪狀，貪污殆無人理，如僞造官會之類，亦疑其不如此之甚，或不免爲吏役小人承望風指，故甚其辭。且按治贓吏，縱不得直，亦於朱子無損，況仲友既已因之罷官矣。而講學之家，必仇視仲友，斯誠可以不必。然後之與理學爲仇者，因不滿於朱子，遂一反其所爲，極力爲仲友開脱，據周密一人之詞，以爲平反。一若周密著書，動成信史，朱子按狀，純構虛詞者，而不知密之所言，與事實固多牴牾不合也，是亦不可以已乎？朱子劾仲友所支公使庫錢數萬貫，雖據庫子等所供，然皆有簿書可憑，見第四狀第六狀 則未必盡出深文。而仲友於婺州本籍，開有綵帛鋪、魚鮝鋪、書坊，見第三狀 以二千石而躬爲市井之事，固已非士君子之所當爲。且家設書坊，而於台州開雕書籍，仲友所刻荀子，黎庶昌刻入古逸叢書，所載刻工蔣輝十八人，姓名皆與朱子按狀合。家市綵帛，而於公庫變染紅紫，其亦異乎古之拔園葵與不燒官燭者矣。謂其立身有本末，且進而許爲君子，不亦過乎！至朱子謂仲友催稅急迫，致得民户流移，督迫屬縣，頓辱良吏，苦虐飢民。見第二狀 而朱右謂其發粟賑饑，抑奸拊弱，朱子謂仲友造置浮橋成了，專置一司，以收力勝爲名，攔截過往船舡，滿三日一次放過，百端阻節搜檢。見第三狀 而朱右謂造浮橋以濟艱涉，爲民所利賴，各執一詞，動相矛盾。然朱子之劾其催稅嚴峻，則有人户論訴可據；劾其就浮橋收力勝錢，則有簿曆可照，是卽坐兩造於庭以折斯獄，亦當以人證爲斷，不可以空言爭也。不知宋濂、朱右輩之爲仲友平反者何所據耶？象山文集卷七有與陳倅書云：「朱元晦在浙東，大節殊偉，劾唐與正一事，尤快衆人之心，百姓甚惜其去，雖士大夫議論中間不免紛紜。今其是非已漸明白，江東之命，出於九重，特達於羣疑之中，聖鑒昭然，此尤可喜。」夫象山固與朱子講學不協者，而其論朱、唐之事如此，其出於人心是非之公可知也。仲友同時爲朱、陸所痛惡，則其爲人必得罪於君子，被劾而爲衆人所快，則其居官必得罪於士民。提要乃據朱右一人之單詞，稱其立身自有本末，夫朱、陸兩大儒之不信，而信朱右乎？同時之人之不信，而信數百年以後之人乎？仲友之爲人，除爲宋濂、朱右所稱外，無其他煊赫之事蹟，其撰述自經世圖譜外，亦無名世之著作，卽令朱子之劾治，純出陳亮之誣構，而其人亦斷斷非劉安世、蘇軾之比。紀曉嵐之作提要務與朱子爲難，遂致揚之太過，仲友亦何幸而得此。然儒者知人論世，當求協於是非之公，若挾持成見，以快其議論，則亦何所不至哉。漢學家例不喜宋儒，而宋儒之中尤不喜朱子，故於朱、陸之爭，輒右陸而左朱。而於朱、唐公案，又抑朱而祖唐，向使知象山之論朱、唐者如此，必將爽然自失矣。全祖望結埼亭集外編卷二十四唐說齋交鈔序云：「詳考台州之案，其爲朱子所糾，未必盡枉，說齋之不能檢束子弟，固無以自解於君子。然彈文事狀多端，而以牧守刻荀、揚、王、韓四書，未爲傷廉，其中或尚有可原者，況是時之官，非一跌不可復振者也。說齋既被放，杜門著書以老，則其人非求富貴者，不可以一偏遽廢之，是吾善善從長之心也。或言說齋自矜其博，嘗詆朱子不識一字，故朱子劾之。或又言說齋不肯與同甫相下，同甫構之於朱子，此皆小人之言，最爲可惡。要之說齋之被糾，所當存而不論，而其言有可采者，朱子復起，或以予言爲然也。」此其言較爲持平，過於提要遠矣。

韻府羣玉二十卷

宋陰時夫撰，其弟中夫注。案黃虞稷千頃堂書目云，陰幼遇一作陰時遇，字時夫，奉新人，數世同居，登宋寶祐九經科，入元不仕。其兄中夫，名幼達。據此，則時夫乃幼遇之字，而中夫又時夫之兄，與世所傳不同，當必有據，然舊刻皆題其字，未詳何義也。

嘉錫案：楊守敬日本訪書志卷四元槧本韵府羣玉跋云：「首滕賓序、次姚雲序、次趙孟頫題、次陰竹野序、次陰復春序、次陰勁弦序，次凡例，次序目，次目録，有戊申春東山秀岩書堂刊本，書首行題韻府羣玉卷之一，次行字有陰文上平聲三字，次行題晚學陰時夫勁弦編輯，三行題新吳陰中夫復春編注。千頃堂書目云，陰勁遇一作陰時遇，字時夫，奉新人，數世同居，登宋寶祐九經科，入元不仕。其兄中夫，名勁達。今以此書證之，中夫爲時夫之兄，見於自序，與黄氏所説合。不知提要何緣以中夫爲時夫之弟，豈以標題時夫居中夫之前乎？又足見所見本，無陰氏昆弟二序也。今按陰竹野序稱前進士陰幼達，序稱延祐甲寅鄉試後五日，則黄氏所云登宋寶祐九經科進士者，爲其父陰竹野，亦非時夫昆弟登科之年也。今合序與標題參互考之，陰竹野未詳其名，陰時夫爲竹野之季子，名幼達，字時夫，以字行，遂别字勁弦。陰中夫爲時夫之兄，名勁達，字中夫，以字行，又别字復春。其書爲時夫所作，其注爲中夫所作，故標題弟居兄前，然一稱後學，一稱中吳，爲不典矣。」

昔顏真卿編韻海鏡源，爲以韻隸事之祖，然其書不傳。南宋人類書至多，亦罕踵其例。惟吳澄支言集有張壽翁事韻擷英序，稱荆公、東坡、山谷始以用韻奇險爲工，蓋其胸中蟠萬卷書，隨取隨有。儻記誦之博，不及前賢，則不能免於檢閱，於是乎有詩韻等書，然其中往往陳腐云云。是押韻之書，盛於元初，時夫是編，蓋卽作於是時。

案：宋樓鑰攻媿集卷七十七跋袁光禄轂與東坡同官事迹云：「袁之著述傳於世者，有韻類題選百卷，後學賴之。」又云：「自少學賦最重韻類之書，蓋類書必須分門，雖多出名公而事多重疊，又必有雜門。惟此書以韻別之，讀者隨字徑取，一索而獲，每一目之下，必有賦題，故以題選爲名，況公編纂精確，諸經注疏，搜括無遺。蜀有書林，號爲該博，止取白氏六帖，散於此書之間，其實反成猥釀，殊失本意，世鮮知者。」直齋書録解題卷十四亦云：「韻類題選一百卷，朝奉大夫知處州蘄袁轂容直撰，以韻類事，纂集頗精。要世所行書林韻會，蓋依仿而附益之者也。轂嘉祐六年進士，東坡守杭時爲倅。」又云：「書林韻會一百卷，無名氏，蜀書坊所刻，規模韻類題選而加詳焉。」是則北宋人已有仿韻海鏡源之例，作以韻隸事之書，盛行一時，書坊中且有重編附益之本矣。不但此也，郡齋讀書志卷十四有押韻五卷，皇朝張孟撰輯六藝諸子三史句語，依韻編入，以備舉子試詩賦之用。又歌詩押韻五卷，皇朝楊咨編古今詩人警句，附於韻之下，以備押强韻。觀其所言體例，竟是後來之詩韻，斯則晁、陳目中押韻之書，已有四部，餘如讀書志中之范鎮國史對韻，書録解題中之錢諷史韻、王若選腴，皆以韻隸事之書，以其非專爲押韻而設，姑置不數。其餘不見著録者，當尚不可勝數。提要乃謂宋人類書，罕用以韻隸事之例，押韻之書，盛於元初，豈其然乎！康熙中，河間府知府徐可先之婦謝瑛又取其書重輯之，名增删韻玉定本，今書肆所刊皆瑛改本，此本爲大德中刊版，猶時夫原書也。

按：楊守敬云：「提要録此書云是大德間刊本。今考時夫之父陰竹野序爲大德丁未，陰復春序爲延祐甲寅，陰勁弦序雖不書年月，而言其書成時，其父已没。是大德間此書尚未成，安得有刊本？則所云大德本者，意斷之説也。」

翰苑新書前集七十卷後集上二十六卷後集下六卷别集十二卷續集四十二卷

不著撰人名氏，據明陳文燭序亦但稱爲宋人。今别有刊本，題宋謝枋得撰者，坊賈所贋託也。文燭序稱是書舊無傳本，慈溪袁煒爲大學士時，始從内閣録出，而日久佚其首卷，後得華亭徐階所録本，乃足成之。

嘉錫案：天一閣書目卷三之二有鈔本新編翰墨新書，其前别續三集卷數，皆與此同，惟後集作三十一卷，不分上下，蓋卽一書，題進士劉子實茂夫著。天一閣書，藏自前明，遠有端緒，其目録雖范氏後人所編，然曾經阮文達審定，决無杜撰。然則此書實有撰人姓名，其不著撰人者，書賈翻刊時之所删削也。大抵此種類書，皆以備當時人酬應獺祭之用，著書者既不作傳世之想，亦不甚重視之。坊賈刊之以射利，則或變幻其書名，分合其卷帙，如劉應李之翰墨大全，又名事文類聚、翰墨全書，其卷帙之不同，則以余所考，已有七八種之多。見翰墨全書本條下 又其甚者，則併沒其撰著之人，如錦繡萬花谷，據天一閣書目乃宋蕭贊元所著，而通行本皆不署名。此書之不題劉子實之名，亦其類也。陳文燭及見袁煒鈔本，而不能得其主名，天一閣本獨題爲劉子實，蓋天一閣別據一舊本傳鈔，與内閣本不同。瞿氏書目卷十七有此書鈔本，前續兩集，其前集題爲莆陽錦水亭主人纂輯，潭陽三槐堂主人校閲。此又書賈冒署其書坊之名，以謀專利，與僞託謝枋得撰，以要高價者，同一用心也。孫星衍祠堂書目内編卷三云：「祕笈新書十三卷、別集三卷，宋謝枋得撰，明李廷機補。」今雖未見其本，據孫氏補纂元和姓纂内所引祕笈新書，實卽此書，後集中類姓之文，蓋不獨改其撰著之人，且更變幻其書名，分合其卷帙矣。朱學勤結一廬書目卷二有明鈔本簪纓必用翰苑新書七十卷，蓋卽此書之前集，而題爲洪遵編，是又陽羨鵝籠，幻中出幻也。陳文燭序乃爲金陵書肆仁壽堂主人周曰校對峰刻書而作，其書余購得之，分前集十二卷、後集七卷、續集八卷、別集二卷。四庫本亦有陳序，而卷數乃與周刻不同，蓋別一書坊據他本所刻，特取陳序冠諸其首耳。森立之經籍訪古志卷五謂對峰妄併卷帙，詆爲俗刻，其實卷帙分合，事所恒有，於此類書，尤難致詰，既不能辨其甲主而乙賓，則固無庸是丹而非素也。

類書類二總目卷一百三十六

天中記六十卷明陳耀文

第一卷内篇目已畢，復綴以張衡靈憲一篇，編次亦無條理。

嘉錫案：此書第一卷之後所附，乃張衡周天大象賦一篇，非靈憲也。衡所著靈憲，見於續漢書天文志注，注所引有删節，洪頤煊、嚴可均取諸書所引，補綴成篇，載入經典集林卷二十六、全後漢文卷五十五内。與此賦絶然不同。提要殆見此賦，題爲張衡，而平時所耳食以熟者，只知衡有靈憲，不知有所謂周天大象賦，遂意擬此，殆卽所謂靈憲，而姑妄言之，而不知靈憲於今尚存，不可混而爲一也。周天大象賦，新唐志作天文大象賦。困學紀聞卷九云：「大象賦，唐志謂黄冠子李播撰，李台集解。播，淳風之父也。今本題楊炯撰，畢懷亮注。館閣書目題張衡撰，李淳風注。愚觀賦之末曰，有少微之養寂，無進賢之見譽，恥附耳以求達，方卷舌以幽居，則爲李播撰無疑矣。播仕隋，高祖時棄官爲道士。張衡著靈憲，楊炯作渾天賦，後人因以此賦附之，非也。」嘉慶庚申孫星衍得孫之騄手抄本大象賦並注一帙於浙中，題云張衡大象賦苗爲注。所題與宋史藝文志合顧廣圻據困學紀聞及唐志、崇文總目、通志藝文略改題李播撰，刻入續古文苑卷三，天中記題作張衡，蓋沿宋本之舊也。

宋稗類鈔三十六卷

國朝潘永因撰。永因有讀史津逮，已著録。

嘉錫案：傅以禮華延年室題跋卷中坊刻本宋稗類鈔跋云：「是書乃江都李宗孔書雲編輯，刊行未久，卽爲金壇潘永因所攘，如郭象莊子故事。此本卷二少疆索一門，凡例中亦有删削，并失載引用書目。考四庫總目亦題潘輯，惟作三十六卷，爲少異耳。近得李氏原槧，首有龔鼎孳、曹申吉、周瑞岐三序暨李氏自序，末題康熙八年，此本李漁爲潘撰序，亦署康熙己酉，己酉卽八年也。是李書甫成卽爲潘攘，宜乎原槧之不易覯也。」又跋李氏原槧本云：「宋稗類鈔八卷，國朝李宗孔編。宗孔字書雲，江南江都人，順治四年進士，自注云見國學題名録官給事中。自注云見王氏東華録此書近世通行本，皆題金沙潘永因長吉輯，兄永圜大生訂，四庫總目亦然，惟作三十六卷，殆又經後人分析。總目以永圜所著讀史津逮爲永因作，則紀氏記憶偶疏也。」考讀史津逮著録於總目卷五十別史類存目，提要云：「國朝潘永圜撰。永圜字大生，金壇人。」是兩書作者名字不同，明非一人，而此條提要乃云「永因有讀史津逮，已著録」，故傅氏謂爲紀氏記憶偶疏。近上海書坊所輯人名大辭典，又以讀史津逮及宋稗類鈔並爲永圜所作，自謂從四庫提要，不知與提要適得其反。傅氏又云：「李氏尚有明稗一書，他書間有引及者，當已刊行，惜未見。」案明稗類鈔今尚有傳本，藏順德李文田家，其首有續書堂明稗類鈔緣起一篇，其孫棪曾録以見示，略云：「康熙改元之歲，壇邑士紳挂誤海案，嬰慘禍，井里蕭條，知交零落，潘子避地平陵之畫史，行笈中攜有年來所成之宋稗史，子維四閲而善之，曰：『宋既有稗，於明烏可以已乎？』於是感其言，睠懷故國黍離禾秀之悲，未免有情，何以遣此。始矢志復爲明稗，上稽國史，下採野乘，傍及諸子百家所撰述，與夫故老之傳聞，宿昔所覩記，孳孳校讐，以肆吾力焉，編數絶不已。迄於今計其時，已屆平子研京之數，而書尚未成，則以明稗之從事，較宋爲難也。」其後即歷數輯明稗，較之輯宋稗，其難有六。篇末署癸丑六月朔，偶述於廣生庵方丈，蓋康熙十二年也。據其自敍則兩書皆金壇潘氏之所作，未嘗有一字及於江都李氏。如傅氏言是李宗孔所撰，兩書永因并竊之，然二人生同時，宋稗類鈔兩本，撰人不同，而皆有同時人爲之作序，李氏書即身刻行，見之者非一人，而永因公然攘竊，不畏人之發其覆，似近於不情。且永因爲勝國之遺老，而宗孔則當代之顯官，身居諫垣，得拜疏言事，永因方惴惴於金壇通海之案，恐被羅織，安敢竊宗孔之書，以速禍乎？昔宋宇文紹弈代汪應辰撰石林燕語辨，汪書既行，宇文書復出，遂兩本并傳。迨及近世，此例正多，宋稗之書，將毋類是。今既他無證佐，姑録傅氏之説於此，亦疑以傳疑之義也。

是書以宋人詩話説部分類纂輯，凡五十九門，末附搜遺一卷，以補諸門之所未備，亦江少虞事實類苑之流。惟皆不著所出，是其一失，蓋明人編輯舊文，往往如是，永因尚沿其舊習也。又如異數門中，盧延讓紅綾餅餡事，則上及唐末。符命門中庚申帝事武備門中，泰定間鄧弼事，則下及元時。諂媚門中，徐學詩劾嚴嵩，嘉定人有與同姓名者，遂改爲學謨，事併闌入明代，皆失斷限。至武備門中，載狄青不祖狄仁傑、不去黥文之類，分隸亦多未允。然宋代雜記之書，最爲汗漫，是編掇集英華，網羅繁富，且分門別類，較易檢尋，存之亦可資考核也。

案：引書不著出處，既大乖著述之體，況其采輯編次，又復意爲出入，以致庬雜如此，其書不過兔園册子之流，何足以資考核。考杭州刻小字本四庫全書簡明目録（趙懷玉就四庫館初稾録副。鮑氏知不足齋據以付刻，與湖州沈氏刻本不同）卷十四類書類有李清歷代不知姓名録十卷、諸史同異六十八卷、周亮工同書四卷，而無此書。胡虔所編四庫全書附存目録（即總目内存目之書）類書類有宋稗類鈔八卷，國朝潘永因撰。總目無李清、周亮工所撰三書，而宋稗類鈔則著録文淵閣，不附存目，彼此參差不合。考乾隆五十三年十月二十日檔奏請撤出銷燬書單，則此不著録之類書三種皆在其内，并於諸史同異録條下注云：「李清撰，因書内妄稱世祖章皇帝有與明崇禎相同四事，悖誕不經，前經奉旨將全書銷燬，並將李清所撰各書概行查燬。」又於讀畫録條下注云：「周亮工撰，因詩内有『人皆漢魏上，花亦義熙餘』，語涉違礙，經文淵閣詳校簽出，奏請銷燬，並將周亮工所撰各書一概查燬。」又據乾隆五十二年四月初二日檔，軍機大臣奏知當時於四庫全書内撤銷之書，卽於本類備抄書内，按其時代，另檢別種，約計卷數多寡，依次補入。若本類無備抄之書，則於書内襯紙勻裝空匣之内，不必再補，於刊刻總目時，一並查明改正。原奏幷謂子部類書類中備抄之書尚多，以上所引檔案，乃吾友陳援菴垣抄以見示者。此宋稗類鈔者，蓋卽所謂類書中備抄者也。其先本入存目，後因歷代不知姓名錄等三書被撤銷，乃以此書補入。又因被撤之三書，凡爲卷八十有二，而此書原本只八卷，見前不足以填滿空匣，乃析爲三十六卷，傅氏謂爲後人所分析，余疑卽出四庫館臣之手。於每葉内加以襯紙，俾與匣内原盛之册數約略相當，而此飣餖抄撮之短書，乃得殺青繕寫，登諸中祕矣。使如傅氏之言，永因本以攘竊而禍梨棗，玆復因李清等觸犯忌諱，取其書承乏備數，遂以中駟當上駟，何其幸也。觀提要於其書之不滿，則其過而存之之意，固可於言外得之矣。總目爲五十三年以後所改定，而趙懷玉所錄之簡明目錄及胡虔所編之附存目錄，皆據未改之稾，鄭堂讀書記卷三十二「簡明目錄沈刊本」條下云，「杭本爲館中初稾，而是本所據者後日定本，」又「附存目錄」條下云，「曾見存目舊鈔本，係照館中初編之稾錄出，與是編無異，知雒君卽據初稾本編定付刊。」宜其參差不合也。

歲華紀麗四卷

舊本題唐韓鄂撰。考唐書宰相世系表載韓休之弟殿中丞倩，倩之子河南兵曹參軍滁，鄂乃滁之曾孫也。其書以四時節候分門隸事，各編爲駢句，略如北堂書鈔、六帖之體，唐志、宋志皆列其名，陳振孫書録解題亦載之，然久無傳本。此本爲胡震亨祕册彙函中所刻，毛晉收其殘版，以入津逮祕書者。震亨跋稱得之鄭曉家，王士禎居易録以爲卽震亨僞造。案錢曾讀書敏求記云，歲華紀麗舊鈔卷終，闕字數行，又失去末葉，後見章邱李中麓藏宋刻本，脱落正同，是此書確出宋本，不由震亨之依託。然書録解題稱其采經史子傳歲時事類聚而以儷句間之，此本乃全作儷句，已不相合，又儷句拙陋殊甚，所引書不過數十種，而割裂餖飣，往往不成文句。

嘉錫案：唐書宰相世系表河南兵曹參軍滁之曾孫名鍔，不名鄂。其名鄂者，韓休第三子邢州長史洪之曾孫也，提要誤矣。居易録卷六云：「萬曆間學士多撰僞書以欺世，如天録閣外史之類，人多知之，今類書中所刻唐韓鄂歲華紀麗，乃海鹽胡震亨孝轅所造，於陵子姚士粦叔祥作也。然李太常中麓云，韓熙載撰歲華紀麗，豈另有一書耶？」其説如此，既無所考證，亦不言其何所本也。且韓熙載從不聞有此書，李中麓所藏，當卽錢曾之所見者，乃以韓鄂爲熙載，其謬如此，烏足深據乎！此書除見於唐、宋志、書録解題外，又著録於崇文總目、卷二十 中興館閣書目、玉海卷十二引 通志藝文略、月令類 郡齋讀書志，卷十二 是其書盛行於宋，故有刻本流傳。胡震亨言鄭簡公家本，從宋刻抄得，爛去末卷二紙。錢曾亦言舊鈔卷終闕字數行，又失去末葉，李中麓藏宋刻亦同，二人之言，若合符契，是豈震亨一手所能僞撰乎？惟其書本屬類事之體，述古之詞多，而創獲之事少，故不見引於太平御覽諸大類書，然蜀馮鑑續事始 在原本説卷十内 及宋郭茂倩樂府詩集卷九十四，均引其「因句踐以成風，拯屈原而爲俗」二句。在紀麗端午條下，今本此兩句上下互易，拯作救。陳元靚歲時廣記卷五引其屠蘇一條，在紀麗元日條下 卷十五引其醴酪一條，在寒食條下 卷二十引其佛以四月八日生一條，在四月八日條下 卷四十引除夜燒骨骴一條，在元日條下 皆全與今本相同，歲時廣記，王士禎蓋未之見，四庫著録者只四卷殘本。安見其爲胡震亨所依託耶！提要以書録解題言其采歲時事類聚，而以儷句間之，疑其體當屬駢散兼行，故以今本全作儷句者爲不合。然考玉海引中興書目云：「鄂采經史歲時雜事，述以駢儷之語。」讀書志云：「分四時十二月節序，以事實爲偶儷之句附著之。」二書皆言其爲駢儷，與今本體裁無不合者。通考卷二百六於紀麗條下晁、陳兼引，提要何以獨信陳振孫而不取晁公武耶？況解題所謂采歲時事而以儷句問之者，謂以所采經史子傳之事，與儷句相問，卽指其正文與自注言之耳，非駢散兼行之謂也。書中四月八日節右脇生半夜入道求於六年三句，不作儷語，但恐有脱誤。提要自誤會其意，惡得藉爲口實乎？鄂生五代文體卑靡之會，所作自不過如此，然亦何至便是拙惡。若夫割裂飣餖，則自書鈔、初學以下，皆所不免，以不割裂，不成其爲類書也。大抵提要震於王士禎之名，又以其所掊擊之天禄閣外史、於陵子皆中要害，遂先存一此書必僞之見於胸中，而後求其罪以實之，猶之亡鈇而疑隣人之子，則察其行步顏色，無往而不類竊鈇耳。不知天禄閣外史、於陵子僞妄昭然，此書實非其比也。

且杜陽雜編，蘇鶚所作，鶚，僖宗光啓中進士，已屆唐末。摭言，王定保所作，定保昭宗光化三年進士，已入五代。鄂安得引二人之書，至中引四時纂要一條，考之唐志，是書卽鄂所作，鄂又何至自引己作？況鄂既唐人，不應稱唐玄宗及唐時，均屬疑竇，曾所云云，正未可據爲定論也。

案：此書撰人，唐、宋志、玉海、書録解題作韓鄂，讀書志及通考卷二百六則題韓諤，是其人之是否名鄂不可知。且古今同姓名者甚多，作此書之韓鄂，是否卽世系表中之韓鄂，復不可知。如世系表中有王定保，乃王起之曾孫，而作摭言之王定保，乃王搏之從孫，姓名不見於表，是其例也。五代時人如杜荀鶴、羅隱、韋莊之流，選唐詩者皆附之於唐，唐詩紀事、唐才子傳皆收入之。卽王定保之摭言，目録家亦未嘗不題以唐也。則此書雖題爲唐韓鄂，提要何據而知其爲韓滉之曾孫，姑從提要言之必不入五代乎？按：卽令鄂果爲韓洪之曾孫，洪死於天寶十五載，西京失守之時，下距唐亡，凡一百七十一年，使其祖父皆幼子，而鄂復享大年，則亦可以入五代。鄂如與定保同時，固可稱引其書，或鄂之年輩尚在定保之後，亦未可知也。若謂四時纂要，卽鄂所自作，便不當引用，此不知據何條例，況書中僅正月節内引四時要一條，無所謂四時纂要者，書名既不同，何緣便知爲卽鄂所作耶？此書既有宋本傳世，書中引用之事，頗有不經見者，卽其現存之書，如荆楚歲時記之類，亦往往長於今本。詳見歲時記條下縱令不出於韓鄂，亦决非宋以後人所能作，至謂爲胡震亨所僞撰，則純爲臆測之詞，毫無證據，提要必信王士禎而疑錢曾，是徒以名之輕重爲是非，恐不足以服曾也。

翰墨大全一百二十五卷

宋劉應李撰。應李自稱鄉貢進士，其里籍未詳。是書仿祝穆事文類聚之例，分二十五門，採摭頗博，而踳駁亦甚，下至對聯套語，皆紛紛闌入，尤爲穢瑣。

嘉錫案：日本訪書志卷十一云：「事文類聚翰墨全書殘本，元槧巾箱本，元劉應李撰，四庫提要存目題爲宋人，誤也。首有大德十一年熊禾序，行書，當是熊氏手寫，稱應李與之講學武夷洪源山中十有二年，然則應李爲閩人。書分前後二集，此本今存前集甲集十二卷、乙集九卷、丙集全缺、丁集十一卷、戊集十三卷、己集七卷、庚集二十四卷、辛集十卷、壬集十二卷、癸集十一卷，後集存乙集上中下三卷、丙集十二卷、戊集九卷，餘俱缺。卷中凡事實每半葉十二行，凡文類每半葉十行，此爲劉氏原書，惜缺數集，未知原本總若干卷，大約一百三十卷以上。此後坊本所刻多竄亂，又併合卷數，有稱爲啓劄天章者，改題爲翰墨大全者，不可究詰。余别藏明嘉靖丁巳清白堂楊氏歸仁齋刊本，則通前後爲一百十七卷，後集至戊集而止，據此，則原書後集，似僅至戊集，其分卷與此不同者，前丙集併爲五卷，原十一卷戊集亦併爲五卷，原十三卷後丙集併爲六卷，原十二卷首題爲李古沖古本，其實亦改竄之本也。而四庫存目題爲一百二十五卷，則所據又一本矣。按：天一閣書目卷三有一百十卷之本，又有十二卷之本。孫祠書目卷三有一百三十四卷之本。丁氏書目卷二十有百二十七卷之本。而錢氏元藝文志，則爲一百四十五卷，是此書卷帙分合，至爲無常。此書對聯套語入録，誠爲穢瑣，然搜採經傳宋、元人遺文，獨存於此册者不少，當援祝穆事文類聚之例存録之。又按後乙集，聖朝混一方輿勝覽上中下三卷，仿祝穆方輿勝覽，詳於古跡而略於因革，然元一統志既不傳，元史地理志又多脱誤，則此册尤考元地理者所不廢也。潛研堂文集及拜經樓藏書題跋皆載此書，而不知爲劉氏書中之一種，且吳氏所載，每葉二十四行，行二十字，一一與此本相應，則所見非有别本矣。」今按錢大昕元史藝文志卷三云：「劉應李事文類聚翰墨全書一百四十五卷，原注云甲至癸後集六十二卷。原注云甲至戊甲集十二，曰諸式、曰活套。乙集十八，曰冠禮、曰昏禮。丙集十四，曰慶誕、曰慶壽。丁集十一，曰慶壽、曰喪禮。戊集十三，曰喪禮、曰祭禮。己集十二。庚集十五，曰官職。辛集十六，曰儒學。壬集十七，曰儒學、曰人品。癸集十七，曰釋教、曰道教。後甲十五，曰天時、曰地理。後乙十三，曰地理。後丙十一，曰人倫、曰人事、曰姓氏。後丁十四，曰第宅、曰器物、曰衣服、曰飲食。後戊九，曰花木、曰鳥獸、曰雜題，凡二十五門。字希泌，建陽人。」是則此書後集之僅至戊集而止，及應李之爲閩人，錢氏皆明著之，無待旁求，而楊氏顧不之知，亦可謂失之眉睫之前矣。錢、楊所列各集卷數，多參差不合，蓋由翻刻時書賈以意爲分合，不足異也。莫友芝宋元舊本書經眼録附録卷一云：「新編事文類聚翰墨全書，以十干分十集，而各集門目皆互相補無重複，亦如祝氏類聚，雖一時兔園册子，而宋末及元初人文字不傳者，亦得略存一二，不必盡供應俗也。諸家書目，唯黄虞稷明史藝文志稿有之，當亦見千頃堂書目云，劉應李事文類聚翰墨全書九十八卷。注云，字希泌，建陽人，咸淳中進士，授本邑簿，與熊禾、胡庭芳講學洪源書堂。覈其編録之意，蓋亦宋人翰苑新書之類，四庫提要不載，則進呈未及耳。」是書已著録四庫提要存目中，而莫氏漫云不載，其失與楊氏不考錢氏元史藝文志等。

異物彙苑十八卷明閔文振

其書分二十七部，雜採傳記奇異之事，然亦多世所習見，無出人耳目之外者。如蜆稱縊女一條，注云出爾雅，而爾雅實無此文，則其徵引亦不足盡據也。

嘉錫案：沈濂懷小編卷十二云：「紀文達昀奉敕纂四庫總目一書，於前人之書，刊謬正誤，抉摘綦嚴，然本書中亦有顯然錯誤，不可不改正者。如論異物彙苑蜆稱縊女一條，爾雅實無此文。案蜆縊女，見爾雅釋蟲篇，何言無也。」提要方嫌文振所採無出人耳目之外者，不知卽習見在耳目之內如爾雅者，亦不能舉其詞，固宜爲沈氏之所笑，此昔人所以有眉睫之喻也。爾雅：蜆，縊女。郭注云：小墨蟲，赤頭，喜自經死，故曰縊女。

四庫提要辨證卷十七

子部八

小說家類一 總目卷一百四十

西京雜記六卷

舊本題晉葛洪撰。黄伯思東觀餘論稱此書中事皆劉歆所説，葛稚川採之。其稱余者，皆歆本文云云。今檢書後有洪跋，稱其家「有劉歆漢書一百卷。考校班固所作，殆是全取劉氏，有小異同固所不取，不過二萬許言。今鈔出爲二卷，名曰西京雜記，以補漢書之闕」云云。伯思所説，蓋據其文。案隋書經籍志載此書二卷，不著撰人名氏。漢書匡衡傳顏師古注稱今有西京雜記者，出於里巷，亦不言作者爲何人。至段成式酉陽雜俎廣動植篇始載葛稚川就上林令魚泉問草木名，今在此書第一卷中。張彦遠歷代名畫記載毛延壽畫王昭君事，亦引爲葛洪西京雜記。則指爲葛洪者，實起於唐。故舊唐書經籍志載此書，遂往曰晉葛洪撰。然酉陽雜俎語資篇別載庾信作詩用西京雜記事，旋自追改，曰此吳均語，恐不足用。

晁公武讀書志亦稱江左人或以爲吳均依託，蓋卽據成式所載庾信語也。今考晉書葛洪傳，載洪所著有抱朴子、神仙、良吏、集異等傳，金匱要方，肘後備急方並諸雜文，共五百餘卷，並無西京雜記之名。則作洪撰者自屬舛誤。

嘉錫案：隋志不著撰人名氏者，蓋以爲此係葛洪所抄，非所自撰，故不題其名。唐人之指爲葛洪者，卽據書後洪自序，非臆説也。顏師古不信其書，故以爲出於里巷耳。宋晁伯宇續談助卷一洞冥記後引張柬之之言云：「昔葛洪造漢武内傳、西京雜記，虞義造王子年拾遺録，王儉造漢武故事，並操觚鑿空，恣情迂誕。而學者耽閲，以廣聞見，亦各其志，庸何傷乎。」柬之此文，專爲辨僞而作，而確信爲葛洪所造。史通雜述篇曰：「國史之任，記事記言，視聽不該，必有遺逸。於是好奇之士，補其所亡，若和嶠汲冢紀年、葛洪西京雜記，此之謂逸事者也。」是則指爲葛洪者，並不只於段成式、張彦遠。續談助，修四庫書時未見。書録解題卷七云：「按洪博聞深學，江左絶倫，所著書幾五百卷，本傳具載其目，不聞有此書。豈惟非向、歆所傳，亦未必洪之作也。」提要謂作洪撰者爲舛誤，蓋本於此。今考抱朴子外篇自敍云：「凡著内篇二十卷，外篇五十卷，碑、頌、詩、賦百卷，軍書、檄、移、章表、箋記三十卷，又撰俗所不列者爲神仙傳十卷，又撰高尚不仕者爲隱逸傳十卷，又抄五經、七史、百家之言、兵事、方伎、短雜、奇要，三百一十卷，別有目録。」晉書本傳亦云：

「又抄五經、史、漢、百家之言、方技、雜事，三百一十卷。」卽用自敍之語。洪既嘗抄百家及短雜、奇要之書，則此書據洪自稱，亦是從劉歆漢書中抄出，安見不在三百一十卷之中。特因別有目録，自敍不載其篇名，本傳遂承之耳。且多至三百餘卷，其書當有數十種，既非切要，而必臚列不遺，史家亦無此體。未可遽執本傳所無，遂謂非洪所作也。册府元龜卷五百五十五曰：「葛洪選爲散騎常侍，領大著作，固辭不就。撰神仙傳十卷、西京雜記一卷。」元龜之例，止採經史諸子及歷代類書，不取異端小説。見玉海卷五十四。其言葛洪撰西京雜記，必別有本，可補本傳之闕矣。黄伯思東觀餘論卷下云：「此書中事，皆劉歆所記，葛稚川采之。其稱余者，皆歆本語。中有歆所記草木名，而段柯古作酉陽書，乃云『稚川就上林令虞淵得朝臣所上草木名』，非也。蓋段誤以歆自稱余爲稚川耳。又按晉史，葛未嘗至長安，而晉官但有華林令而無上林令，其非稚川，決也。柯古博洽，時罕儔，猶舛謬如此。」此所辨但謂書中稱余，是劉歆而非葛洪耳，未嘗言其僞也。而姚際恒作古今僞書考引餘論之説，去其葛稚川採之劉歆之言及駁成式數語，斷章取義，以證非葛洪所作。見卷二。殆幾於不通文義，其舛謬又去成式下遠甚。今人顧實重考古今僞書考，於此條尚未能致辨。際恒僞書考負盛名，而其學實淺陋，大抵如此。程大昌演繁露卷十二云：「西京雜記所記制度，多班固所無，又其文氣嫵媚，不能古勁，疑卽葛洪爲之。」黄伯思、程大昌二人，在南、北宋間考證頗爲不苟，均信爲葛洪所作，然則未可據晁、陳二家之語便斷其僞也。

特是向、歆父子作漢書，史無明文。而以此書所紀與班書參校，又往往錯互不合。如漢書載文帝以代王卽位，而此書乃云文帝爲太子。漢書載廣陵王胥、淮南王安並謀逆自殺，而此書乃云胥格猛獸，陷脰死，安與方士俱去。漢書楊王孫傳，卽以王孫爲名，而此書乃云名貴。似是故謬其事，以就洪跋中小有異同之文。又歆始終臣莽，而此書載吳章被誅事，乃云章後爲王莽所殺，尤不類歆語。又漢書匡衡傳「匡鼎來」句，服虔訓鼎爲當，應劭訓鼎爲方。此書亦載是語，而以鼎爲匡衡小名。使歆先有此説，服虔、應劭皆後漢人，不容不見，至葛洪乃傳。是以陳振孫等皆深以爲疑。

案書録解題云：「向、歆父子，亦不聞其嘗作史傳於世。使班固有所因述，亦不應全没不著也。」提要本此而推衍之。余考文選潘安仁西征賦云：「長卿、淵、雲之文，子長、政、駿之史。」以政、駿與司馬子長並言，稱之爲史。似劉向父子曾續太史公書，然李善注只引漢書：「向著疾讒、摘要、救危及世頌凡八篇，又著五行傳、列女傳、新序、説苑。歆著七略。」並不言别有史書。至史通正史篇云：「史記所書年止漢武，太初已後，闕而不録。其後劉向之子歆及諸好事者，若馮商、衞衡、揚雄、史岑、梁審、肆仁、晉馮、段肅、金丹、馮衍、韋融、蕭奮、劉恂等相次撰續，迄於哀、平間，猶名史記。」後漢書班彪傳云：「武帝時司馬遷著史記，自太初以後，闕而不録。後好事者，頗或綴集時事，然多鄙俗，不足以踵繼其書。」注云：「好事者，謂楊雄、劉歆、陽城衡、褚少孫、史孝山之徒也。」劉知幾與章懷所叙續史記之人，互有不同，而皆有劉歆。是唐人相傳，有此一説，然不知其所本。竊意向、歆縱嘗作史，亦不過如馮商之續太史公，成書數篇而已。商書見漢志，僅七篇。使如洪序所言，歆所作漢書已有一百卷，則馮衍爲後漢人，晉馮、殷肅注云：固集作段肅。並與班固同時，固傳載固奏記東平王蒼，嘗薦此二人。何以尚須續作。洪序云：「攷校班固所作，殆是全取劉書。」此又必無之事。班固於太初以前，全取史記，又用其父班彪所作後傳數十篇，已不免因人成事。若又採劉歆漢書一百卷，則固殆無一字，何須潛精積思至二十餘年之久，永平中受詔至建初中乃成乎？若果如此，則當世何爲甚重其書，學者莫不諷誦，見本傳。至於專門受業，與五經相亞耶？見史通正史篇。史通採撰篇曰：「班固漢書，太初已後，又雜引劉氏新序、説苑、七略之辭，此並當代雅言，事無邪僻，故能取信一時，擅名千載。」然則漢書之采自劉氏父子者，僅新序、説苑、七略中之記漢事者而已，與李善文選注正合，未嘗有所謂劉歆漢書也。且諸家續太史公書，雖迄哀、平，然是前後相繼，不出一人。至班彪所作後傳，亦是起於太初以後，未有彌綸一代者。漢書叙傳曰：「固以爲唐、虞、三代，世有典籍。漢紹堯運以建帝業，至於六世，史臣乃追述功德，私作本紀，編於百王之末，厠於秦、漢之間。太初以後，闕而不録。故探纂前記，綴輯所聞，以述漢書。起元高祖，終于孝平王莽之誅。」是漢書者，固所自名。斷代爲書，亦固所自創。今洪序乃謂劉歆所作，已名漢書，是並叙傳所言，亦出於劉歆之意，而固竊取之矣。此必無之事也。況文帝以代王卽位，明見史記。此何等大事，豈有傳訛之理。劉歆博極羣書，以漢人叙漢事，何至誤以文帝爲太子。見卷三。故葛洪序中所言。劉歆漢書之事，必不可信，蓋依託古人以自取重耳。至其中間所叙之事，與漢書錯互不合，有不僅如提要所云者。明焦竑筆乘續集卷三云：「西京雜記，是後人假託爲之。其言高帝爲太上皇，思樂故豐，放寫豐之街巷屋舍，作之櫟陽，冀太上皇見之如豐然，故曰新豐。然史記漢十年，太上皇崩，諸侯來送葬，命酈邑曰新豐。是改酈邑爲新豐，在太上皇既葬之後，與雜記所言不同。」此事與史、漢顯相刺謬，不僅小有異同矣。然其事亦非葛洪所杜撰。文選卷三十鮑明遠數詩注引三輔舊事曰：「太上皇思慕鄉里，高祖徙豐、沛商人，立爲新豐也。」隋志地理類有三輔故事二卷，注云晉世撰。兩唐志故事類均有韋氏三輔舊事一卷。章宗源隋書經籍志考證卷六，據後漢書韋彪傳，帝數召彪入，問以三輔舊事禮儀風俗之語，以爲卽彪所撰。雖不知然否，然自是東晉以前古書，故葛洪得鈔入雜記也。其他亦往往採自古書，初非全無所本者。抱朴子自敘中記其求書寫書之事甚悉。又云：「廣覽衆書，自正經諸史百家之言，下至短雜文章近萬卷。」晉書本傳亦言其「博聞深洽，江左絶倫」。所見既博，取材自多。此書蓋卽抄自百家短書，洪又以己意附會增益之，託言家藏劉歆漢史，聊作狡獪，以矜奇炫博耳。沈欽韓漢書疏證卷三十二云：「西京雜記，葛洪所序，其大駕鹵簿，雜入晉制，如枚、鄒諸賦，非閭巷所能造也。」孫詒讓札迻卷十一亦云：「西京雜記，確爲稚川所假託。」二人皆博學深思者，而其言如此，其必有所見矣。

然庾信指爲吳均，別無他證。段成式所叙信語，亦未見於他書。流傳既久，未可遽更。今姑從原跋，兼題劉歆、葛洪姓名，以存其舊。

案陶宗儀說郛卷二十五，據涵芬樓排印明鈔本。鈔有梁殷芸小説二十四條，而其中引西京雜記者四條，與今本大體皆合，惟字句互有短長。考梁書芸傳云：「大通三年卒，大通三年十月，改元中大通，芸蓋卒於十月以前。時年五十九。」而文學吳均傳云：「普通元年卒，時年五十二。」兩者相較，均雖比芸早死九年，而其年齒實止長於芸者二歲。二人仕同朝，同以博學知名，慮無不相識者。使此書果出於吳均依託，芸豈不知，何至遽信爲古書，從而採入其著作中乎？是則段成式所叙庾信之語，固已不攻自破。況雜俎廣動植篇卷十六。採雜記中「余就上林令虞淵得朝臣所上草木名」一條，仍稱爲葛稚川，是庾信之説，成式已自不信，柰何後人遽執此單文孤證，信以爲實哉。李慈銘孟學齋日記乙集上云：「西京雜記，託名劉歆所撰，葛洪所録。論者謂實出梁吳均之手，其文字固不類西漢人。且序言班固漢書，全出於此。洪采班書所未録者，得此六卷。案原序實作二卷。然其中如趙飛燕女弟昭陽殿一段，傅介子一段，又皆班書所已録。稚川之言，固未可信。至謂出於吳均，則未必然。觀所載漢事，如殺趙隱王者爲東郭門外宫奴，惠帝後腰斬之，而呂后不知。元帝以王昭君故，殺畫工毛延壽、陳敞、劉白、龔寬、陽望、樊育等。高賀誚公孫弘……高祖爲太上皇作新豐，匠人吳寬所營。此事已爲焦竑所駁，李氏失考。匡衡勤學，穿壁引光，又從邑人大姓文不識家傭作讀之。成帝好蹴踘，家君原注：歆稱其父向。作彈棋以獻。王鳳以五月五日生。楊王孫名貴。平陵曹敞在吳章門下，好斥人過，後獨收葬章屍。郭威、楊子雲及向、歆父子論爾雅實出周公，所記張仲孝友之類，後人所足。霍將軍妻一產二子，疑兄弟先後。廣川王去疾好聚無賴少年，發掘冢墓諸條。皆必出於兩漢故老所傳，非六朝人所能憑空僞造。又如輿駕飲酎穰水家臣諸制，尤足補漢儀之闕。其一二佚事，亦可考證漢書。如衛青生子命曰騧，後改爲登，登卽封發干侯者。公孫弘著公孫子，言刑名事。今漢志有公孫弘十篇，此類皆是。黄俞邰序，稱其乘輿大駕，儀在典章，鮑、董問對，言關理奥者，誠不誣也。惟所載靡麗神怪之事，乃由後人添入，或出吳均所爲耳。其顯然乖誤者，如云：霍光妻遺淳于衍蒲桃錦、散花綾、走珠等，爲起第宅，奴婢不可勝數。按漢書言衍毒許后，步見過顯相勞問，亦未敢重謝衍。且此時方有人上書告諸醫侍疾無狀，顯恐急，語光署衍勿論，豈有爲起第宅，厚相賂遺之理。又云：廣陵王胥爲獸所傷，陷腦而死。按漢書武五子傳，胥以祝詛事發覺，自絞死。又云：太史公遷作景帝本紀，極言其短及武帝之過。後坐舉李陵，下遷蠶室，有怨言，下獄死。按遷作史記，在遭李陵禍之後，史記、漢書俱有明文。漢書又言：遷被刑之後爲中書令，尊寵任職，故有報故人任安一書。而云下獄死，紕繆尤甚。若果出叔庠，吳均字。則史言均好學，將著史以自名，欲撰齊書，從梁武帝借齊起居注及羣臣行狀，帝不許，使撰通史，起三皇，訖齊代，均草本紀世家已畢，惟列傳未就而卒。又注范曄後漢書九十卷，著齊春秋二十卷，廟記十卷，十二州記十六卷，錢塘先賢傳五卷。是叔庠固深于史學者，豈于史記、漢書轉未覆照，致斯舛誤乎？蓋由漢代稗官記載傳譌致然，故歷代引用皆不能廢。其趙飛燕女弟居昭陽殿一條云：『砌皆銅沓黃金塗。』正可證今本漢書趙后傳作『切皆銅沓冒黃金塗』，『冒』字爲涉注文而衍者也。」按李氏論書中紕繆之處，較提要尤詳。以其說考之，益可證所謂劉歆漢書之僞妄。其駁司馬遷未嘗下獄死，誠是。然非雜記之誤，此乃衛宏漢舊儀注之文，見太史公自序集解，平津館本漢舊儀無此條。葛洪鈔舊儀入雜記耳。其上文言武帝置太史公位在丞相上，雜記作下。亦舊儀之語。漢司馬遷傳注及御覽職官部，引見平津館本補遺。可見雜記是雜采諸書，託之劉歆，又可見其記事多有所本，不皆杜撰也。至謂吳均深於史學，此書非其所作，亦爲有識。然又謂所載靡麗神怪之事，或出吳均所爲，則未免依違兩可。余今證以殷芸所引，張柬之所考，知其書決非六朝人所能憑空僞造。葛洪去漢不遠，又喜鈔短雜奇要之書，故能弄此狡獪。蓋其書題爲葛洪者本不僞，而洪之依託劉歆則僞耳。近人根據葛洪後序，證今之漢書出於劉歆，此則因欲攻擊古文，不惜牽引僞書，其說蓋不足辯。

又案梁玉繩瞥記卷五云：「今所傳西京雜記二卷，或以爲葛洪撰，或以爲吳均僞撰。據洪序以爲本之劉歆，洪特鈔而傳之。案南史齊武諸子傳，蕭賁著西京雜記六十卷，豈別一書耶？王伯厚以爲賁依託，見困學紀聞十二。」余考困學紀聞云：「匡衡傳注：『今有西京雜記，其書淺俗，出於里巷，多妄說。』段成式云：『庾信作詩，用西京雜記事，自追改，曰此吳均語，恐不足用。』今案南史，蕭賁著西京雜記六十卷，然則依託爲書，不止吳均也。」詳王氏語意，蓋謂吳均之外，又有蕭賁亦爲此書，故曰依託爲書，不止吳均。未嘗謂今本題葛洪撰者，爲賁所依託。梁氏之言，非伯厚意。然古今書名相同者多矣，蕭賁雖生葛洪之後，彼自著一書，亦名西京雜記，既未題古人之名，則不得謂之依託，伯厚之說亦非也。翁元圻注云:「卷數多寡懸殊,當另是一書。」其說是矣。盧文弨新雕西京雜記緣起見抱經堂本卷首。云:「隋書經籍志載此書於舊事篇,不著姓名。新、舊唐書始題葛洪,且入之地理類,似全未寓目也。夫冠以葛洪,以洪鈔而傳之,猶說苑、新序之稱劉向,固亦無害,其文則非洪所自撰。凡虛文可以僞爲,實事難以空造。如梁王之集遊士爲賦,廣川王之發冢藏所得,豈皆虛耶。」此說亦善。盧氏又謂「書中稱成帝好蹴踘,羣臣以爲非至尊所宜,家君作彈棋以獻。此歆稱向家君也,洪柰何以一小書之故,至不憚父人之父」。余謂此必七略中兵書略蹴踘新書條下之文,洪鈔入之耳。世說新語巧藝篇注引傅玄彈棋賦序曰:「漢成帝好蹴踘,劉向以謂勞人體,竭人力,非至尊所宜御。乃因其體,作彈棋。」疑其亦本之於別録,否則葛洪剽竊傅玄耳。此書固非洪所自撰,然是雜抄諸書,左右采獲,不專出於一家。如卷上云:「或問揚雄爲賦,雄曰:『讀千首賦乃能爲之。』」此乃鈔桓譚新論之文。見北堂書鈔卷一百二、藝文類聚卷五十六、意林卷三引。以新論著於後漢,既託名劉歆,不欲引之,故不言桓譚問,而改爲或問。采掇之跡,顯然可見。盧氏必欲以葛洪之言爲據,信劉歆果有漢書一百卷,謂百卷特前史官之舊,歆欲編録而未成,是猶未免爲洪所愚矣。

世說新語三卷宋劉義慶　梁劉孝標注

黄伯思東觀餘論謂世說之名，肇於劉向，其書已亡。故義慶所集名世說新書。段成式酉陽雜俎引王敦澡豆事，尚作世說新書可證。不知何人改爲新語，蓋近世所傳。然相沿已久，不能復正矣。

嘉錫案：黄氏說見東觀餘論卷下跋世說新語後云：「世說名肇劉向，六十七篇已有此目，其書今亡。宋臨川孝王因録漢末至江左名士佳語，亦謂之世說。」所考甚確。然通典卷一百五十六引曹公軍行失道三軍皆渴事，亦作世說新書，不止於酉陽雜俎。且世說之規箴篇有東方朔、京房各一事，賢媛篇有陳嬰母、王明君各一事，則其書託始於前漢之初，黄氏謂起於漢末，非也。沈濤銅熨斗齋隨筆卷七云：「濤案太平廣記引王導、桓温、謝鯤諸條，皆云出世說新書，則宋初本尚作新書，不作新語。然劉義慶書本但作世說，見隋書經籍志。藝文類聚、北堂書鈔諸類書所引，亦但作世說。新書、新語皆後起之名。」余案沈氏引太平廣記，可爲黄氏說添一證佐。至其謂義慶書本名世說，其新書之名亦後起，則非也。劉向校書之時，凡古書經向別加編次者，皆名新書，以別於舊本。故有孫卿新書、見荀子後劉向叙。鼂氏新書、見隋志賈誼新書見新唐志。之名。漢書藝文志有左邱明國語二十一篇，又有新國語五十四篇，注云：「劉向分國語。」又說苑敍録云：「臣向所校中書說苑，更以造新事十萬言，號曰新苑。」見宋本説苑後。皆其證也。劉向世説雖亡，疑其體例亦如新序、説苑，上述春秋，下紀秦、漢。義慶卽用其體，託始漢初，以與向書相續，故卽用向之例，名曰世説新書，以別於向之世説。其隋志以下但題世説者，省文耳。猶之孫卿新書，漢志但題孫卿子，賈誼新書，漢志但題賈誼，隋志但題賈子也。

至振孫載汪藻所云敍録二卷，首爲考異，繼列人物世譜姓字異同，末記所引書目者，則佚之久矣。

案書録解題卷十一云：「敍録者，近世學士新安汪藻彦章所爲也。」提要引作汪藻所云，則似敍録非汪藻自作矣。此本未佚，近日本人據宋刻影印成書。

朝野僉載六卷舊題唐張鷟

此書新唐書藝文志作三十卷。宋史藝文志作僉載二十卷，又僉載補遺三卷。文獻通考則但有僉載補遺三卷。此本六卷，參考諸書皆不合。晁公武讀書志又謂其分三十五門，而今本乃逐條聯綴，不分門目，亦與晁氏所紀不同。

嘉錫案：此書著録新唐志雜傳記類實作二十卷，非三十卷也。宋志於二十卷之外，别出補遺三卷。讀書志卷十三則止有補遺，而無原書。通考因之。而書録解題卷十一云：「朝野僉載一卷，其書本三十卷，此特其節略爾。別求之未獲。」蓋與晁氏所見者又不同。

其云書本三十卷，亦不知其何所據。要之，皆非唐志著録之本也。陶宗儀説郛卷二録此書三十六條，據涵芬樓排印明鈔本。文字多異於今本，詳見後。其題目下仍注爲二十卷。似元、明之際，原本猶存，故宗儀及見之也。至明人所刻古今説海、歷代小史諸本，皆止一卷，則又删節不完之本。惟陳繼儒刻入普祕笈者作六卷。余嘗取文津閣四庫全書本與之逐條校對，始末全同。閣本間有誤字。乃知四庫即據祕笈本繕寫著録。惟卷五英公李勣爲司空知政事一條，閣本無之，則傳寫偶脱耳。邵懿辰四庫簡明目録標注卷十四云：「許氏有抄本十卷，吳尺鳧跋。」莫友芝郘亭知見傳本書目卷十一云：「胡心耘有校宋本十卷。」二本余皆未見。近人李希聖巴陵方氏藏書志此書未刻，余從羅氏蟫隱廬借鈔，書名及撰人皆余所定。云：「朝野僉載十卷，影鈔本，其中構字空格注御名，蓋從宋本過録者。有『士禮居藏』及『黄丕烈復翁』等印。」李氏又言有毛晉諸印，爲書賈所僞造。此本今歸黄岡劉氏，書凡四册，首册爲後來鈔配，已無毛晉、黄丕烈諸印。余嘗借校。其卷一至卷五，即祕笈本之一二三卷；其卷五至卷十，即祕笈本之四五六卷。其分合不知孰先孰後。第十卷末盧照鄰條，已殘缺不完，以後尚有三十三條，均脱去。抄手不精，誤字極多，一條或脱至數十百字，然亦有可以補正祕笈及閣本之脱誤者。每條皆有標題，亦有數條共一題者。與今本不同。今本無標題。然往往割裂文義，致不可通，如卷一言彭城縣人魏全家富，乃題爲魏全家。又趙公長孫無忌，乃題爲趙公長。又司天奏玄象有眚，玄宗震驚，乃題爲玄宗震。如此類者甚多。殆妄人所爲，決非原本之舊。其卷四有高叡妻一條，爲今本所無。在今本卷三，則天朝太僕卿來俊臣條之後，唐冀州刺史吉懋條之前。考太平廣記卷二百七十一亦引僉載此條，文字幷合，則實爲舊本所有。其卷九天后內史宗楚客條，今本在卷五。「期年之間」句下，「位至內史」句上，鈔本無位字。多出七百三十五字。所叙皆懿宗女同安公主及優人李可及事，文義與本條不相聯屬，首尾亦不完具。以余考之，乃蘇鶚杜陽雜編卷下之文。亦見太平廣記卷二百三十七，引字句有互異處。不知何以羼入於此，李氏跋中，不知此七百餘字爲閣本所無，亦不知其出於杜陽編。而又譌脱滿紙。以是言之，則所謂十卷本者，亦未可據也。余恐後人未見其書，疑僉載別有足本傳世，故詳著之如此。

考莫休符桂林風土記，載鷟在開元中，姚崇誣其奉使江南受遺賜死。其子上表請代，減死流嶺南，數年起爲長史而卒。計其時尚在天寶之前，而書中有寶曆元年資陽石走事。寶曆乃敬宗年號。又有孟宏微對宣宗事。時代尤不相及。案尤袤遂初堂書目，亦分朝野僉載及僉載補遺爲二書。疑僉載乃鷟所作，補遺則爲後人附益。凡闌入中唐後事者，皆應爲補遺之文。而陳振孫所謂書本三十卷，此其節略者，當卽此本。蓋嘗經宋人摘録，合僉載補遺爲一，删併門類，已非原書，又不知何時析三卷爲六卷也。

案鷟事蹟，兩唐書均附見其孫薦傳中。舊書卷一百四十九，新書卷一百六十一。舊書云：「祖鷟，字文成，性褊躁，不持士行，尤爲端士所惡。姚崇甚薄之。開元初，澄正風俗，鷟爲御史李全交所糺，言鷟語多譏刺，坐貶嶺南。刑部尚書李日知奏論，乃追勑移於近處。開元中入爲司門員外郎卒。」新書略同。是鷟卒於開元中，史有明文，不知提要何以舍正史不引，而必旁徵桂林風土記也。類書類龍筋鳳髓判，提要云：「鷟事蹟具莫休符桂林風土記，唐書附其孫張薦傳中。本書卷一記開元二年梁州道士梁虛州、安國觀道士李若虛爲鷟推算事云：「果被御史李全交致其罪，勑令處盡。而刑部尚書李知白，廣記卷二百十六引作李日知。左丞張廷珪、崔玄昇，侍郎程行謀咸請之，乃免死，配流嶺南。」然則鷟被劾後實嘗奉勑處死，非初坐罪即貶嶺南。又其免死，乃由刑官論救，亦非由其子上表請代，與史及風土記所言皆不盡合，當以自叙爲正。提要所舉寶曆元年資陽石走事，見本書卷五。鈔本卷八。按之時代，誠爲不合。此條廣記卷三百九十八亦引作朝野僉載，當是僉載補遺中語。惟所謂孟宏微對宣宗事，則徧檢文津閣本、秘笈本、影鈔本皆無此條，不知提要所據何本，豈其誤記耶？此事見北夢瑣言卷九。書中卷一云：開元五年春，司天奏玄象有眚，玄宗震驚。卷四云：李宜得當玄宗起義，與王毛仲等立功。此條廣記卷一百六十七，亦引作朝野僉載，當是補遺中語。又卷五云：將軍高力士特承玄宗恩寵。此條廣記卷二百四十引作談賓録。鷟既卒於開元時，不應知玄宗之謚。又卷二有陽城拜諫議大夫事，卷六有天寶中韓朝宗入冥事，此條廣記卷三百八十亦引作朝野僉載。時代皆不相及，不只如提要所舉二條。蓋其中有係僉載補遺之文，有係後人取他書竄入也。至如卷六云：「敬宗時高崔巍喜弄癡，大帝令給使撩頭向水下云云。」大帝者，唐高宗也，不應云敬宗時。考酉陽雜俎續集卷四貶誤篇及廣記卷二百四十九引朝野僉載，並只云散樂高崔巍善弄癡，無「敬宗時」三字，則此條實原書所有。特傳寫有誤，不得執此以爲疑案。所當分別觀之者矣。雜俎貶誤篇引此書凡六條，內一條稱浮休子。而其中魯般者肅州燉煌人一條，隋末有昝君謨善射一條，僞周滕州録事參軍袁思中一條，皆今本所無。宋劉克莊後村詩話張鈞衡刻適園叢書本，亦在四部叢刊後村大全集中。續集卷三引此書二十二條，克莊於酷吏條下自注云：「以上二十二則，并見朝野僉載。」今就刻本數之，乃只二十條，蓋有兩條傳寫誤合二事爲一也。而其中唐儉事太宗一條，薛師有巧性一條，少府監裴匪舒奏賣苑中官馬糞一條，尚書左丞張庶廉子利涉一條，此條當是今本卷三張利涉善忘條中佚文。張易之、昌宗目不識字一條，逆韋詩什一條，賀蘭敏之一條，此條賀蘭敏之以下十五字，疑當與逆韋詩什合爲一條。劉子書咸以爲劉勰所撰以下，別爲一條。張苟兒愛偷文章一條，此條詩話刻本，誤合入進士章弘智詩條下。吏部尚書唐儉一條，魏元忠忤二張一條，三馬俱用一條，此條刻本與周公、孔子請伏殺人條誤合爲一。皆不見於今本。說郛所録僅三十六條，而有十六條亦不見今本。崔渾養父母一條，挽郎周最試判一條，諸葛昂豪俠一條，滕王極淫一條，江東、江西多楓木人一條，狄仁傑檄西楚霸王一條，張狗兒偷文章一條，俗例一條，張懷肅好食人精一條，郭務静姦百姓婦一條，宣城公主駙馬裴巽一條，衡州火災一條，武三思祗承内官一條，牛三足一條，銅虎符一條，曹泰八十五生子一條。其他亦詳略互異。太平廣記引此書凡三百九十條，而今本乃只三百七十一條。鈔本多一條。以兩書相校，此有彼無，參差不合，其不見今本者，約四十餘條。此數恐未必盡確，然大致近之。則提要謂其出於宋人摘録者，理似可信。李氏跋云：「考宋人所撰五色線，引此書共三條，而太歲在午，人馬食土，歲在辰巳，貨妻賣子，歲在申酉，乞漿得酒一條，此本亦無之。則自宋時流傳之本，已不一矣。」然考卷一率更令張文成梟晨鳴于庭樹一條，後有又一説文成景雲二年爲鴻臚寺丞帽帶及緑袍並被鼠云云，廣記作並被鼠嚙，有蜘蛛大如栗，當寢門懸絲上，經數日大赦，加官五品。男不宰鼠亦嚙腰帶欲斷，尋還授博野尉。今本於並被鼠之下，作頗有神靈，遞相誣告云云，乃貓鬼條之文。蓋兩條一缺後半，一缺前半，誤合爲一也。貓鬼條原文，見廣記卷一百三十九引。證之廣記卷一百三十七，則梟鳴事出國史異纂，又一説始是僉載本文。夫張文成卽鷟也，鷟遷率更令，不見兩唐書，蓋史略之。鷟自記其事，惡有所謂又一説者哉。明此三字，乃廣記所加也。又卷六記杜鵬舉暴卒入冥再生事，亦别載「一説鵬舉得釋後」云云。閣本、祕笈本一説上空一格，鈔本别爲一條。證之廣記卷三百，則分爲二條。前條注云：「出處士蕭時和作傳」，今本僉載改此注作大字。後條注云：「出朝野僉載。」此蓋僉載敍鵬舉事前半同於蕭所作傳，而後半則傳聞異辭。纂廣記者裁截其文，而括以「一説鵬舉得釋後」七字。今乃鈔入本書，幾於不去葛龔。以此二事推之，則今本必是後人從廣記内輯出亦明矣。蓋此書在宋時雖不甚通行，而尚偶有傳本，至元末猶存。故劉克莊、陶宗儀皆得見之。至明遂亡。不知何人輯爲此本，而又檢閲未周，多所挂漏，遂雜取廣記所引他書以足之。明人所輯古書，鹵莽滅裂，大抵如斯，斷非宋人所見之本也。諸藏書家所豔稱之宋本十卷者，其實亦明本耳。提要徒見通考著録作三卷，又引陳氏説有此其節略之語，以爲陳振孫所見者亦是三卷。疑今本卽陳振孫之所見，遂謂爲宋人合僉載補遺爲一，而分三卷作六卷。不知通考所謂三卷者，乃據讀書志所收之朝野僉載補遺入録，而書録解題則只作一卷，且是僉載本書，而非補遺。晁、陳所見本自不同，不得幷爲一談也。

其書皆紀唐代故事，而於諧噱荒怪纖悉臚載，未免失於纖碎。故洪邁容齋隨筆譏其記事瑣屑擿裂，且多媟語。然耳目所接，可據者多。故司馬光作通鑑亦引用之。兼收博採，固未嘗無裨於見聞也。

案李希聖跋云：其中如鄭愔、崔湜掌選一條，李盡忠破營府一條，桑條韋一條，突厥鹽一條，武媚孃一條，杜曲誅諸韋一條，索元禮一條，喬知之婢碧玉一條，侯知止獬豸豈識字一條，吉頊請誅來俊臣一條，仙人獻果玉女登梯一條，侯敏妻董氏一條，高叡妻秦氏一條，天后夢鸚鵡一條，先天二年正月張燈一條，原注云與舊唐書嚴挺之傳合。張易之母阿臧一條，安樂公定昆池一條，張昌儀屬天官侍郎一條，朱前疑諂諛一條，白鐵余埋銅佛一條，常元楷被誅一條，武后隔簾拜周仁軌一條，李日知行杖一條，薛懷義造夾紵大象及明堂一條，胡超合長生藥一條，周仁軌過秋分一日平曉斬之一條，宋之遜告王同皎一條，突厥破萬榮新城一條，久視二年三月大雪一條，武三思謂張易之是王子晉後身一條，田歸道不屈默啜一條，皆爲通鑑所采。其劉仁願以仁軌檢校帶方州刺史一條，李敬玄爲元帥一條，程務挺平稽胡爲儀鳳中一條，駱賓王爲徐敬業晝策取裴炎同起事一條，魚思咺造匭一條，七寶臺散壞爲姚璹語一條，來俊臣、徐有功先進狀一條，王孝傑戰死一條，來俊臣三月三日在龍門題朝士姓名一條，孫彦高頑愚一條，武懿宗射閻知微一條，鳩集鳳池驢宰相一條，司刑寺囚作聖人迹一條，宋璟畢構見鬼人彭君卿一條，崔湜妻及二女皆幸於太子一條，王琚去官侍母一條，薛訥八萬人没於契丹一條，姚崇縊殺趙海一條，張説諂事王毛仲一條，皆見於考異中，爲通鑑所不取。合而視之，其書之疎密，均可見矣。然如「補闕連車載，拾遺平斗量。擢推侍御史，脕脱校書郎」及「沈全交續之」云云一條，通鑑採之，而胡注乃引容齋隨筆，以爲此語出於張鷟。則梅磵蓋未見此書，故其注引長孫無忌以烏羊毛爲渾脱及如意初黄麞歌，皆不知源出此書也。

教坊記一卷

唐崔令欽撰。是書唐書藝文志著録，又總集類中載令欽注庾信哀江南賦一卷。然均不言令欽何許人，蓋修唐書時，其始末已無考矣。

嘉錫案：釋贊寧宋高僧傳卷九大唐潤州幽棲寺玄素即俗稱馬祖者。傳云：「受菩薩戒弟子禮部崔令欽道流人望，亦嘗問道於徑山。」令欽不知任禮部何官。勞格唐郎官石柱題名考，禮中禮外幷無其人。

雲溪友議三卷

唐范攄撰。攄始末未詳。唐書藝文志注稱爲咸通時人。而書中李涉贈盜詩一條，稱乾符己丑歲客於霅川，親見李博士手蹟。考乾符元年爲甲午，六年爲己亥，次年庚子，改元廣明，中間無己丑。己丑實爲咸通十年。疑書中或誤咸通爲乾符，否則誤己亥爲己丑。總之，僖宗時人矣。攄自號五雲溪人，故以名書。五雲溪者，若耶溪之别名也。

嘉錫案：唐詩紀事卷七十一云：「吳人范攄處士之子，七歲能詩。贈隱者云：『掃葉隨風便，澆花趁日陰。』方干曰：『此子他年必成名。』又吟夏日云：『閑雲生不雨，病葉落非秋。』干曰：『惜哉！必不享壽。』果十歲卒。」吳郡志卷二十六載此事，採自延賓佳話。宋史藝文志小説家，延賓佳話四卷，不知作者。唐宋遺史宋志别史類，詹玠唐宋遺史四卷。文字略同，惟「范攄」作「范繐」。紺珠集卷五、類説卷二十七同引唐宋遺史。紺珠作「范攄」，類説則作「范據」，皆傳寫之誤也。唐才子傳卷七云：「方干隱居鏡湖，咸通末卒。」鏡湖、若耶溪，均在會稽。是干與據生同時，居又同邑，固宜見其幼子。會稽於唐屬越州會稽郡，而據實吳人，吳縣，屬蘇州吳郡。蓋僑寓也。本書卷下江客仁條云：「番禺舉子李彙征，客遊於閩越，馳車至循州，求宿韋氏之莊居。韋氏年已八十有餘，自稱曰野人韋思明。於是共論數十家歌詩，次第及李涉絶句，李生咏贈豪客詩。韋叟愀然變色曰：『老身弱齡不肖，遊浪江湖，後遇李涉博士，蒙簡此詩，因而踁跡，案紀事作「晵跡」，當從之。遠隱羅浮山。』追惋今昔，因乃潸然。雲谿子以乾符己丑歲客于霅川，值李生細述其事。彙征於韋叟之居，覩李博士手翰，冀余導於文林。」據其所言，則親見李涉手蹟者李彙征也，非據也，提要誤矣。唐詩紀事卷五十六有李彙征一條，全採之雲溪友議。其末云：「乾符辛丑歲范攄客于雲川，霅川之誤。值彙征細述其事。」與今本作乾符己丑歲者不同。於提要所考，亦復不合。考乾符六年之間無己丑，亦并無辛丑。其辛丑乃中和元年，古今本既同作乾符，則其誤不在年號，而在干支。惟當作何字，無以定之。

所録皆中唐以後雜事，如記安禄山生於鄧州南陽，與姚汝能禄山事迹所記生於營州阿軋犖山者不同，殆傳聞之誤。記李白蜀道難爲房琯、杜甫厄於嚴武而作，宋蕭士贇李詩補注已駁之。他如陳子昂爲射洪令段簡所殺，在武后時。韋仇兼瓊判梓州事，在天寶以後。時代迥不相及。殺王昌齡者閭邱曉，殺閭邱曉者張鎬，與高適亦不相關。乃云章仇大夫兼瓊爲陳拾遺雪獄，高適侍郎爲王江寧申冤，殊不可解。陳拾遺句下注曰陳冕（案涵芬樓景印明刊本作陳晃。）字子昂，亦與史不符。又周德華唱賀知章楊柳枝詞一篇，今本據韋縠才調集，才調集又據此書。然古詞但有月節折楊柳歌，其楊柳枝一調，實興自中唐白居易諸人。郭茂倩樂府詩集班班可考，知章時安有是題。皆委巷流傳，失於考證。至於頌于頔之寬仁，詆李紳之狂悖，毀譽不免失當。而李羣玉黄陵廟詩一條，侮謔古聖，尤小人無忌之談，皆不足取。然六十五條之中，詩話居十之七八，大抵爲孟棨本事詩所未載。逸篇瑣事，頗賴以傳。又以唐人説唐詩，耳目所接，終較後人爲近。故考唐詩者，如計有功紀事諸書，往往據之以爲證焉。

案：攄生於晚唐，以處士放浪山水，仰屋著書，不能常與中朝士大夫相接，故其所記如安禄山、嚴武、于頔、李紳之類，不免草野傳聞，近於街談巷議，提要駁之是也。但提要其他考證，則又不能無誤。章仇兼瓊兩唐書雖無傳，而其平生所歷官尚不難考，見舊唐書玄宗紀云：「開元二十七年十二月以益州司馬章仇兼瓊權劍南節度等使。二十八年三月壬子，權判益州長史章仇兼瓊拔吐蕃安戎城，分兵鎮守之。」又吐蕃傳云：「開元二十七年，詔以主客員外郎章仇兼瓊爲益州司馬防禦副使，俄令知益州長史事。二十八年春，取安戎城。」資治通鑑卷二百十五云：「天寶五載五月乙亥，以劍南節度使章仇兼瓊爲户部尚書，諸楊引之也。」寶刻叢編卷七引集古録目云：「唐户部尚書章仇兼瓊碑，馮用之撰，蔡有鄰八分書。兼瓊字兼瓊，魯郡任城人，官至户部尚書殿中監，謚曰忠。碑以天寶十年立。」兼瓊仕履，勞格唐郎官石柱題名考卷二十六引證極詳，今不具録。兼瓊平生官職始末可考者如此。益州爲大都督府所在，亦卽劍南節度使治所。故兼瓊以節度兼判長史。司馬、長史，皆都督府屬官，見新書百官志。若梓州，不過劍南節度所領二十五州之一，見新書方鎮表七。自有刺史，何庸兼判。且兼瓊於開元二十七年已爲節度使，何以天寶以後始判梓州。提要之言，與史不合，殆以意爲之，實無所據也。舊書文苑傳云：「子昂父在鄉，爲縣令段簡所辱。子昂聞之，遽還鄉里，簡乃因事收繫獄中，憂憤而卒。」不言卒於何時。新書陳子昂傳云：「聖曆初，以父老表解官歸侍，詔以官供養。會父喪，廬冢次。縣令段簡貪暴，聞其富，欲害子昂。家人納錢二十萬緡，案本集附有盧藏用子昂别傳云：「子昂荒懼，使家人納錢二十萬，而簡意未塞。」二十萬者，二百緡也。新書作二十萬緡，爲數太鉅，必無之事也。簡薄其賂，捕送獄中死。」亦不言年月。考子昂文集明楊春編陳伯玉文集。卷六，府君有周文林郎陳公案子昂父名元敬墓誌文云：「太歲己亥七月七日己未，隱化於私館。是歲十月己酉，遂開拭舊塋，奉寧神於此山石佛谷之中崗。」太歲己亥者，聖曆二年也。子昂以是歲十月葬父，又廬於墓次，始被捕入獄，則其死當已在歲末，或次歲久視元年之春，下距開元二十七年章仇兼瓊爲節度使時，不及四十年。段簡雖老，亦不過七八十歲，未必不尚在人間。兼瓊苟欲爲子昂昭雪，自不妨捕簡而殺之，何謂迥不相及乎。陸龜蒙甫里集卷九讀陳拾遺集絶句云：「蓬顆何時與恨平，蜀江衣帶蜀山輕。尋聞騎士梟黄祖，自是無人祭禰衡。」此以黄祖比段簡。據其所言，簡之頭已爲人所梟矣。證之以雲溪友議，梟簡者必即章仇兼瓊之騎士也。提要毫無所依據，而欲懸斷千年以前之事，以爲必無此，何異於宋儒之爭春秋正朔乎。新書文藝傳云：「王昌齡以世亂還鄉里，爲刺史閭丘曉所殺。張鎬按軍河南，兵大集，曉最後期，將戮之。辭曰：『有親，乞貸餘命。』鎬曰：『王昌齡之親，欲與誰養？』曉默然。」舊書張鎬傳曰：「帝肅宗以鎬有文武才，命兼河南節度使，持節都統淮南等諸軍事。鎬既發，會張巡宋州圍急，倍道兼進，檄濠州通鑑考異謂當作亳州。刺史閭丘曉引兵出救，曉逗遛不進。鎬至淮口，宋州已陷。鎬怒曉，即杖殺之。」故提要謂殺閭丘曉者張鎬，與高適不相關，而以范攄言高適爲王江寧申冤爲不可解。今案舊書肅宗紀云：「至德元載十二月，以高適爲廣陵長史、淮南節度兼採訪使。」通鑑卷二百二十云：「至德二載冬十月，張鎬聞睢陽圍急，倍道亟進，檄浙東、浙西、淮南、北海諸節度及譙郡太守按即亳州刺史，其時尚未復郡爲州也。閭丘曉，使共救之。曉素傲很，不受鎬命。比鎬至睢陽，城已陷三日，鎬召曉，杖殺之。」鎬所檄之淮南節度，卽適也。新唐書忠義張巡傳云：「始肅宗詔中書侍郎張鎬代進明節度河西，率浙東李希言、浙西司空襲禮、淮南高適、青州鄧景山，犄角救睢陽，巡亡三日而鎬至。」適之與張鎬共事，有明證矣。胡三省注以淮南爲李成式，非也。據通鑑，淮南之置節度自適始，成式乃前任廣陵長史兼採訪使耳。至德元載，適已赴任，而明年二月，永王璘敗。時成式猶以淮南採訪使將兵者，適時方與來瑱等會於安陸，尚未濟江，故成式未受代仍留廣陵也。至其年八月，張鎬出爲都統時，則成式當已去任久矣。舊書適傳言肅宗以適爲淮南節度使。永王敗，兵罷，李輔國惡適，左授太子少詹事。似永王甫平，適卽罷去者。然考明仿宋刻唐四家詩同文書局石印本及文津閣四庫本高常侍集卷十，有罷職還京次睢陽祭張巡許遠文，四部叢刊景印明活字本高常侍集只八卷，無此文。文苑英華、唐文粹亦未收。四庫用景宋鈔本著録。首題乾元元年五月日太子詹事御史中丞高適。文中有「我辭淮楚，將赴伊洛，途出兹邦，悲纏舊郭」之語。是適於此時，方自淮南罷職，入爲詹事。則當至德二載，張鎬徵兵之時，適猶在廣陵受其節制可知。祭文有云：「予亦忝竊，統兹介冑。俄奉短書，至夔狂寇。裹糧訓卒，達曙通晝。軍乃促程，書亦封奏。遂發趫勇，俾驅鳥獸。將無還心，兵亦死鬭。賊黨頻蹙，我師旋漏。十城相望，百里不救。」據其所言，則巡、遠嘗致書告急於適，張鎬又促令兼程進兵。適雖卽遣精兵赴援，而千里奔命，孤軍深入，先勝後敗，遂不能解睢陽之圍。舊書本傳云：「有文集二十卷。其與賀蘭進明書，令疾救梁、宋，以親諸軍。與許叔冀書，使釋他憾，同援梁、宋。」其急於援救巡、遠如此。無如其時鄰封諸郡，若賀蘭進明輩，皆擁兵觀望。閭丘曉在亳州，去睢陽不過百餘里，元豐九域志卷一云：南京睢陽郡，南至本京界，一百三十五里，自界首至亳州，三十五里。較他郡尤近，竟亦坐視不救。適是以慨乎其言之。故其文又曰：「當此虎敵，豈無强隣。常時肝膽，今日胡秦。」四庫本改「胡」作「越」。可想見其切齒痛憤矣。張鎬之殺曉，疑適嘗與其謀。鎬雖以國事殺曉，本不爲王昌齡報讎。然適與昌齡故舊，嘗同與旗亭畫壁。事見集異記卷二。心痛其冤，軍中書檄往還，或嘗爲鎬言及之。故當曉求活時，鎬卽舉昌齡事以關其口。曉死而國法伸，昌齡之冤亦雪。使鎬果嘗聞適先入之言，則雖謂適爲昌齡申冤可也。此中曲折，正史既無暇紀載，范攄又言之不詳。提要獨執兩唐書以爲證，遂直斥爲委巷流傳矣。今考之於史，證之於集，知適確嘗與鎬戮力同心，共赴國難。又知其實嘗痛恨閭丘曉。則曉之死，不得謂其與適必不相關也。楊柳枝爲白居易洛陽所製，見樂府詩集卷八十一。賀知章時不得有此題，誠如提要之論。然考蜀何光遠鑒誡録卷七云：「王後主搜求名公豔麗絶句，隱爲柳枝詞。柳枝者，亡隋之曲。」韓舍人詠柳詩曰：「梁苑隋堤事已空，萬條猶舞舊春風。那堪更想千年後，誰見楊花入漢宮。」賀祕監知章詠柳詩曰：「碧玉粧成一樹高，萬條垂下緑絲條。不知細葉誰裁出，二月春風似剪刀。」二人所作，本是詠柳。唐詩紀事卷十七採知章此詩，亦題作詠柳。而雲溪友議卷下載周德華所唱楊柳枝詞七八篇，所載實只六篇。此兩詩皆在焉。若以范攄爲失於考證，則何光遠亦以詠柳詩與柳枝詞混爲一談，樂府詩集亦收韓琮一首即鑒誡録之韓舍人詩。入楊柳枝下。彼豈皆失於考證哉，蓋賀、韓諸人之作，不過泛詠楊柳，本非歌曲。及採詩入樂，以楊柳枝調歌之，則亦謂之柳枝詞，此固樂府中常有之事。當時之人，類能知之，無煩考證也。且提要謂白居易之前，古詞但有月節折楊柳歌，尤爲大誤。考樂府詩集卷二十二，横吹曲辭二，有折楊柳二十五首，自梁元帝至唐翁綬二十三人。又卷二十五，横吹曲辭五，有折楊柳歌辭五首，折楊柳枝歌四首，皆無名氏。又卷三十七，相和歌辭十二，瑟調曲二。有折楊柳行五首，古辭及魏文帝、陸機、謝靈運。又卷四十九，清商曲辭六，有攀楊枝一首，月節折楊柳歌十三首，十二月及閏月各一首。皆無名氏。考其時代，當以相和歌辭之折楊柳行古辭爲最早，蓋出於後漢人手。相和曲本漢世街陌謡謳，樂府詩集卷二十六引晉書樂志。故其辭歷陳桀、紂、胡亥、夫差、西戎之敗亡，以爲法戒，猶有詩人陳古以刺今之意。其後變而爲横吹曲辭之折楊柳。横吹曲亦謂之鼓吹，蓋軍中之樂，於馬上奏之。樂府詩集卷二十一小序。故宋書五行志言，晉太康末京洛爲折楊柳之歌，其曲有兵革苦辛之辭。同上卷二十二梁元帝詩題下引。再變而爲折楊柳歌辭，及折楊柳枝歌，亦是横吹曲。故其辭爲馬上客行兒折枝代鞭，因以寫男女相念之意。蓋征人久戍，不能無室家之思也。又再變爲清商曲辭之攀楊枝及月節折楊柳歌。清商曲，有吳聲歌與西曲歌、江南弄之别。此西曲歌也，出於荆、郢、樊、鄧之間，樂府詩集卷四十七西曲歌小序。其辭蓋齊梁人之所作，乃純爲民間兒女子豔曲，與吳聲歌之子夜、讀曲同風。唐白居易、劉禹錫因之别翻新調，故其辭皆曰「聽取劉作聽唱。新翻楊柳枝」也。作提要者，取樂府詩集信手翻檢，曾未終篇，遂謂古詞但有月節折楊柳歌，是舉其末而遺其本矣。樂府詩集固班班可考，無奈提要之不肯詳考，何也。

雲仙雜記十卷

舊本題唐金城馮贄撰。贄履貫無可考。其書雜載古今逸事，如所稱戴逵雙柑斗酒往聽黄鸝之類，詩家往往習用之，然實僞書也。無論所引書目，皆歷代史志所未載。卽其自序稱天復元年所作，而序中乃云天祐元年，退歸故里，書成於四年之秋，又數歲始得終篇。年號先後，亦復顛倒，其爲後人依託，未及詳考明矣。案陳振孫書録解題有馮贄雲仙散録一卷，亦有天復元年序。振孫稱其記事造語，如出一手，疑贄爲子虛烏有之人。洪邁容齋隨筆、趙與旹賓退録所説亦復相類。然不能指爲何人作。

嘉錫案：四庫所收，爲明葉氏菉竹堂刊本。此本近已由涵芬樓影入四部叢刊。余嘗取以與文津閣四庫全書本對校，首末全同。序題天復元年十二月，考之於史，唐昭宗天復四年閏月，閏四月。改元天祐。八月，帝爲朱全忠所弑。昭宣帝卽位，仍稱天祐，不改元。四年四月，全忠篡唐自立，改元開平。是明明天復在前，天祐在後。贊書既成於天祐四年以後，則當已入五代，而序反稱天復元年，故提要以爲年月顛倒。但此書有宋開禧元年泉州刻本，題爲雲仙散録，不分卷，其文與葉氏本雜記前八卷相同，惟次序多不合。而無其九、十兩卷。今人徐乃昌據以影刻。在隨庵叢書內。其序末實題天成元年十二月。卷末有宋人跋，亦稱唐天成中金城馮贄編。詳見後。天成爲後唐明宗年號。馮贄之題唐人者，以此。書録解題偶誤天成爲天復，葉氏刻本又承之耳。宋本後有徐渭仁跋曰：「天成後天祐四年，凡二十一年，是元本不誤。不知直齋何以誤作天復。後來著録家並不細讀，相承直齋之誤，謂其僞作，年號顛倒，未及詳考也。」渭仁未見菉竹堂本，故詆提要爲不細讀原序。不知提要所據葉氏本，自作天復，與宋本固不同也。書録解題卷十一曰：「雲仙散録一卷，稱唐金城馮贄撰。天復元年敍。馮贄者，不知何人，自言取家世所蓄異書，撮其異說。而所引書名，皆古今所不聞，且其記事造語，如出一手。正如世俗所行東坡杜詩注之類。然則所謂馮贄者及其所蓄書，皆子虛烏有也，亦可謂枉用其心者矣。」今案雲仙散録，事既詭異，詞復纖巧，相其文章風調，首尾如一，誠有如直齋所云者。其中如黑水郡王、松燕都護、楮國公、離石鄉侯四條，雜記卷六，題作筆封九錫、墨封九錫、紙封九錫、硯封九錫，與散録不同。乃薛稷戲爲筆墨紙硯加封九錫。以一人一時之事，自當同出一書，而於筆則引龍鬚志，墨則引纂異記，紙則引事略，硯則引鳳翔退耕傳。雜記同。是其填注書名，出於隨意支配。直齋疑爲子虚烏有，良非苛論。然謂所引書名皆古今所未聞，則有不盡然者。散録引纂異記者四條。案新唐志小説家有李玫纂異記一卷，注云：「大中時人。」宋志誤作「李攻」。又引金鑾密記者亦四條。唐志雜史類有韓偓金鑾密記五卷，其書亦著録於書録解題。見卷五。雖未知散録所引，果出原書與否，然不可謂無此書名也。又引唐餘録三條。案宋王皥有唐餘録六十卷，記五代事，見讀書志卷六、書録解題卷四及宋志別史類。散録所引，不知是此書否。徐渭仁云：「其中若雲林異景記、金鑾密記、粧臺記諸書，紺珠集、錦繡萬花谷、海録碎事，各家引有其書，此百餘種短書小説，賴此纂集，以存崖略，亦未可一概謂之僞作。」余案紺珠集等皆南宋人類書，萬花谷尤多展轉販稗，蓋即自散録轉引，未可以此證真僞也。特其中見於著録者，不過數種，餘皆僅見於此書，無可徵信。不應凡贄之所藏，適爲前人所未見，後世所不傳，其爲杜撰依託，殆無疑義。直齋之言，未嘗不深中其病也。至於提要因直齋有此説，遂謂雲仙雜記所引書目皆歷代史志所未載，則大不然。雜記九、十兩卷所引之書，如博異志、北里志、金樓子、抱朴子、淮南子、五代史補、戰國策、孔子家語、朝野僉載、三輔黄圖、南部新書、酉陽雜俎、北夢瑣言、幽閒鼓吹、杜陽雜編、通鑑、續搜神記、「續」原誤「絶」，即搜神後記。趙后外傳、即飛燕外傳。琵琶録、開元天寶遺事、穆天子傳、葛洪傳、卽神仙傳。沈玢傳、卽續仙傳。洞冥記、拾遺記、南部煙花記之類，其書皆習見之書，其文亦習見之文。縱有不見於今本者，當是佚文，并非杜撰。如緋繫南山樹一條，爲今本博異志所無，而其事則見於南部新書辛卷。如此之倫，正可據以補佚。計此兩卷，所引惟洞微志、國史纂異二種，今無傳本。然洞微志爲宋錢易所撰，見宋志。國史纂異爲唐劉餗所撰，唐志云劉餗傳記三卷，一作國史異纂。皆見於著録。安得如提要之言，謂其所引書目皆歷代史志所未載乎？考馮贄原序云：「見於常常之書，此必異之。」今此兩卷，所引正是常見之書，顯與自序不合。且馮贄既題爲唐人，乃引宋人所著之五代史補、洞微志、南部新書、北夢瑣言、通鑑等書，時代牴牾，可發一噱。作僞者縱復無識，必不至此。蓋此兩卷，又係後人所竄入，本非散録所有，尤爲僞中之僞。徐乃昌刻散録跋云：「雜記後二卷，引用五代史補、北夢瑣言、南部新書，皆唐以後書，似後人所續，誤并爲一耳。」但其中頗有古書佚文，當是宋元人所爲耳。館臣閱書，未及終卷，故提要未能分析言之也。

張邦基墨莊漫録云：「近時傳一書曰龍城録，乃王性之僞爲之。又作雲仙散録，尤爲怪誕。又有李歜注杜甫詩、注東坡詩，皆性之一手，殊可駭笑。」然則爲王銍所作無疑矣。

案此書新唐志、崇文總目、郡齋讀書志皆不著録。容齋隨筆卷一云：「孔傳續六帖，采摭唐事殊有功，而悉載雲仙録中事，自穢其書。」是最初引用其書者爲孔傳，考續六帖成於建炎、紹興之際，見卷首韓駒序。而已引用雲仙録，則當出於南宋以前。然讀書志作於紹興二十一年，據衢本自序。尚未見其書。疑其時猶未盛行。至淳熙時，修中興館閣書目，始收入之。館閣書目修於淳熙五年，見書録解題卷八。其著録此書作一卷，見郭應祥跋。其後遂初堂書目、直齋書録解題、宋史藝史志，遂並著於録矣。王銍生於北宋之末，卒於紹興中，老學菴筆記卷二云：「王性之既卒，秦熺方恃其父氣焰熏灼，欲取其所藏書。」案秦檜死於紹興二十五年，銍卒時，檜猶未死，知其卒於紹興中矣。陸心源宋史翼卷二十七有王銍傳。平生藏書甚富。老學菴筆記卷六云：「王性之記問該洽，其藏書數百篋，無所不備。」此書或出於其家，故張邦基以爲即銍所作。邦基説見墨莊漫録卷二。然邦基既無所考證，又不言其何所據。以洪邁、陳振孫、趙與旹之博洽，尚不能得其作僞者之主名，則邦基之説，恐亦出於臆測，未可便據爲定讞也。如何薳春渚紀聞及朱子語類，皆以龍城録爲王銍所僞作，而洪邁夷堅支志以爲劉無言作。詳見龍城録條下辨證。薳又謂樹萱録爲劉燾無言自撰，見春渚紀聞卷五。而邦基以爲蓋唐人之善詩者爲之。見漫録卷八。薳、邁、邦基與銍皆南北宋間同時之人，薳、邦基時代均見提要。邁生於宣和五年，見年譜及疑年録。去劉燾時亦不遠，燾，元祐三年進士。而其説之參差不一如此。然則此事正未易論定也，闕疑焉可矣。

惟陳振孫稱雲仙散録一卷，此乃作雲仙雜記十卷，頗有不同。然孔傳續六帖所引散録，驗之皆在此書中，其爲一書無疑。卷數則陳氏誤記，書名則後人追改也。

案宋本後有跋云：「右雲仙散録，唐天成中金城馮贄取家世所蓄書，撮其異説而編之者也。予來泉江，得本於李茂叔貢士家，愛之不能釋手，欲鏤版以傳，而病其多脱誤。繼得新袁州羅史君家本，從而是正，遂爲全書。羅本分上下卷，李本總爲一卷。考之中興館閣書目，李本爲是。其先後之次，亦有不同者，今悉從李本云。開禧元禩三月己卯，臨江郭應祥識。」然則此書館閣書目著録者實止一卷，故宋史藝文志亦從之，非陳氏誤記也。雜記十卷，蓋後人所分，書名亦後人所改。藝海珠塵所刻散録，尚作一卷，然其文與葉氏本雜記略同。中有闕佚。且已顛倒其次序，取其九、十兩卷羼入之文。竄亂於原書之中，尤爲失真。考錢曾述古堂書目卷三有馮贄雲仙散録十卷，書名未改，而卷數已分，可見此書傳本異同甚多。要以徐氏影宋本爲善。又有稽古堂日鈔本作雲仙雜記十卷，今未見。據徐乃昌散録校記所引，知與葉氏本全同，蓋同出一源也。

唐摭言十五卷

五代王定保撰。舊本不題其里貫。其序稱王溥爲從翁，則溥之族也。

嘉錫案：定保稱從翁丞相溥，在其書之第三卷散序篇，並非全書之序。而提要一再以序稱之，不可解也。劉毓崧通義堂集卷十二有唐摭言跋三篇，其上篇云：「右唐摭言十五卷，其標題云：『唐光化進士琅邪王定保撰。』錢氏大昕養新録云：「今檢唐書宰相世系表，琅邪王氏未有名定保者，唯太原王氏有定保，字翊聖，乃起之曾孫，蕘之子。今書中於起直書其姓名，於『蕘』字亦不回避，則別是一人，非太原之定保矣。」唐有兩王定保，而史僅載其一，此表之脱漏也。今按此書，言及王起者，或稱王相起，自注云卷八。或稱王起僕射，或稱左僕射兼太常卿王起，或竟直稱王起，自注云卷三。斷非曾孫稱其曾祖之詞。況王播爲王起親兄，自注云：據新、舊唐書本傳及新唐書宰相世系表。此書言王播少孤貧，自注云卷七。又言令禮部尚書王播署牓，自注云卷十四。亦非從曾孫稱其從曾祖之詞。至於『蕘』字非但不回避，且一則曰王蕘，再則曰王蕘，並詳述薛昭緯之譏語，以蕘與李系爲小人行綴，自注云卷十二。尤非子稱其父之詞。然則撰此書者，琅邪之王定保，非太原之王定保，不可牽合爲一。錢氏謂唐有兩王定保，其説是也。錢氏又云：「其書有云從翁丞相溥。考昭宗時宰相，有王摶，字昭逸，出自琅邪；有王溥字德潤，出自太原。考定保既出琅邪，則溥當爲摶之譌。」今案王溥爲相，舊唐書昭宗紀在天復三年，新唐書昭宗紀在天復元年，皆在光化三年之後。其時定保業已登第，詳見中篇。前此溥所歷官，皆在京朝。自注云：「新唐書王溥傳云：擢累禮部員外郎史館修撰，充集賢殿直學士、刑部郎中、知雜事，驟拜翰林學士、户部侍郎，以中書侍郎同中書門下平章事。」定保應舉時，固可接見。然舊唐書不爲溥立傳，其里居家世無考。新唐書宰相世系表列溥於太原大房，而列傳則云失其何所人。沈氏炳震宰相世系表訂譌據此疑其未必爲太原，而世系歷歷，其説甚爲有見。雖表傳不出於一手，自注云：列傳爲宋景文所作，世系表爲歐陽文忠所作。表或別有所本，未可竟斥其非。但溥既出自太原，則與琅邪無涉。自注云：宰相世系表，琅邪王氏亦有名溥者，係方慶曾孫，定保高祖，非從翁也，其人不但未嘗爲相，抑且並無官階，斷非定保所述。定保不應稱爲從翁，且溥之共高祖兄弟有名凝者，官宣歙觀察使。自注云：據宰相世系表及新、舊唐書王凝傳。溥若果係定保從祖，則凝亦係定保從祖，而此書直稱爲王凝。自注云：卷七云王凝、裴瓚。又云凝終宣城，今按以新、舊唐書王凝傳考之，凝卒於宣州。唐時宣州治宣城縣，亦稱宣城郡。則定保非凝之從孫可知。既非凝之從孫，則亦非溥之從孫可知。昭宗光化以後，王氏居相位爲定保應舉時所及見者，自溥之外推摶。自注云：唐末之宰相，尚有王鐸、王徽。鐸系出太原，即起之從子，蕘之從叔，以僖宗中和四年遇害，在昭宗即位之前四年。徽系出京兆，以昭宗大順元年卒，在改元光化之前八年，皆非琅邪之族，亦非定保應舉時所及見也。摶之入相，舊唐書昭宗紀在景福二年，新唐書昭宗紀在乾寧二年，皆在光化之前。至其爲崔允所誣，罷相貶官賜死，則新、舊唐書皆在光化三年六月，即定保登第之年。唐代試進士，皆在春間，則定保登第時摶猶爲相。摶與溥字形相近，而摶又系出琅邪。錢氏謂溥當爲摶，其説亦是也。錢氏又云：書中稱王方慶爲七世伯祖，但依表所列，摶爲方慶八世孫，而定保稱方慶七世伯祖，則於摶不當有從翁之稱，是亦可疑也。今案方慶名綝，以字行。自注云：據新唐書王方慶傳。摭言自注云卷一云：『咸亨五年，七世伯祖鸞臺鳳閣龍石白水公，時任考功員外郎，下覆試十一人。』『龍』字乃『襲』字之訛，『白水』二字乃『泉』字誤分爲二。石泉者，封爵之號，方慶之曾祖裦，後周時謚石泉康侯，祖鼒，隋時謚石泉明威侯。自注云：據宰相世系表。故方慶受封於唐時仍襲此號。其子晞亦襲石泉侯。自注云：據宰相世系表。今按舊唐書王方慶傳云：封石泉公。新唐書王方慶傳云：曾祖裦孫倩，自裦至倩六世，封石泉云。是其明證。方慶昆弟五人，其行第居四。伯兄名緘字方舉，仲兄名續字方紹，叔兄名績字方節，季弟名緄字方操。自注云：據宰相世系表。定保以七世伯祖稱方慶，則其七世祖當是方操。方操有子三人，長令賓，次輝遠，次延客。自注云：據宰相世系表。令賓官商洛丞，輝遠無官，延客官姑臧尉。三人之中，孰爲定保六世祖，則無可考矣。定保既稱方慶爲七世伯祖，又稱摶爲從翁。則摶必是方慶五世孫。而宰相世系表以摶爲方慶八世孫者，世系表於方慶及摶之中間，誤羼三世。蓋肅宗時宰相王璵非方慶之後人，亦非摶之先世。自注云：舊唐書王璵傳不言其先世及後裔。沈氏考證云：此別是一王璵，而方慶之六世孫或亦名璵耳。摶爲方慶九世孫，而其曾祖亦名璵耳。非此王璵也，益明矣。新書璵傳誤以爲方慶之六世孫，摶之曾祖。自注云：新書摶傳云失其何所人，不言璵之曾孫，兩傳自相矛盾也。世系表亦同其誤。自注云：據世系表自方慶至璵共得六世。自方慶至摶共得九世。傳稱璵爲方慶六世孫，連本身數之也。養新錄稱摶爲方慶八世孫，除本身數之也。古人紀祖孫世數，雖亦有連本身數之者，然終以除本身數之者爲正例。養新錄所數是也。沈氏炳震因三人時代相距或遠或近，世數並參差不合，斷爲牽附，其辨析最爲詳明。自注云：沈氏宰相世系表訂譌云：案宰相表方慶萬歲通天元年入相，璵肅宗乾元元年入相，相去僅六十三年，不應遽有六世孫相也。又案方慶傳：光輔開元中官潞州刺史。璵傳：開元末爲太常博士。光輔，璵之高祖，同時而仕，恐未必然。且璵之曾孫摶，案宰相表，昭宗乾寧二年入相，上距璵之入相，一百三十八年，亦恐未必然也。要之肅宗時之相，乃別一王璵，非方慶六世孫，亦非摶之曾祖，其爲牽附無疑。然則璵以前及璵以後，當必有兩世出於牽附。自注云：宰相世系表，方慶第三子曒，字光輔。沈氏訂譌云：方慶傳作長子名光輔。今按此亦世系表歧出之一端也。若除去其牽附者，則世數自相合矣。錢氏謂定保稱摶從翁爲可疑，其說亦未嘗不是也。惟自方慶至摶，實止六世。自方慶至定保，實止八世。自注云：盧氏見曾重刻摭言序云：「唐末有鳳閣侍郎王方慶八代從孫定保。」今按自方慶至定保，首尾共八世，方慶爲定保七世伯祖，則定保乃方慶七世從孫。盧序言八代從孫，蓋連定保本身數之也。然與定保稱方慶之詞不合，仍當言七世爲是。祇可據摭言以訂世系表，不可援世系表以改摭言耳。且摭言紀王摶之事，尚不止此一處。卷八云：王倜，丞相魯公損之子。倜及第翌日，損登庸，王倜過堂別見。今按新唐書宰相世系表，王氏宰相十三人，無名損者。而琅邪王氏有名損者，字中禮，並無官階。其父名莓，與摶爲從兄弟，乃摶之從姪也。有名倜者，字垂光，官鄠尉，直弘文館，卽摶之子，損之再從兄弟也。自注云：或謂「摶」「損」二字偏旁皆從手，疑損乃摶之從兄弟，偓之從伯叔。然無它文可證，今姑從世系表。據此，則摭言『損』字必是『摶』字之訛。其上文云：崔昭矩大順中裴公下狀元及第，翌日，兄昭緯登庸。而王偓之事卽彙敍於下，則偓之登科。後於昭矩可知。按新唐書昭宗紀，昭緯之入相在大順二年正月，自注云：舊唐昭宗紀在大順元年十二月，非試進士之時。通鑑在二年正月庚申，與新書合，當從之。摶之入相在乾寧二年三月，自注云：舊唐書昭宗紀在景福二年十一月，較新紀早二年，然十一月亦非試進士之時。通鑑從新紀，是也。均在春闈試進士之時。自注云：摭言卷八云：天復元年，時上新平内難，聞放新進士，喜甚。今按昭宗反正在是年正月朔。昭緯登庸，先於摶四年。則昭矩登科亦先於摶四年。以證摭言所述之次第，正相符合。則『損』當作『摶』無疑。摶之名兩見於摭言，而一誤爲『溥』，一誤爲『損』，皆偏旁形似之譌耳。摶之封魯公，見於新唐書本傳。定保稱摶爲丞相魯公，乃尊其從祖之詞。而於偓則不稱官階，似非所以尊其從叔。當是王偓之上本有官階，而傳寫者脱去。蓋崔昭緯不稱爵位，而王摶稱爵位者，尊摶而異其詞也。崔昭矩不稱官階，而王偓稱官階者，尊偓而異其詞也。試思定保言及從叔涣，稱其官階曰南海記室。自注云：見摭言卷三散序門。偓與涣同是從叔，於涣既稱其官階，則於偓亦必稱其官階，此稱謂之常例也。否則不獨書法未能畫一，亦非待從叔之禮矣。」提要據今本摭言，以定保爲王溥之族。錢竹汀始疑「溥」爲「摶」字之誤，而其所考證不能甚詳。得劉氏疏通證明之，益瞭然矣。至於定保之里貫，劉氏考之亦至詳確。其中篇云：「今考通鑑以定保爲南昌人，自注云：卷二百八十二。蓋定保自稱琅邪，特標其族望。而實則王氏自東晉以後，卽僑居金陵。後周以來，又徙居關内。自注云：舊唐書王方慶傳云：雍州咸陽人也。周少司空石泉公褒之曾孫也。其先自琅邪南度，居於丹陽，爲江左冠族。褒北徙入關，始家咸陽焉。故長安太平里有先世舊第。定保生於懿宗咸通十一年，當其時已寄居南昌。自注云：摭言卷三云：定保生於咸通庚寅歲，時屬南蠻騷動，諸道徵兵，自是聯翩寇亂中土。雖舊第太平里，而跡未嘗達京師。今按庚寅係咸通十一年，以通鑑及新、舊唐書考之，是歲南詔蠻寇成都，連年征戍不息。而王仙芝黄巢輩接踵起矣。南昌係洪州附郭之邑。洪州卽豫章郡，乃江南西道節度治所，撫、袁、吉、虔、饒、江等州，皆其屬郡。自注云：據新、舊唐書地理志及新唐書方鎮表。廬山亦在其境内。今觀摭言所述，有言江西者，有言洪州者，有言豫章者，有言南昌者，有言撫州者，有言袁州者，有言吉州者，有言虔州者，有言饒州者，有言江州者，有言廬山者。綜核全書紀載，故實最多者，莫若江南西道。誠以久居其地，不啻桑梓之鄉，故敍次較他道爲特詳耳。」提要不能知定保之里貫，得劉氏此跋，可以補其闕矣。

陳振孫書録解題謂定保爲吴融之婿，光化三年進士，喪亂後入湖南。五代史南漢世家稱定保爲邕管巡官，遭亂不得還。劉隱辟置幕府，至劉龑僭號之時，尚在其所。終則不得而詳矣。

案劉氏跋中篇又云：「定保自稱光化進士，而其登第在光化幾年，則書中未曾言及。直齋書録解題云：定保光化三年進士。蓋唐時登科記，宋末猶存，故陳氏得以知定保登第之年也。案陳氏係本之郡閣雅談，詳見後引。定保登第之初，爲容管巡官。自注云：據新五代史南漢世家。唐末置寧遠軍於容管，以龐巨昭爲節度使。自注云：通鑑卷二百六十七云：寧遠節度使龐巨昭，高州防禦使劉昌魯，皆唐官也，黄巢之寇嶺南也，巨昭爲容管觀察使，帥羣蠻據險以拒之。巢衆不敢入境。唐嘉其功，置寧遠軍於容州，以巨昭爲節度使。胡注云：按通鑑，唐昭宗乾寧四年置寧遠軍於容州，以李克用大將蓋寓領節度使，考之新書方鎮表，容州置節鎮亦在是年。龐巨昭建節當在是年之後。至梁開平四年，巨昭畏劉隱之逼，請自歸於楚。馬殷遣其將姚彦章代守容管。次年容管爲劉巖所取。自注云：據通鑑卷二百六十七、二百六十八。定保蓋始爲巨昭巡官，秩滿後，避亂不還，客游廣州，遂與同時士人並爲隱辟置幕府，待以賓禮。自注云：新五代史南漢劉隱世家云：中朝人士以嶺外最遠，可以辟地，多游焉。或當時仕宦遭亂不得還者，皆客嶺表。王定保、倪曙、劉濬、李衡、周傑、楊洞潛、趙光裔之徒，隱皆招禮之。定保容管巡官。曙唐太學博士。濬，崇望之子，以避亂往。衡，德裕之孫，唐右補闕，以奉使往。皆辟置幕府，待以賓客。傑唐司農少卿，因避亂往，隱亦客之。洞潛初爲邕管巡官，秩滿客南海，隱嘗師事之，後以爲節度副使。今按定保始爲容管巡官，與洞潛始爲邕管巡官正同。洞潛以秩滿客南海，則定保當亦以秩滿客南海。蓋中原大亂，秩滿後不復能歸，故寄跡於隱之幕府。其時容管尚未屬於隱也。又按李衡即李殷衡，與趙光裔同奉使者，宋人避宣祖諱，删去「殷」字耳。摭言內有容管之事，是其在容管幕府時所記也。有廣南、廣州、南海之事，有韶州之事，有循州之事，有連州之事。廣、韶、循、連皆嶺南節度巡屬，是其在嶺南幕府時所記也。有湖南、長沙、湘南之事，有荆南之事。定保由江西至長安，由長安至容管，皆可出於荆南、湖南之途，是其往來道路時所記也。嶺南幕中，自劉隱時即喜用衣冠之胄。自注云：通鑑卷二百六十七云：梁開平二年十月辛酉，以劉隱爲清海靜海節度使，以膳部郎中趙光裔右補闕李殷衡充官告使，隱皆留之。光裔，光逢之弟。殷衡，德裕之孫也。胡注云：史言羣雄割據，各收拾衣冠之胄以爲用。至劉巖襲位，所延士人尤多。自注云：通鑑卷二百六十八云：梁乾化元年五月甲辰，以清海留後劉巖爲節度使。巖延中國士人，置於幕府。及建國稱尊，咸登諸顯位。其爲宰相者，如趙光裔、楊洞潛、李殷衡、倪曙、劉濬等人，自注云：通鑑卷二百七十云：梁貞明三年八月，清海建武節度使劉巖，即皇帝位於番禺，以梁使趙光裔爲兵部尚書，節度副使楊洞潛爲兵部侍郎，節度判官李殷衡爲禮部侍郎，並同平章事。卷二百七十一云：梁龍德元年，漢以尚書左丞倪曙同平章事。卷二百八十云：晉天福元年，漢主以宗正卿兼工部侍郎劉濬爲中書侍郎、同平章事。濬，崇望之子也。大都與定保先爲同幕，而後爲同朝。新五代史言定保爲巖所憚，案：劉巖後更名龑，新五代史南漢劉龑世家云：「龑初欲僭號，憚王定保不從，遣定保使荆南。及還，懼其非己，使倪曙勞之，告以建國。定保曰：『建國當有制度，吾入南門，清海軍額猶在，四方其不取笑乎？』龑笑曰：『吾備定保久矣，而不思此，宜其譏也。』」此卽提要所謂至劉龑僭號之時尚在也。又言定保曾作南宮七奇賦，自注云：南漢劉龑世家云：乾亨八年作南宮，王定保獻南宮七奇賦以美之。而不言終於何官。通鑑言定保由寧遠節度使入爲中書侍郎、同平章事，未踰年而卒，其事在晉天福五年，卽南漢大有十三年。自注云：通鑑卷二百八十二云：晉天福五年，是歲漢門下侍郎同平章事趙損卒，以寧遠節度使南昌王定保爲中書侍郎、同平章事，不踰年亦卒。定保爲相，較同幕諸人最遲。自注云：較趙光裔、楊洞潛、李殷衡遲二十三年，較倪曙遲十九年，較劉濬遲四年。且趙光裔與定保同僚，而其子損爲相，亦先於定保。疑因南漢高祖夙憚定保直言，故使出鎮容州。自注云：寧遠軍節度，唐時治容州，南漢沿襲其制，卽定保初仕爲容管巡官之地也。至年逾七旬，始召之入相。自注云：定保生於唐咸通庚寅，卒於南漢大有庚子，年七十一歲。特書闕有間，無由得其詳耳。」提要僅據新五代史而未考通鑑，故不能知定保所終之官。劉氏之考定保仕履，可謂詳矣，然惜其未考阮閱詩話總龜也。總龜卷二十六引郡閣雅談云：「王定保，唐光化三年李渥侍郎下及第，吳子華侍郎臠爲壻。子華卽世，定保南游湖湘，無北歸意。吳假緇服自長安來，明日訪其良人，白於馬武穆王，令引見定保於定保寺，吳隔簾誚之曰：『先侍郎重先輩以名行，俾妾侍箕帚。侍郎没，慮先輩以妾改適，是以不遠千里，來明侍郎之志。』定保不勝慚赧，致書武穆王乞爲壻，吳確乎不拔。定保爲盟，畢世不婚矣。吳歸吳中外家。沈彬有詩贈定保云：『仙桂曾攀第一枝，簿游湘水阻佳期。皋橋已失齊眉顧，蕭寺行逢落髮師。廢院露寒蘭寂寞，丹山雪斷鳳參差。聞公已有平生約，謝絶女蘿依兔絲。』定保後爲馬不禮，奔五羊依劉氏，官至卿。」陳振孫稱定保光化三年進士，爲吳融子華壻，喪亂後入湖南，棄其妻弗顧，士論不齒。見書録解題卷十一，定保終身不婚，其事可哀，其心亦可諒，不必以此責之。其説全出於此。定保先至湖南依馬殷，後始入廣州事劉氏，謂定保罷容管巡官，即游廣州，而湖南特其往來之途者，皆非也。考定保登第之歲，距朱温簒唐僅六年，又序中稱溥爲丞相，則是書成於周世宗顯德元年以後。故題唐國號，不復作内詞。然定保生於咸通庚寅，至是年八十五矣，是書蓋其暮年所作也。

案散序篇稱從翁丞相溥，「溥」字乃「摶」字之誤，錢氏、劉氏考之已詳。提要不知其誤，固尚未爲大失。但唐時自有宰相王溥，新唐書卷一百八十二有列傳，錢氏所謂字德潤者是也。其入相在唐昭宗天復間，見前。後以昭宣帝天祐二年爲朱全忠所殺，投其尸於河。見昭宗紀、溥本傳及通鑑卷六百二十五。其人身未入五代，而提要乃云：「序中稱溥爲丞相，則是書成於周世宗顯德元年以後。」蓋誤以由五代入宋之王溥當之也。考宋史溥傳，溥卒於太平興國七年，年六十一。則當生於梁龍德二年，見錢大昕疑年録卷二。定保卒於晉天福五年，其時溥纔十九歲，又其後八九年，溥始及第。溥傳云：溥漢乾祐中進士甲科。而謂定保稱爲從翁丞相溥，亦可笑矣。蓋作提要者，不惟不知通鑑明載定保之卒，乃並不知唐有宰相王溥也。劉氏跋中篇云：「書成之時，劉巖猶未建國，故書中不避『巖』字。自注云：卷九卷十一並言路巖，卷十記姚巖傑，卷十一載任華上嚴大夫箋云「僕隱居巖壑」。亦不避巖兄隱之名，自注云：卷二、卷九、卷十、卷十二皆言羅隱，卷九言鄭隱，卷十言趙隱，卷八又立及第後隱居一門，其他言隱居者尤多。今據巖之割據嶺南，實承隱舊業，故追尊隱爲烈宗襄皇帝，與祖父並列，稱爲三廟。則南漢建國之後，「隱」字亦當避矣。並不避巖父謙之名。自注云：卷三、卷九皆記裴思謙，卷五載皇甫湜與李生第二書，其中疊用「謙」字。巖之建國在梁貞明三年八月，則摭言必成於是月之前，書中言及趙光逢再相之事。自注云：卷十五云：光逢膺大用，居重地十餘歲，七表乞骸守司空致仕。居二年，復徵拜上相。今考光逢再相，在梁貞明二年八月，自注云：通鑑卷二百六十七云：梁開平三年九月辛亥，以太常卿趙光逢爲中書侍郎，工部侍郎杜曉爲户部侍郎，並同平章事，此初爲相也。卷二百六十九云：貞明元年三月丁卯，以右僕射兼門下侍郎同平章事趙光逢爲太子太保致仕，此初罷相也，又云：貞明二年八月丁酉，以太子太保致仕趙光逢爲司空，兼門下侍郎、同平章事，此再爲相也。卷二百七十云：貞明四年四月，司空兼門下侍郎、同平章事趙光逢告老，己巳以司徒致仕，此再罷相也。今按新、舊五代史所紀年歲月日，均與通鑑相同。則摭言必成於是月之後。自注云：光逢以太子太保致仕，復起爲司空，摭言謂其守司空致仕者，嶺南去洛陽甚遠，傳聞之誤也。光逢再罷相，在南漢建國之後，摭言書已行世，故但言其再爲相，未言其再致仕也。由是推之，成書必在貞明二年九月以後，三年七月以前。故定保雖久仕南漢之朝，而摭言中絶無建國之事也。」據劉氏所考，則成書之時，定保年四十七八歲。雖亦出於推測，無明文可據，然大致固已近之，視提要所考爲確矣。其下篇云：「唐末進士，罕能繫念舊君。自注云：如羅兗駁昭宗謚議，杜荀鶴甘心媚梁之類。而定保則惓惓然有故國之思，嘗摭言告成之歲，唐亡已及十載，猶以唐進士署其標題。書中言國朝者卽指唐代，自注云：卷一云：國朝舊式，天下貢士十一月一日赴朝見，長壽二年云云，建中元年云云。今按長壽係武后年號，建中係德宗年號，則所謂國朝舊式者，卽唐代之故事也。且有徑言我唐者。自注云：卷一云：我唐沿隋法漢，始自武德辛巳歲四月一日敕諸州學士，每年十月，隨物入貢，斯我唐貢士之始也。於唐代諸君仍稱之曰文皇帝、自注云：卷一云：蓋文皇帝修文偃武，天贊神授。卷三云：文皇帝撥亂反正，特盛科名。高宗皇帝、自注云：卷七云：李義琛與弟義琰、從弟上德三人，同舉進士。義琰相高宗皇帝。武宗皇帝、自注云：卷十一云：賈島又嘗遇武宗皇帝於定水精舍。大中皇帝、自注云：卷十五云：白樂天去世，大中皇帝以詩弔之。昭宗皇帝，自注云：卷七云：昭宗皇帝頗爲寒進開路。且也言及懿宗，則曰聖顔；自注云：卷九云：咸通中降聖之辰，聖顔大悦。今按咸通乃懿宗年號。言及僖宗，則曰大駕。自注云：卷四云：廣明庚子歲遇大寇犯闕，時大駕幸蜀。今按廣明乃僖宗年號。凡此書法，皆臣子紀述君父之詞，則其乃心唐室，而義不附梁，實與羅昭諫不謀而合。」然則提要謂定保題唐國號，不復作内詞者，又非也。劉氏跋於書中之事蹟，及定保之生平，推闡至詳。但其文微傷繁富，今删取其要如此。

涑水記聞十六卷宋司馬光

陳振孫書録解題曰：「此書行世久矣。其間記吕文靖數事，吕氏子孫頗以爲諱，蓋常辨之爲非温公全書。而公之曾孫侍郎伋遂從而實之，上章乞毁版。識者以爲譏。」知當時公論所在，不能以私憾抑矣。

嘉錫案：朱子晦菴文集卷八十一潛虚跋云：「洛人范仲彪炳文，自信安來客崇安，予得從之游。炳文親唐鑑公諸孫，嘗娶温國司馬氏，逮聞文正公事，且多藏文正公遺墨。嘗問炳文：『或謂涑水記聞非温公書者，信乎』，炳文曰：『是何言也！温公日録月别爲卷，面記行事，皆述見聞。手筆細書，今可覆視，豈他人之所得爲哉！特其間善惡雜書，無所隱避，使所書之家，或諱之而不欲傳耳。』」又五朝名臣言行録卷九記孔道輔言行，曾引記聞一條，言吕夷簡慶郭后事。朱子自注曰：「公孫中書舍人本中，嘗言温公日録涑水記聞，多洛中人家子弟增加之僞此蓋指范冲云云。所以爲其祖辨者甚力。」然朱子語類卷一百三十又云：「涑水記聞，吕家子弟力辨以爲非温公書，蓋其中有記吕文靖公數事，如殺郭后等。某嘗見范太史之孫某説親收温公手寫稾本，安得爲非温公書。某編八朝言行録，吕伯恭兄弟亦來辨。爲子孫者只得分雪，然必欲天下之人從己，則不能也。」此可與陳振孫之言互證。又考宋史秦檜傳云：「檜屢禁私史，許人告，對帝言私史害正道。時司馬伋遂言涑水記聞非其曾祖光論著之書。其後李光家亦舉光所藏書數萬卷焚之。」則伋之上章，乃所以迎合秦檜之意。振孫所言，尚未能盡得其情僞也。又案建炎以來繫年要録卷一百四云：「初，光孫植既死，立其再從孫稹爲嗣。而稹不肖，其書籍生産，皆蕩覆之。有得光記聞者，上命趙鼎諭沖，范沖也，時爲翰林侍讀學士。令編類進入。沖言：『光平生紀録文字甚多，自兵興以來，所存無幾。當時朝廷政事，公卿士大夫議論，賓客遊從，道路傳聞之語，莫不記録。有身見者，有得於人者，得於人者注其名字，皆細書連粘，綴集成卷，卽未暇照據年月先後是非虚實，姑記之而已，非成書也。故自光至其子康，其孫植，皆不以示人，誠未可傳也。臣既奉詔旨，卽欲略加删修以進。又念此書已散落於世，今士大夫多有之，删之適足以增疑。臣雖不敢私，其能必人以爲無意哉，不若不删之爲愈也。輒據所録，疑者傳疑，可正者正之，闕者從闕，可補者補之。事雖疊書，而文有不同者，兩存之。要之，此書雖不可盡信，其有補治道亦多矣。』於是沖裒爲十册上之。其書今行於世。上因覽沖奏，謂鼎曰：『光字畫端勁，如其爲人。朕恨生太晚，不及識其風采耳。』」又卷一百五十四云：「紹興十五年七月，右承務郎新添差浙江安撫司幹辦公事司馬伋言：『建安近刊行一書，曰司馬溫公記聞，其間頗關前朝故事。緣曾祖平日論著，卽無上件文字，顯是妄借名字，售其私説。伏望降旨禁絶，庶幾不惑羣聽。』詔委建州守臣，將不合開板文字，盡行毁棄。伋特遷一官。初，范沖在使館，上出光記聞，命沖編類進入。沖言此書雖未可盡信，其有補治道亦多，乃繕寫成十册上之。至是秦檜數請禁野史，伋懼罪，遂諱其書。然其書卒行於世。」考宋史儒林范沖傳云：「司馬光家屬皆依沖所，沖撫育之，請以光之族曾孫宗召主光祀。」要録一百四記范沖入對言：「司馬光今止有族曾孫宗召一人，難以使之出繼，欲乞令宗召權主光祀」云云。事在紹興六年八月。至八年七月始書詔以司馬光族曾孫伋爲右承務郎，嗣光後。見卷一百二十一。或疑宗召與伋是一人，考伋有兄倬字漢章，見洪邁夷堅丁志卷十六浙西提舉條，及樓鑰攻媿集卷七十二跋張德深辨虚。與范沖言止有宗召一人，難以出繼之説不合，然則伋非宗召也。蓋范沖初尚不知光之族中有司馬伋其人者。其後伋奉詔入嗣，必是訪求而後得之。當其未入嗣之時，其於司馬光不啻途之人耳，按嘉泰會稽志卷六，司馬提舉棿墓在亭山，侍郎伋、監丞僖祔提舉墓，則伋當是棿之子，其曾祖不知何人也。而范沖則實經紀光之家事。要録卷二十，建炎三年，兩浙轉運副使范沖疾病，朱勝非奏罷之。上以司馬光家屬在沖所，不許。沖在兩浙，又爲通鑑刻版，見要録卷二十六。今以沖據光手稿編類之書，而爲伋者忽出而自辨，謂光無此件文字，不亦誣乎！范沖爲祖禹之子，見祖禹本傳。而朱子所見之范炳文，爲祖禹諸孫，皆嘗親見光之手稿者。炳文言温公日録月别爲卷，面記行事，皆述見聞，手筆細書，與沖所言光平生紀録文字，有身見者，有得於人者，皆細書連粘，綴集成卷者，無一不合。然則此書爲光所作，更無疑義。其書出於光之曾孫家中，而爲高宗所得。觀高宗言光字畫端勁，如其爲人，則范沖之所編類者，皆據光之親筆。高宗留心翰墨，喜收書畫，自具精鑒。要録卷一百六又載上諭大臣曰：「司馬光隸字，真似漢人，近時米芾輩所不可髣髴。朕有光隸字五卷，日夕寘之坐隅，每取展玩。」是高宗於光之筆蹟，辨之熟矣。記聞既是光手筆細書，豈他人所能僞作者哉！至其所説之事，有得之道路傳聞，未可盡信者，則范沖論之詳矣。乃後人猶有因其書中年月姓名之偶有差誤，疑非光之所作者，皆不考之過也。細審繫年要録所記，范沖編次之涑水記聞，出於光之親筆無疑。然朱子又言范太史孫收得手稿者，蓋沖編類之後，别行繕寫進入，而原本遂留范氏耳。

其書宋史藝文志作三十卷，書録解題作十卷。今所傳者凡三本，其文無大同異，而分卷則多寡不齊。一本十卷，與陳氏目録合。一本二卷，不知何人所併。一本十六卷，又補遺一卷。今參稽釐訂，著爲一十五卷。其補遺一卷，仍併入此書，共爲一十六卷。

案宋史儒林范沖傳云：「爲光編類記聞十卷。」然則作十卷者，乃沖所編之原本。要録云：「沖裒爲十册上之，其書今行於世。」是南宋時，即以沖所編本通行，故書録解題亦作十卷。四庫館之校此書，乃不據十卷之本，而别編爲十六卷，雖卷帙分合與宏旨無關，然非宋本之舊也。

後山談叢四卷宋陳師道

陸游老學菴筆記頗疑此書之僞，然師道後山集前，有其門人魏衍附記，稱談叢、詩話別自爲卷，則是書實出師道手。洪邁容齋隨筆議其載呂許公惡韓、范、富一條，丁文簡陷蘇子美以撼杜祁公一條，丁晉公賂中使沮張乖厓一條，張乖厓買田宅自汙一條，皆爽其實。今攷之，良信然。邁稱其筆力高簡，必傳於後世，不云他人所贗託。邁去師道不遠，且其攷證不草草，知陸游之言，未免失之臆斷也。

嘉錫案：晦菴集卷三十八答周益公書云：「若談叢之書，則其記事固有得於一時傳聞之誤者。然而此病，在古雖遷、固之博，近世則温公之誠，皆所不免，況於後山。雖頗及見前輩，然其生平蹤跡，多在田野，則其見聞之間，不能盡得事實，宜必有之。恐亦未必以此便謂非其所著也。」然則此書實出師道之手，而其記事則不能無失，朱子已早言之矣。朱子此書，蓋因周必大謂范仲淹無與呂夷簡解仇交驩之事，以談叢所記爲誤，（談叢卷一有某公惡韓、富、范一條，末云及某薨，范公自爲祭文歸重而自訟云，卽周所指也。）而疑其書非後山所著，故朱子辨之如此。然考必大益國文忠公集內有書藁十五卷，竟無與朱子論談叢之書。其卷一百九十二與朱文晦待制書，雖辨仁宗實録無呂、范交驩事，而無一語及談叢。豈非得朱子復書後，恍然自覺所疑之誤，遂削其藁與。其卷一百八十八與呂子約寺丞書云：「陳無己談叢尤乖疎，如説幸澶淵，謂寇公不容章聖起還内，徑自御坐登車，是何識見。故説文正過文靖一段絶鄙野。談叢謂范公往見某某曰，大臣豈可一日去君側云。今於集本，並列衆論，以俟識者。必大時方編歐陽文忠集。蓋小説極難信，其來相告，有好惡，有差誤，秉筆則當決擇耳。」又與汪季路司業書云：「陳無己談叢多失輕信，頗類齊東野人語。」此兩書雖詆談叢甚力，亦不以爲僞作也。又通考卷二百經籍考，史評史鈔類載有李大性典故辨疑序，略云：「談叢雖出於陳師道，而多所誤盭。」其言亦與朱子合。

孫公談圃三卷

宋臨江劉延世，録所聞於孫升之語也。升，字君孚，高郵人，元祐中官中書舍人。紹聖初，謫汀州。延世父時知長汀，得從升游，因録爲此書。

嘉錫案：孫升，宋史卷三百四十七有傳，提要蓋偶失檢，故不言事蹟見宋史本傳。談圃序末題建中靖國元年正月，臨江劉延世述之引。畫繼卷四云：「劉延世，公是先生之猶子也，少有盛名。元祐初，游太學，不得志，築堂業講，名曰抱甕。」宋詩紀事卷三十二延世小傳，卽本此二書爲之。圖繪寶鑑卷三云：「劉延世，字王孟，新喻人。新喻縣屬臨江軍，宋史劉敞傳云，臨江新喻人。公是先生敞之猶子。」與談圃作字述之者異，蓋稱其別字也。敞子名奉世，與延世聯名，足爲兄弟之證。敞弟攽卒於元祐四年，見續通鑑長編卷四百二十三。而延世之父方於紹聖四年知長汀縣，蓋敞別有一弟，名孜，字叔棶，見龔明之中吳紀聞卷四。延世蓋其子也。以提要不及延世始末，故爲補考之如此。

升爲元祐黨籍，多述時事。觀其記王安石見王雱冥中受報事，則不滿於安石。記蘇軾以司馬光薦將登政府，升言軾爲翰林學士，其任已極，不可以加。如用文章爲執政，則趙普、王旦、韓琦未嘗以文稱，王安石在翰林爲稱職，及居相位，天下多事。若以軾爲輔佐，願以安石爲戒。又記軾試館職策題，論漢文帝、宣帝及仁宗、神宗。升率傅堯俞、王岩叟言：以文帝有弊，則仁宗不爲無弊，以宣帝有失，則神宗不爲無失，則又不滿於軾。記争弔司馬光事，亦不滿程子。殆於黨籍之中，又自行一意者歟？

案宋史升本傳，敍事雖略，然已載升論蘇軾不可爲輔佐，謂王安石擅名世之學，爲一代文宗，及進居大位，出其私智以蓋天下之聰明，遂爲大害。是其不滿王安石及蘇軾，固已著明。續通鑑長編記升仕履及章疏，尤爲完備。升之生平，粲然可考。觀提要之言，似必讀談圃然後知升之爲人者，是未嘗參考史傳也。元祐時有洛、蜀、朔三黨，朔黨以劉摯、梁燾、王巖叟、劉安世爲領袖，羽翼之者尤衆。邵伯温聞見録卷十三紀之甚詳。蜀、洛相攻，人盡知之。朔黨與蘇、程皆無深仇，故其於蜀、洛，或離或合，或中立兩黨之間，或於兩黨並加排詆，其議論亦互有是非同異。如劉安世之爲人，極不滿王安石，亦並不滿蘇、程，是其一例。長編卷四百六十七，元祐六年十月。載御史中丞鄭雍劾劉摯疏，具摯黨人姓名三十人，自燾、巖叟、安世等外，孫升與焉。又卷五百自注引劉跂辨謗録云：「文及甫供稱，葉濤、孫諤、詹適、孫升、龔原，皆劉摯黨人。」雖其言出於仇忌之口，未可盡信。然讀升之奏議，大率與梁燾、王巖叟等合，其爲朔黨中人，似無可疑者。其不滿王安石及蘇程，蓋與劉安世同，無足深怪。提要乃謂升於黨籍之中，又自行一意，似不知元祐黨籍中，又有朔黨一派者，未足與之知人論世也。升論軾不可爲輔佐疏，長編卷三百八十八元祐元年九月癸未。載其全篇，與宋史及談圃皆合。若談圃所記升論軾試館職策題事，則殊疏舛失次。長編卷三百九十三云：「元祐元年十二月壬寅，左司諫朱光庭言，學士院試館職策題，不識大體，獨稱漢文、宣帝之全美，以謂仁祖、神考不足以師法，不忠莫大焉。伏望特奮睿斷，正考試官之罪，以戒人臣之不忠者。策題，蘇軾文也。詔特放罪。光庭又言軾罪不當放，其言攻軾愈峻。軾聞而自辯，詔追回放罪指揮。或傳朝廷謂光庭所言非是，將逐去之。御史中丞傅堯俞、侍御史王巖叟相與言，朝廷命令反復，是非顛倒，不可不辨。又恐遂逐光庭，則所損益大，因欲於未逐前早救之，乃各上疏論軾不當置祖宗於議論之間。疏入，不報。」李燾自注曰：「元年十二月二十七日，堯俞第一奏。二十八日，巖叟繼之。二年正月八日，堯俞、巖叟再奏。九日王覿奏。十一日覿又奏。十二日批出，令堯俞、巖叟、光庭，不須彈奏。十三日，三人赴都堂受旨。十四日，三人又各上奏。十七日，蘇「蘇」字浙局本誤作「罷」。軾自辯。此軾第二次自辯。十八日，堯俞、巖叟同入對。十九日待罪。二十一日孫升奏。二十二日進呈堯俞、巖叟所奏。二十三日，詔令各供職。是日，孫升又奏。二十五日，三人侍班次。二十七日，同見於紫宸殿門。此一段事方竟。」燾之所注，日月明白如此。孫升之上奏，去傅堯俞、王巖叟初奏時已二十餘日，談圃謂升率堯俞、嵒叟上言，已不免顛倒失實。更以此事本末考之，知其始實發之於朱光庭，而堯俞、巖叟因恐光庭被逐，起而救之，遂相繼論奏不已。及二人入對，宣仁太后面斥其黨附光庭，二人遂家居待罪。升始言堯俞、巖叟必不黨諫官以負陛下。既而太后有并逐四人之意。軾、堯俞、巖叟、光庭。執政争以爲不可。乃令四人照舊供職。升又上疏言，君子不能無過，改而不吝，則成有德。軾非有意於譏諷，而自辨飾非，則乖改過不吝之德。因言朝廷不當疑堯俞、巖叟黨附諫官，而以蘇軾爲無過，乞早出先降放罪指揮。其言雖似祖傅王而罪蘇軾，然終許軾爲君子。措詞優柔不迫，蓋欲稍平諫官之氣而消朋黨之論，升兩奏均見長編卷三百九十四。是亦解紛之一道也。升自言待罪言職，方是非紛起之時，獨無一言。而談圃顧謂升率堯俞、嵒叟言之，强坐升以禍首，升不任受也。且升第二奏曰：「伏見蘇軾昨撰試館職策題，而其詞以謂欲師仁祖之忠厚，而患百官有司不舉其職而或至於媮。雖患在百官有司，而下文稱孝文寬厚長者，至於朝廷之間，恥言人過，而不聞有怠惰不舉之病，則是仁祖之政有病矣。其詞以謂欲法神考之勵精，而恐監司守令不識其意而流入於刻。雖患在監司守令，而下文稱孝宣綜核名實，至於文理之士，咸精其能，而不聞有督察過甚之失，則是神考之政有失矣。且方欲師法祖宗，而盛稱孝文孝宣之政無病與失。蓋言彼之無病，則此必有病；稱彼之無失，則此必有失。則軾之命詞，豈得謂之無過矣乎？軾文詞俊敏，下筆如流，不避嫌疑，遂涉痕迹。若謂軾有意於譏諷，則軾非喪心病狂，何至於此哉？」由是觀之，升之論軾，正因其策題言漢文、宣無病與失，與仁宗、神宗之政，兩者相形，不免迹涉嫌疑。談圃乃謂升言以文帝爲有弊，則仁宗不能無弊；以宣帝爲有失，則神宗不能無失。是不獨軾未嘗有此言，且與升意正相反也。軾放罪指揮，已於元祐元年十二月十八日追回。孫升於二年正月二十三日乞降出放罪指揮，終未見聽。而談圃謂升率傅堯俞、王嵒叟言之，御批軾特放罪，此句提要未引。則又顛倒事實矣。蓋劉延世未嘗見升之奏議，僅據其口語約略記之，故所敍不能無失。提要於此殊不了了，余故詳考之如此。

孔氏談苑四卷

舊本題宋孔平仲撰。平仲有珩璜新論，已著録。是書多録當時瑣事，而頗病叢雜。趙與旹賓退錄嘗駁其記呂夷簡、張士遜事，謂以宰相押麻，不合當時體制，疑爲不知典故者所爲，必非孔氏真本。今考其所載，往往與他書相出入。其書或在平仲前，或與平仲同時，似亦摭拾成編之一證。至於王雱才辨傲很，新法之行，雱實有力，而稱之爲不慧，殊非事實。

嘉錫案：孔平仲與王雱正同時人，寧不知其事實。縱此書非孔氏真本，然亦必出自北宋人之手，何至憑空妄言。余昔嘗作王雱不慧有心疾辨，凡二千五百餘言，登之輔仁學誌第十一卷。今姑撮其要略於此。孔平仲談苑卷一云：「王雱，丞相荆公之子，不慧，有妻未嘗接。其舅姑憐而嫁之，雱自若也。侯叔獻再娶而悍，一旦叔獻卒，朝廷慮其虐前夫之子，案：「夫」字乃「妻」之誤。有旨出之。時京城有語云：『王太祝生前嫁婦，侯兵部死後休妻。』」「王雱」，寶顏堂秘笈本談苑作「王旁」。提要蓋據誤本，遂以爲王元澤矣。宋史，雱附安石傳，言其「未冠已著書數萬言，受詔撰詩、書義。爲人慓悍陰刻，導其父更張庶政。」見宋史卷三百二十七。所著文集雖不傳，但釋文瑩玉壺清話卷五曾載其病中自撰墓誌半篇，甚簡而有法。所作南華真經新傳，今尚存，亦能卓然自成一家。其文學如此，而謂不慧者能之乎？宋太常寺太祝，例以任子爲之。續通鑑長編紀事本末卷六十一云：「王珪等言：舊制，宰相使相子孫此下疑脱授字將作監丞，弟兄叔姪並授太祝奉禮郎。」是也。元澤以治平四年舉進士，授旌德尉，不赴。熙寧四年，爲太子中允崇政殿説書。均見續長編卷二百二十六。七年四月，爲右正言、天章閣待制兼侍講。長編二百五十二。八年六月，以修詩、書、周禮義解畢，推恩遷龍圖閣直學士。雱辭所遷職，從之。長編卷二百六十五。九年六月辛酉卒，年三十五，贈左諫議大夫。長編卷二百七十六。其終身仕履如此。未嘗一日官太祝，安得有王太祝之稱？續長編卷二百七十三云：「熙寧九年三月癸未，都水監言故工部郎中侯叔獻道死。」其時元澤官待制久矣，當時之人豈不知之，何至誤稱爲太祝，以與侯兵部死後休妻爲對耶？長編言叔獻爲工部郎中，亦與談苑稱侯兵部不同，未詳其故。王闢之澠水燕談録稱：「王荆公之子滂，少有心疾。」魏泰東軒筆録卷七則云：「王荆公之次子名雱，素有心疾，娶同郡龐氏女爲妻，生一子。雱以貌不類己，百計欲殺之，竟以悸死。又與其妻日相鬭鬩。荆公知其子失心，念其婦無罪，遂與擇婿而嫁之。」江少虞事實類苑卷六十四、無名氏墨客揮犀卷三，事同而詞較略。然則孔平仲謂之不慧者，以其有心疾也。但雱與滂，名既不同，荆公亦不聞别有長子。諸書所言，皆有可疑。且長編卷二百四十七，於熙寧六年九月載安石對神宗曰：「雱病足瘍下漏，徧用京師醫不效，近呼泰州醫徐新者治之，少愈。」其卷二百七十六，於九年六月辛卯又稱：「雱先病疽，至是增劇。」其後十有八日而元澤卒。由此可見元澤沈痼累年，先病瘍，後病疽，竟以是死，未嘗有心疾也。前賢於此，罕有辯論及之者。惟董潮東皋雜鈔卷二云：「史稱元澤未冠，著書千百言。宋史作數萬言，此據東都事略。作策三十餘篇，極論天下事，不類失心者，其後病疽死。魏泰之言，恐未必然。」其識卓矣。然據元澤眼兒媚詞，疑爲病瘘者，則又齊東野人之語也。宋會要禮六十一載：「政和三年三月江寧府言：王雱止有一女，三歲而雱卒。及長，適通直郎呂安中，生一女，而安中卒。時王氏年方二十有七，服除，即歸宗守義。頃居母蕭氏喪，伏望特賜旌表。從之。」據此則元澤之婦乃蕭氏，非龐氏也。且至政和初，乃死於夫家，上距元澤之卒已三十餘年，曷嘗有生前嫁婦之事乎？魏泰言元澤幼子夜啼，僧願成咒之而愈。此子後雖早殤，而卒之前三年，尚生一女，安得病瘘乎？然孔平仲與荆公父子同朝，王闢之與元澤同年進士，魏泰嘗從荆公游，又與元澤爲友，所記皆不當有誤。蓋荆公别有一失心之子，而非元澤也。長編卷四百九十四云：「元符元年正月，曾布獨奏事。上曰：『林旦旦，希之弟，宋史附希傳。在元祐中有詆毁先朝文字，獨不曾行遣者，以希故也。』布曰：『臣在史院，見蔡卞云：有文字擊鄧綰云：事王安石，至薦其有心病子雱、舍居壻蔡卞。』舍居壻，猶言贅壻。林旦擊鄧綰兩疏，見長編卷七十五，皆節録，非全篇，故無此語。亦是及先朝事。」此明明指安石有心病之子爲雱，似乎元澤果曾失心矣。鄧綰薦安石子壻事，見宋史安石、綰傳及長編卷二百七十八。熙寧九年十月。然不若東軒筆録卷六所紀之明備，其略云：「熙寧八年，王荆公再秉政，既逐呂惠卿，而門下之人復爲諂媚以自安，而荆公求告去尤切。有練亨甫者，謂中丞鄧綰曰：『柰何不言於上，以殊禮待丞相，則庶幾可留也。』所謂殊禮，以丞相之子「子」原作「禮」，據皇朝類苑卷七十引改。雱爲樞密使，諸弟皆爲兩制，婿姪皆館職京師，賜地宅田邸，則爲禮備矣。綰一一如所戒而言，上察知其阿黨，出綰所上章，荆公卽乞推勘，遂落綰中丞，以本官知虢州，亨甫奪校書，爲漳州推官。」以此考之，則林旦所謂鄧綰薦安石心病之子者，卽雱也。熙寧八年，雱尚未死，故鄧綰薦爲樞密使耳。綰薦安石子壻在八年，罷中丞則在九年。筆録並以爲八年事，亦誤也。及細核之，而知其不然，何也？長編卷四百九十一：「紹聖四年九月，奉議郎通判通遠軍李深上書曰：『王雱以心疾而爲館職，邵材病忘而出知越州，似此之類，莫非宰相私意。』」浙局本王雱爲館職句下，有李燾注曰：「三年十月三日。」篇末又注曰：「王雱二年十月三日爲正字。」兩注不同，必有一誤。紹聖二三年，去元澤死時已二十年矣，尚因宰相之力，始爲館職乎？然則荆公子有心疾者，必非元澤，固已彰明較著，不待繁言而解矣。考杜大珪名臣碑傳琬琰集下編卷十五實録王安石傳云：「用子旁郊祀恩贈太師。」宋史但言贈太傅，宋會要儀制十二云：「政和三年，贈太師荆國公王安石追封舒王。」則安石實嘗贈太師，本傳偶漏耳。傳末又云：「子雱、旁。」此荆公尚有一子之確證。臨川文集卷六十有添差男旁勾當江寧府糧料院謝表，卷七十一雜著內有題旁詩一篇，原注云：「仲子正字。」

此注蓋編集者所加，非公自注也。其稱仲子，與東軒筆録諸書言荆公次子者合。稱正字，與李燾注合。然則有心疾者必旁也。鄧綰請神宗待安石以殊禮，盡擢用其子弟姪婿，故薦雱爲樞密使，亦并薦旁。魏泰意以宰相子知樞密爲不可，故獨舉雱而不及旁。林希意以薦有心病之人爲不可，故獨舉旁。言匪一端，事因互見。否則薦及姪婿而獨遺其次子，無是理也。「雱」、「旁」兩字，形聲相近。後人但知有元澤，凡諸書言及旁者，輒妄改爲雱。故今本長編亦改作雱矣。幸琬琰集及臨川文可考耳。曾公遺録繆荃孫刻入藕香零拾，卽長編注中常引之曾布日録。卷七曰：「元符二年五月甲辰，余言王安石家，陛下自紹聖以來，恤之甚至。然子雱昨得館職，不幸早死。又蒙賜第，然安石止有一妻，寓蔡卞家，今已七十五歲，零丁孤老，至親惟一弟吴賾，安石妻欲其得一在京差遣。上曰：『與一在京差遣。』遂除編一司敕删定官。」此事長編不載。曾布所言，雱得館職，卽指紹聖初王旁爲正字事，「雱」亦「旁」之誤也。據宋史徽宗紀，賜故相王安石第，在元符元年九月。曾布敍賜第於王旁死後，是旁死在元符元年之前矣。旁既以疾廢官不顯，而又早死，姓名不見於正史，後人遂不知有此人。厲鶚宋詩紀事卷二十五引趙槩見聞雜録，黄以周等續通鑑長編拾補卷四十五引墨客揮犀、東軒筆録，均以王雱有心疾事屬之元澤，不知爲「旁」之誤。厲氏及陸心源各採宋詩至一百卷，而荆公所題旁詩皆不録，勞格讀書雜識卷十宋人世系考王安石下有雱，刻本誤作「雩」。無旁，是皆博雅宏達之君子，於此亦忽不加察。惟蔡上翔王荆公年譜卷二十一，獨能援據臨川集，知旁爲公之次子，惜其無所考證，不能詳其生平耳。夫以元澤爲不慧，有心疾，則其一生學術，以及倡導新法參與機謀之事，皆將爲人所疑。而荆公題雱祠堂詩所謂「斯文實有寄，天豈偶生材」者，見荆川集卷十四。亦純爲虚語矣。余故博考羣書，爲之辯正如此，以爲讀宋史者知人論世之一助焉。

小説家類二一總目卷一百四十一

侯鯖録八卷

宋趙令畤撰。令畤字德麟，燕王德昭玄孫。元祐中簽書潁州公事。坐與蘇軾交通，罰金入黨籍。紹興初，襲封安定郡王，同知行在大宗正事。朱翌猗覺寮雜記稱上元放燈增十七十八兩夜，爲建隆五年。詔書以時和歲豐之故，見太祖實録、三朝國史諸書。令畤乃云錢氏納土進錢買兩夜，亦屬妄傳。

嘉錫案：此條見翌雜記卷下。

翌又稱令畤雖因蘇軾入黨籍，而後附内侍譚稹以進，頗違清議。此書乃稱余爲元祐黨人，牽復過陳，舉王叡昭君怨詩示張文潛，文潛云「此真先生所謂篤行而剛者」云云，尤不免愧詞。

案此所引翌語，不見於猗覺寮雜記，聚珍本及知不足齋本皆同，不知提要所據何本也。至於令畤所記張文潛語，則實見於張右史集卷四十八書趙令畤字說文中。雖不免愧詞，尚非杜撰耳。考周南山房集卷八雜記云：「趙令畤元祐六年簽判潁上，東坡出守，愛其公姓而有文，一見待以文士，字曰德麟，其後張文潛書字說，謂德麟與韓子倉諸人，名震一時。東坡領郡時，表上其才，明年去潁，又力薦之，至器其人爲清廟之寶，東坡既謫，德麟亦坐廢十年。紹興初，始以正郎爲宗司。高宗諭宰相謂德麟嘗事譚稹，不當齒士大夫，竟易環衛。後得宣和邸報，始知德麟事爲有實。按宣和年以太醫當作尉遂寧軍節起復稹宣撫燕山，稹辟置議幕管勾凡九人，德麟時爲泗州倅，辟置蓋其一也。是役也，攸稹首禍，德麟號識理通文，反面自汙。謬迷至此，得罪於九原多矣。」周南山房集近世始出，提要所未見，却足以證明所引朱翌之語。

鐵圍山叢談六卷宋蔡絛

曾敏行獨醒雜志載絛作西清詩話，多稱引蘇、黄諸人，竟以崇尚元祐之學，爲言者論列。蓋雖盜權怙勢，而知博風雅之名者。

嘉錫案：宋會要第一百册職官六十九。云：「九月十三日，重和五年。徽猷閣待制、提舉萬壽觀蔡絛勒停，以言者論其撰西清詩話多用蘇軾、黄庭堅之説故也。」可與獨醒雜志互證。又云：「四月六日，宣和六年。提舉上清寶籙宫兼侍讀蔡絛罷侍讀，提舉亳州明道宫，以其僻學邪見，除邇英非所宜也。繼又詔絛出身敕可拘收毁抹。」所謂僻學邪見，蓋卽指其崇尚元祐之學也。

徽宗繪事，世稱絶藝，觀此書，乃知皆畫院供奉代爲染寫，非真自作，尤歷來賞鑒家所未言。案鐵圍山叢談卷一云：「祐陵在藩時，初與王晉卿詵、宗室大年令穰往來，而大年又善黄庭堅，故祐陵作庭堅書體，後自成一法。時亦就端邸内知客吳元瑜弄丹青。元瑜者，畫學崔白，書學薛稷，而青出於藍者也。後人不知，往往謂祐陵畫本崔白，書學薛稷，凡斯失其源派矣。」又卷六云：「太上皇在位時屬升平，手藝人之有稱者，棊則劉仲甫，琴則僧梵如，教坊琵琶則有劉繼安，舞有雷中慶，笛有孟水清，此數人者，視前代之伎，一皆過之。獨丹青以上皇自擅其神逸，故凡名手，多入内供奉，代御染寫，是以無聞焉耳。」全書自此二條之外，無復言及徽宗繪事者。提要所稱，蓋卽指卷六此條。然絛既謂徽宗自擅丹青神逸，則非不能渲染，全恃捉刀者，觀其卷一一條，知徽宗嘗學畫於吳元瑜，元瑜畫學崔白，徽宗畫亦似崔白。然則絛雖言畫院供奉常代徽宗染寫，實未嘗言徽宗絶不自作也。提要誤會絛意，遂謂徽宗之畫皆非自作，一若徽宗於繪事全無所解者。以此慝贈鑒家，恐賞鑒家不樂聞也。考岳珂桯史卷四云：「康與之在高皇朝，以詩章應制，與左璫狎。適睿思殿有徽祖御畫扇，繪事特爲卓絶。上時持玩流涕，以起羹牆之悲。璫偶下直，竊携至家，而康適來，輒泚筆書一絶於上曰：『玉輦宸游事已空，尚餘奎藻繪春風。年年花鳥無窮恨，都在蒼梧夕照中。』璫出見之，大恐，明日伺間叩頭請死。上大怒，亟取視之，天威頓霽，但一慟而已。余嘗見王盧溪作宣和殿雙補圖詩曰：『玉瑣宮扉三十六，誰識連昌滿宮竹。内苑寒梅欲放春，龍池水暖鴛鴦浴。宣和殿後新雨晴，兩鵲蜚來相對鳴。人間畫工貌不成，君王筆下春風生。長安老人眼曾見，萬歲山頭翠華轉。恨臣不及宣政初，痛哭天涯觀畫圖。』此皆以當時之人，詠當時之事，都言徽宗御筆渲染。使其純出自畫院供奉之手，高宗何必置之案頭，至于把玩流涕，且亦惡肯認他人筆跡爲先皇手澤乎？或者以爲小説敍事，詩人詠物，皆不可盡據。則更考之建炎以來繫年要録卷一百云：「李綱獻太上皇帝所賜畫二軸，詔還以賜綱。先是綱以二帝所賜御筆刻石，送右僕射張浚。上聞之，欲見上皇真蹟，綱因以賜物上。」使徽宗竟不能畫，皆由畫院代筆，則其畫本非真蹟，高宗何以必欲見之乎？提要之説不足信，明矣。禮親王昭槤嘯亭雜録卷八云：「五國城在今伯都訥地方，乾隆中，副都統綽克托築城，掘得宋徽宗所畫鷹軸，用紫檀匣盛，瘗千餘年，墨跡如新。」此必徽宗在中國所畫，攜以自隨者。畫院代筆，恐不若是之珍重也。元湯垕畫鑒云：「徽宗性嗜圖畫，作花鳥山石人物入妙品，作墨花墨石閒有如神品者。歷代帝王能畫者，至徽宗可謂盡意。當時承平之盛，四方貢獻珍禽異石奇花佳果無虛日。徽宗乃作册圖寫，每一枝二葉，十五版作一册，名曰宣和睿覽集，累至數百及千餘册。予度其萬幾之餘，安得工緻至于此。要是當時畫院諸人倣倣其作，特題之耳。然徽宗親作者，予自望而識之。」是則徽宗之畫，有畫院倣倣者，有親作者，與蔡絛之言合。賞鑒家當以此爲定論。又案提要此篇考證頗詳，而於其書命名之義，未嘗論及。近人文廷式純常子枝談卷三十三云：「鐵圍山，佛家多言之，然皆與叢談之義不相關涉。後閱永樂大典卷二千三百四十引元一統志云：鐵圍山在興業縣南五里，舊經云有四門。東門砌石路通人行。中有磻石，上有二牛跡，深三尺，長二尺。其中巖竇深邃，泉流不涸。南門山半有土基一，闊四五丈，俗傳古之敵樓。西北二門多石山，少林木，陰闇如夜，不通人行，猿猱麋鹿來往其間。據經所載，卽古之鐵城。蔡絛以坐父京累，貶白州，嘗游息於此，作鐵圍山叢談。然後知絛之書名蓋出於此。」是亦讀此書所當知者，故具録之。

道山清話一卷

不著撰人名氏。說郛摘其數條刻之，題曰宋王暐。案書末有暐跋語云：「先大父國史在館閣最久，多識前輩，嘗以聞見著館祕録、曝書記，并此書爲三。仍歲兵火，散失不存，近方得此書於南豐曾仲存家，因手鈔藏示子孫。」後題建炎四年庚戌孫朝奉大夫主管亳州明道宮賜紫金魚袋暐書。則撰此書者，乃暐之祖，非暐也。

嘉錫案：宋史藝文志小説家有道山新聞一卷，不知作者，當卽此書。直齋書録解題卷十一云：「道山清話一卷，不知何人跋語，末題朝奉大夫暐，亦不著姓。」是此書在宋時傳本，卽不著姓名，説郛題爲王暐，真無知妄作也。然考原本説郛卷八十二録此書一卷，凡九十一條，實止題爲道山先生，其題王暐者，陶珽增補之本耳。

周煇清波雜志稱成都富春坊火詩，乃洛中名德之後號道山公子者所作，亦不言其姓氏。

案閣本提要無此數語，見排印文溯閣本提要卷七十五。蓋後來編纂總目時所增改。所引清波雜志見其書卷八云：「成都富春坊，羣倡所聚，一夕遺火，黎明有釘一牌大書絶句詩於其上：『夜來燒了富春坊，可是天工忒肆行。只恐夜深花睡去，高燒銀燭照紅粧。』乃洛中名德之後號道山公子者所作。又有小詞一編皆豔語。煇嘗得其一啓，乃代其弟上周彥約侍郎，其略云：『惟曾祖受三天子聘賢之禮數，在先朝爲九老人授道之師承。御覽卷九百六引劉向別傳曰所校讎中易傳、淮南九師道訓十二篇。繼巢、由之高蹤，辭夔、龍之盛舉。惟君子之澤未斬，而聖人之澤必傳。』文采典重如此，豈可以一時諧謔之迹，而加訾議。」煇雖不言道山公子之姓氏，余嘗就其所記，反復考之，知爲河南邵氏康節先生雍之曾孫，贈祕閣修撰伯温之孫也。請立五證以明之。輝稱爲伊洛名德之後，而其人自言曾祖繼巢、由之高蹤，當北宋時洛陽賢士大夫雖多，然身爲處士，而名德爲舉世所欽服者，康節一人而已。證一。讀其所上周彦約啓，大抵言其曾祖深於易學，爲九老人授道之師承。用大臣薦舉，辭夔、龍之盛舉。朝廷累徵不起，受三天子聘賢之禮數。明是康節之事。有宋一代伊洛之士，以明易被徵者，康節以外無有也。證二。邵氏自伯温携家入蜀，官終利路轉運副使，見宋史儒林傳。卒於犍爲。見繫年要録卷七十八。其子溥、博先後知眉州，皆居犍爲縣。溥事見要録卷一百十八，博事見要録卷一百二十二及夷堅甲志卷二十。至其孫已三世居蜀，故作富春坊火詩以詠鄉邦之事。證三。周彦約者名綰，縉雲人。中興館閣録卷八史館修撰題名云：「周綰字彦約，括蒼人，蔡嶷榜進士及第。」按隋書地理志，處州有括蒼縣，此偶用古地名。萬姓統譜卷六十一云：「周綰字彦紉，遂昌人。」「紉」乃「約」之誤，宋史地理志，處州縉雲郡有遂昌縉雲二縣。邵博知眉州，爲轉運副使吴坰所誣陷，繫成都獄。綰時爲提點刑獄，知其冤，亟詣獄疎決，博乃得出。見夷堅甲志及要録卷一百六十三。是綰於邵氏有恩，故其子姪以通家之誼，上啓於綰。證四。宋徐光溥自號録内有道山公子，注云邵伯雍，蓋即此人。但其名直犯兩世之諱，固萬萬無此理，疑本作邵伯温孫，雍曾孫某，今本傳寫脱誤耳。然其姓邵氏，則有可徵者。證五也。道山公子之氏族既定，然後此書之是否爲其所著，可得而言。書中言其先公以元祐五年爲契丹賀正旦使，與遼主言及范純仁。北歸後，未幾捐館。八年，純仁乃再入相。是作者之父，當卽卒於元祐五六年間。考伯温有三子溥、博、傳，見本傳。不知誰爲道山公子之父。溥卒於紹興十八年，見要録卷一百五十七。上距元祐五年，已五十八年。博卒於紹興二十八年，見要録卷一百七十九。距元祐五年，已六十八年。與本書所言固已不合。且伯温卒於紹興四年，年七十八，見本傳及要録卷七十八。蓋生於嘉祐二年丁酉。然考伯温所著聞見録卷二十云：「大父伊川丈人，以治平四年正月初一日捐館，伯温方七歲。」則實當生於嘉祐五六年間。治平四年裁得一日，不知是否算作一歲。史所載卒年，疑其有誤。由斯以談，則下數至元祐五年庚午，年纔三十有奇耳。聞見録卷十八又云：「吾年二十八登科方娶。」縱使次年卽生子，則其長子甫牙牙學語，安能使遼乎？此書作者及與蘇東坡及其門下四學士游，書中記事，迄於崇寧五年。其孫暐建炎四年作跋，已稱爲先大父。則其人當卒於北宋末。而道山公子則與周綰同時。綰以紹興二十二年爲提點成都府路刑獄公事。見夷堅甲志。二十六年爲江東轉運副使，見景定建康志卷二十六。二十八年自國子祭酒權吏部侍郎，見要録卷一百八十。兼史館修撰，見中興館閣録。二十九年罷知温州，見要録卷百八十一及館閣録。三十一年以集英殿修撰，陞敷文閣待制，提舉江州太平興國宮。見要録卷百八十九。道山公子通啓於綰，不出此數年中，或更在其後，作者之墓木已拱矣。此書之必非道山公子所著，固已無疑。清波雜志卷十二亦明云：「紹興間周彦約侍郎爲江東漕。」編改提要者，曾不思建炎以前人，何由與紹興間之周侍郎通書啓，徒因「道山」二字相同，牽合爲一，誤之甚矣。以余考之，二人之所以同號「道山」者，正自有故。初學記卷十二、御覽卷二百二十三秘書監門，並引華嶠後漢書曰：「學者稱東觀爲老氏藏室道家蓬萊山。」南、北宋秘書省内並有道山堂，見麟臺故事卷四、中興館閣録卷二、咸淳臨安志卷七。故宋人言及秘閣，率用道山爲故事。見於表制箋啓者，不可勝數。自監少以至正字，皆得用之。宋人稱秘書監爲大蓬，少監爲少蓬，亦由於此。此書作者久官秘閣，所著館秘録曝書記皆爲秘閣而作。遂自號道山先生，又以名其書。至於河南邵氏，則伯温得贈秘閣修撰，見本傳。而溥亦嘗爲是官，要録卷六十三，紹興三年二月秘閣修撰邵溥復徽猷閣待制。博又以秘書省校書郎兼史職。見要録卷一百二十七及中興館閣録卷八。故其子孫以爲榮，號爲道山公子。兩者取義雖同，而其實因緣各異，豈可傅會以爲一人乎？

書中記元祐五年，其父爲賀遼國正旦使，論范純仁、吕公著事，歸奏哲宗，哲宗命寄書純仁。後純仁再相，哲宗問見李某書否。則撰此書者李姓，非王姓也。然考李燾通鑑長編，是年八月庚戌命吏部郎中蘇注、户部郎中劉昱爲正旦使，供備庫使郭宗顔、左藏庫副使畢可濟副之。後郭宗顔病，改遣西頭供奉官閤門陸孝立，無李姓者在其間。而所稱去年范純仁出守潁昌，吕公著卒於位，考二人本傳，實均在元祐四年。則五年字又不誤，不審其何故也。

或「蘇」字「劉」字傳寫譌爲「李」歟？

案自「然考李燾通鑑」以下一百二十六字，亦編總目時所增。所引長編見卷四百四十七。據勞格宋人世系考。讀書雜識卷九。蘇注乃舜元之子，舜欽之姪，未詳勞氏所據何書，俟考。其始末不甚可考。劉昱字晦叔，見王鞏甲申雜記。元符元年尚以朝散大夫知晉州。見長編卷四百九十八。而此書作者之父，則卒於元祐五六年，知與遼主論范純仁者非昱也。且所謂賀遼國正旦使，蓋將以賀來歲之正旦，故皆於前一年八月受命，以便歲末至遼。本書言其父元祐五年爲契丹賀正使，則未必即是本年八月之所遣。考長編卷四百三十一，「元祐四年八月少府監韓正彥、光禄卿范純禮爲賀正旦使，閤門祗候賈裕、曹映副之。純禮辭疾，改命太府少卿陳紘。」亦無李姓者在其間。而此書各本均作曾令李某通書説，又似非誤字。今既無可考，闕疑焉可也。

墨客揮犀十卷

宋彭乘撰。案北宋有兩彭乘：一爲華陽人，真宗時進士，官至翰林學士，宋史有傳。其作此書者，則筠州高安人，史不載其仕履，故始末無可考。書中稱嘗爲中書檢正，又稱至和中赴任邕州，而不言其爲何官。又自稱嘗至儋耳，其所議論，大抵推重蘇、黄，疑亦蜀黨中人也。陳振孫書録解題，載此書十卷，續十卷，稱不知撰人名氏。今本爲商濬刻入稗海者，卷首直題彭乘姓名，蓋以書中所自稱名爲據。而止有十卷，則已佚其續集矣。書中如陳瑩中言後苑牧猳豘、潘大臨作「滿城風雨近重陽」詩、彭淵材遊興國寺諸條，惠洪所作冷齋夜話亦載之，皆全同其文，不易一字。惠洪本高安彭氏子，與乘同族同時，不應顯相蹈襲若此。疑原本殘闕，後人又有所竄入。然於宋代遺聞軼事，以及詩話、文評，徵引詳洽，存之亦頗資參考焉。

嘉錫案：此書續集未佚，有傳鈔本，錢曾也是園書目、王聞遠孝慈堂書目、阮元揅經室外集、張金吾愛日精廬藏書志、莫友芝郘亭知見傳本書目、瞿鏞鐵琴銅劍樓藏書目録、丁氏八千卷樓書目，均著録。又天禄琳琅續目卷十六，明版子部有説略十二册，不著編輯姓氏，取宋元人雜説分十集。乙集内有墨客揮犀、續墨客揮犀，張文虎舒藝室雜著甲編卷上，復朱述之大令書云：「來教以續墨客揮犀，多掇拾他書，疑非真本。今檢全文，出夢溪筆談者廿八條，出冷齋夜話者廿條，出遯齋閒覽者十三條。又李主簿條，見閒窗括異志。王學士條，見東軒筆録，而文小異。唐龍圖條，已見前編，而此複出。謝泌條，亦與前編謝諫議條略同。來教所舉邱濬羣書方鈔引蜂螫一條，在今第八卷未嘗缺。此條亦出筆談。謂爲贋作誠是，而鄙意猶有疑焉。明商濬稗海所刻墨客揮犀十卷，四庫全書提要疑其原本殘缺，後人又有所竄入。今考之其出筆談者四十六條，出夜話者十八條，出閒覽者十二條，出因話録者三條，出晉書者二條，出北魏書、耆舊續聞者各一條。其淵材好談兵及彭淵材初見范文正畫像二條，亦類冷齋夜話。今本夜話及遯齋閒覽俱不全，蓋其所掇拾，有今所未見者。又續編應天鰻井條，本筆談文，而前編蟹泉條末云『此亦應天鰻井之類』，句意相應，語氣亦絶類沈存中，安知非筆談佚文。然則不特續編非真本，卽前編亦贋作也。惠洪系出高安彭氏，夜話及石門文字禪屢及淵材，蓋其同族。淵材名几，僅見談兵條注。宋史張商英傳：郭天信以方技隸太史商英，因客彭几與往來，蓋卽其人。而厲樊榭宋詩紀事卽以淵材署名，未免失考。彭乘爵里無徵，惟能改齋漫録十四云：彭乘撰茅亭客話。魏泰東軒筆録載一條云：『彭乘爲翰林學士，有邊帥乞朝覲，仁宗許俟秋涼卽途。乘爲批答曰：「當俟蕭蕭之候，爰堪靡靡之行。」王琪性滑稽，乘死爲挽詞，有「最是蕭蕭句，無人繼後風」。蓋謂是耳。』據此，則彭乘之死，在王琪前。考宋史，琪仕仁宗朝，卒年七十二。琪爲王珪從兄。珪死於哲宗初立之年，年六十七。使琪長一歲，而死於珪後，亦當在元祐四年。而彭乘之卒，必在四年以前。乃揮犀前編，有曾子宣一事，又及東坡在惠州事，皆在紹聖初，乘何從而知之。其爲僞撰無可疑者。是書著録於書録解題，蓋當時坊估託名以射利耳。」近人王國維觀堂外集庚辛之間讀書記云：「鈔本續墨客揮犀十卷，無著書人姓名，四庫未著録，提要并疑其已佚。南匯張嘯山文虎舒藝室雜著論此書爲贋作，實由誤信明商濬稗海題宋彭乘撰之誤。案直齋書録解題，墨客揮犀十卷，續十卷，不知姓氏。稗海本始題乘撰。乘字利建，益州華陽人，官至翰林學士，宋史及東都事略均有傳，仁宗皇祐元年以疾卒於官。原注云：「見翰院羣書學士年表。張氏謂乘爵里無考，又以王琪之卒推乘卒年，迂曲可笑。」按張氏亦爲提要北宋有兩彭乘之説所誤耳。今前後兩編所記事，均及哲、徽以後，則商氏本題爲乘撰者誤也。商氏本之誤，由於見前編叔淵材好談兵、彭淵材初見范文正畫像二條，知著書者姓彭，遂以乘當之。不知此書係采輯諸書而成，又不知淵材之姪爲釋惠洪，而非乘也。淵材名几，見前編好談兵條注。宋史樂志：徽宗時進士彭几進樂書，與前編所云淵材好談兵喜大樂合，當卽其人。吳曾能改齋漫録：洪覺範本名德洪，俗姓彭，筠州高安人，因叔彭几在郭天信家作門客，遂識天信。則此條必惠洪所記。而郡齋讀書志謂惠洪系出高安喻氏；汲古本冷齋夜話凡遇所記淵材事，其目均作『劉淵材』，則均誤也。要之此書，係兩宋間人採輯諸書所成，故宋時傳本，不題撰人姓名，知非彭乘所撰，則無自疑爲贋作矣。所采諸書，以魏泰東軒筆録、沈括夢溪筆談、惠洪冷齋夜話、陳正敏遯齋閒覽爲多。張氏謂此書出筆談者二十八條，出夜話者二十條，出閒覽者十四條。今細檢之，出筆談者實四十九條，亦有數條不能得其出處，蓋原書或已佚矣。」提要不知其全書皆由采輯而成，而徒疑其中之數條同於冷齋夜話，蓋偶然翻閲，未之細檢也。張氏能考其出處，而遂詆爲僞書，亦非。惟王氏爲得之。

唐語林八卷

宋王讜撰。陳振孫書録解題云：「長安王讜正甫，以唐小説五十家，倣世説分三十五門，又益十七門，爲五十二門。」晁公武郡齋讀書志云：「未詳撰人。效世説體分門，記唐世名言，新增嗜好等十七門，餘皆仍舊。」讜之名不見史傳，考書中裴佶一條，「佶」字空格，注云「御名」，宋惟徽宗諱佶，則讜爲崇寧、大觀間人矣。

嘉錫案：陸心源儀顧堂題跋卷九云：「讜，吕大防子婿也。元祐四年除國子監丞，右司諫吴安詩言其不協公論，大防亦自請改除，改少府監丞。見李燾通鑑四百三十卷。」嘉錫更考之，讜之事蹟可見者，尚不止此。長編卷四百十三云：「右正言劉安世言，宰相吕大防任中書侍郎日，堂除其女婿王讜京東排岸司。」此奏見盡言集卷一。又卷四百五十七注引邵伯温辨誣云：「楊畏因吕相之壻王讜見吕相，吕相愛之。」邵博聞見後録卷十五云：「吕微仲丞相作法雲秀和尚碑，意欲得東坡書石，不敢自言，委甥王讜言之。」王昶金石萃編卷一百二十八，有吕公等華岳題名云：「紫微吕公祈雪，汶上盧訥、洛陽程旨、樊川王讜從。熙寧癸丑仲冬十九日讜題。」癸丑者，熙寧六年也。王氏跋謂紫微吕公爲吕公弼，余案宋史吕大防傳，大防以熙寧四年知華州，其先嘗直舍人院知制詔，故稱爲紫微吕公。然則是大防，非公弼也。讜名雖不見史傳，而其事固有可考矣。

南窗記談一卷

不著撰人名氏。多紀北宋盛時事。淳熙中袁文作甕牖閒評，已引其書，則作於孝宗以前。而中有葉夢得問章惇濟一條，又有近傳崧卿給事餽冰云云。夢得爲紹聖四年進士，高宗時終於知福州。崧卿爲政和五年進士，高宗時終於中書舍人、給事中。則是書當在南北宋間也。中載葉景修述延祐戊午開元宮立虞集碑一條，乃元仁宗五年事，殊不可解。檢核別本，此條獨低二格書之，乃知上一條，記蔡寬夫在金陵鑿地丈餘，得竈灰及朱漆匕箸事。元人讀是書者，因記王眉叟掘地丈餘，得花臺魚池事，批於其旁，故稱與此事相同云云。此事，即指蔡寬夫事也。曹溶所藏之本，因傳寫者不究文義，一概録作正文，故致是譌異耳。其書凡二十三條，袁文所引衛大夫一條，此本不載，蓋已非完書。然所記多名臣言行，及訂正典故，頗足以資考證。惟袁州女子登仙一條，龐籍見天書一條，頗涉語怪。然籍見天書一事，曲洧舊聞已載之，蓋宋人説部之通例，固無庸深詰者矣。

嘉錫案：勞格讀書雜識卷十一南窗紀談條云：「格案：是徐度撰。施元之注東坡先生詩，十五。送顏復兼寄王鞏詩：鞏大父文正公居牛行街，見徐度南窗紀談。原注云：邵脱，翁、馮補。可證。」然今本亦無牛行街事。此書各本，皆作二十三條，惟知不足齋本分特進起於西漢一條爲二則，爲二十四條。考其文義，自漢武帝元朔三年詔以下，乃校正內長文三字之誤，與上文言特進官職者，實別爲一事，合之者非也。陸心源皕宋樓藏書志卷六十三云：「內有二十二條，與曲洧舊聞同。」余因以其說考之，其蔡寬夫鑿地一條，歐陽文忠小東必屬稾一條，唐以身言書判設科一條，王文正遺事一條，見舊聞卷九。葉石林問於徐淳濟提要作章惇濟。此據墨海金壺、珠叢別録及知不足齋本。一條，韓玉汝事口腹一條，丈人本父友之稱一條，爲帥守踵祖父嘗所居一條，節度使兼中書令一條，特進起於西漢一條，彭器資汝礪一條，見舊聞卷十。合之凡得十有一條，不足二十二條之數。此不知爲陸氏誤記，抑爲余檢查尚有遺漏，俟再考。以兩書對勘，大抵舊聞詳而此書略，又間有數字不同。其刪節竄改之跡，顯然可見。蓋徐度所著之南窗紀談，原書已亡。後人從他説部中抄取二十許條，僞題此名，託之徐度。其不題撰人姓名，疑是傳寫佚脱也。即以提要所引五條言之，其四條皆見於曲洧舊聞。傅崧卿餽冰事，在歐陽文忠小東必屬稾條內。龐籍見天書事，在王文正遺事條內。惟袁州女子登仙事，不知出何書。葉石林條，舊聞原作石林公嘗問予兄惇濟云云，是惇濟當姓朱，此書改爲葉石林問於徐惇濟，則以著書者爲徐度，並惇濟亦變爲姓徐矣。蔡寬夫條，景定建康志卷四十二引之，亦題南窗紀談，則其僞猶在元以前。考宋元間説部如墨客揮犀、東南紀聞之類，皆雜抄諸書爲之，是當時固有此種風氣。特此書依託徐度，觀其改朱惇濟之姓，可見其有意影射。不免有心作僞耳。提要僅知龐籍天書事已載曲洧舊聞，不悟其全部皆出鈔襲也。明鈔本説郛卷四十有南窗紀談一卷，署曰宋失名。凡鈔其六條，皆見於今本。龐籍見天書事亦在焉。則知陶宗儀所見，亦是此本，徐度原書不傳久矣。

揮麈前録四卷後録十一卷第三録三卷餘話二卷

宋王明清撰。明清字仲言，汝陰人，慶元中寓居嘉興。書録解題稱其官曰朝請大夫，宋詩紀事則曰泰州倅，未詳孰是也。前録爲乾道丙戌奉親會稽時所紀。末附沙隨程迥、臨汝郭九悳二跋，李垕一箇，及慶元二年實録院移取揮麈録牒文二道。

嘉錫案：書録解題及宋詩紀事皆是也。錢大昕養新録卷十四云：「王明清揮麈録，世所傳者，常熟毛氏津逮秘書本。予嘗見宋刻殘本，僅後録首兩卷及第三録三卷耳。卷首題朝請大夫主管台州崇道院王明清姓名。按今四部叢刊續編所印影宋本與此同。又有慶元元年按提要作二年者誤。實録院移泰州牒一道，並云訪聞泰州通判王明清有揮麈前後録，按津逮本亦有此牒。而不及第三録者，據明清自述，前録乾道丙戌奉親會稽日作，後録紹熙癸丑官都下作，三録慶元改元吳陵官舍作。吳陵，卽泰州也。甫經脱稾，尚未流傳都下，故公牒未之及耳。前録言紹興丙辰明清甫十歲，計其生年，當在建炎元年丁未。至慶元乙卯倅泰州，年已六十九矣。朝請大夫，蓋其所終之官，享年若干，則無從考也。」四庫本既有實録館牒，提要何以不知其曾爲泰州通判。又津逮本卷首雖不署銜，然前録李垕簡後，尚有明清自跋，亦署朝請大夫主管台州崇道觀。影宋本同。則明清兩官俱見書中，而提要不能決其孰是，豈四庫本佚去此跋耶？勞格讀書雜識卷十一云：「南澗甲乙稿二十一方公滋墓誌銘：次女適安豐軍判官王明清。玉照新志四紹熙癸丑明清任簽書寧國軍節度判官。攻媿集百六參議方君導墓誌銘：新浙西參議官王明清娶君之女弟。原注云：嘉泰二年。」今以錢氏、勞氏之説考之，本書蓋乾道丙戌明清年四十歲，作前録于會稽，淳熙乙巳年五十九，以朝請大夫主管台州崇道觀，自爲之跋。紹熙癸丑任寧國軍節度判官。其明年甲寅年六十八，作後録于武林。後録跋題甲寅上元日，故錢氏以爲作於癸丑。又明年慶元乙卯，任泰州通判，作三録。又三年戊午，年七十二，作玉照新志，見新志序。其餘話不知作于何時，而有趙不譾跋，題慶元庚申，於時明清年七十四。至嘉泰二年壬戌，任浙西參議官，則已七十有六矣。此後之仕履不可復知。宋本於四録卷首，皆題朝請大夫主管台州崇道觀者，疑爲書賈承前録之署銜，而誤以冠於各録之首也。考宋中興行在雜買務襍賣場提轄官題名，繆荃孫從永樂大典内鈔出，刻入藕香零拾。有王明清紹熙三年朝散郎十二月二十二日到任，五年五月添差通判泰州。紹興五年者，卽慶元乙卯之前一年。錢氏謂其以乙卯倅泰州，未見此題名故也。惟是朝散郎在紹興官制爲第二十一階，而朝請大夫爲第十七階，明清既先爲朝請大夫，何以復降爲朝散郎；此其故不可知。紹熙四年癸丑，明清方在雜買務提轄任內，而復爲寧國軍節度判官者，蓋判官其職，提轄其差遣也。前録自跋之前有題目一行，曰：「王知府自跋。」餘話目録後又有龍山書堂牌子云：「今得王知府宅真本全帙四録，敬三復校正鋟木。」疑明清終於知府，第不知其以某官知某府耳。宋洪邁夷堅三志己集卷六云：「王仲言有女，爲父母憐愛，而所以惱其父者非一，因戲目之曰摩耶夫人。淳熙中爲滁州來安令，一少年悖慢其兄，兄毆致傷，訴于縣。仲言正訪詰其故，忽拊案大笑云：『吾三十年尋一對，今日始得之。』呼兄前，語之曰：『汝可謂豈弟君子，且與摩耶夫人作對。』」陸游渭南文集卷二十七有跋王仲言乞米詩云：「數年來仲言以貧甚客長安中，豪子資給殊厚。今春忽舍去，主人叩首乞少留，不可。」末題淳熙己酉四月。樓鑰攻媿集卷九十五陳傅良神道碑云：「在朝則薦朱熹、葉適、吳仁傑、王明清修史。」龔頤正芥隱筆記云：「王仲言自宣城歸，得杜甫詩三帙，有當作用南唐澄心堂紙，有『建業文房』印，筆法精妙，多與今本不同。」葉紹翁四朝聞見録乙集記吳琚爲金陵留守時事，曰：「公之客曰儲用、項安世、周師稷、劉翰、王輝、王明清，凡遊從皆極一時之彦。」此皆明清平生逸事之可見者也。

玉照新志六卷　宋王明清

他如王堯臣諫取燕雲疏，李長民廣汴都賦，姚平仲擬劫寨破敵露布，皆載其全文，足資參證。

嘉錫案：葉廷琯吹網録卷五云：「玉照新志，四庫館本六卷，與錢遵王讀書敏求記所載五卷不合。胡君心耘珽見影鈔至正庚寅西河野民王貴和甫藏本，亦作五卷而無闕佚。案天一閣書以下諸家書目，凡著録舊鈔本，皆作五卷。知館本尚沿陳眉公祕笈之誤。案鮑廷博校本，所據明沈士龍刊本，亦作六卷。知明本分卷多如此，不僅祕笈爲然矣。鮑校本已由涵芬樓排印行世。至提要稱新志載王堯臣諫取燕雲疏全文，足資參證。考王文安没於仁宗朝，而伐燕、雲是徽宗朝事，前後相懸。今據影元鈔本云：『至和元年案「和」上脱「重」字。燕、雲之伐興，處厚之姪孫堯臣，以布衣詣京師扣閽上書，力陳不可。』證以東都事略安惇傳：『政和間大臣議恢復燕、雲故地，惇有姝堯臣上書，論宦寺專命，交結權臣，倡北伐之議』云云。按處厚爲安惇之字，宋人避諱，故以字稱。始知王堯臣爲安堯臣之訛，亦由祕笈本之妄改。案沈士龍本亦誤作王堯臣。惟東都事略作姝，而新志作姪孫，未知孰是。嘉慶間昭文張海鵬得明人秦酉巖藏本，刻入學津討原，案張氏跋云：「是本爲吳方山岫藏本，出自秦酉巖手録。」葉氏第稱爲秦氏藏本，語意稍涉含混。丁氏藏書志卷二十一云：「鮑廷博以秦酉巖本校前二卷，吳方山本校後二卷。」則原書亦不出於秦氏一人之手也。雖亦作五卷，而諫伐燕雲疏，仍作王堯臣。此是張氏付刻時，誤從館本耳。」案張本作王堯臣，自是仍秦氏鈔本之舊，非從館本也。葉氏據東都事略以駁提要，是矣。然安堯臣事，他書紀載之者甚多，亦不僅見於事略。如宋史卷三百五十一鄭居中傳、輿地紀勝卷一百六十五、名賢氏族言行類藁卷十六引長編、黄以周等所輯續資治通鑑長編拾補失載。清波別志卷下、萬姓統譜卷二十五，統譜卽本於紀勝，均誤以「重和」爲「宣和」，紀勝引長編兩條，故於後一條上加一又字。統譜因謂堯臣後又上書，是誤以一事爲兩事矣。均記有此事，並節録其所上之書。清波別志、言行類稾兼載徽宗手詔，雖詳略不同，要皆足以證明堯臣之姓是安而非王。而三朝北盟會編卷二，具載堯臣全書，不遺一字。字句間與玉照新志微異，可互相校勘。又備敍其事云：「政和八年五月二十七日戊申，廣安軍草澤臣安堯臣上書，乞寢燕、雲兵事。九月二十九日戊午聖旨，將安堯臣書送尚書省衆議以聞。十一月己酉朔，是日改元重和元年。十三日辛酉，以安堯臣上書頗有可採，除承務郎。」其本末周悉如此，而提要竟不一考，沿明本之誤，以爲王堯臣，則與仁宗時官吏部侍郎之王伯庸混爲一人矣。玉照新志以堯臣爲安惇姪孫，言行類稾以爲惇之孫，東都事略以爲惇妷。宋史則云：「堯臣嘗舉進士不第，蓋惇之族子也。」紀勝亦以惇爲堯臣從叔，三者不同。考北盟會編云：「尚書吏部恭奉御筆云云，惇遺表恩澤與親姪堯臣，文資右擬補承務郎。」此是當時官文書，必無舛誤。然則新志及言行類稾、宋史皆非也。新志云：「靖康初，堯臣爲宣義郎成都府華陽丞。欽宗親批云：『安堯臣可特轉奉議郎，除見缺臺諫官。』聘書甫下，而堯臣死。」而紀勝則謂堯臣後終於南平郡守。建炎以來繫年要録卷一百九十二云：「紹興三十有一年九月右承議郎安堯臣主管台州崇道觀。」上距其政和八年上書時，已四十三年，則堯臣頗爲老壽，未嘗死於建康時，新志誤也。

投轄録一卷

宋王明清撰。是書乃其晚年所作，見於書録解題者一卷，與此本相同。其以投轄爲名者，陳振孫謂所記皆奇聞異事，客所樂聽，不待投轄而留也。

嘉錫案：説郛卷三十九據涵芬樓排印明鈔本。有投轄録四條，其前有明清自序一篇，末題紹興己卯十月。璜川吳氏舊鈔本投轄録亦同。涵芬樓據江南圖書館藏本排印。明清生于建炎元年丁未，説見揮麈録條下。至紹興己卯，年甫三十有三。其平生著作，此爲最早，而提要誤以爲晚年之作者，四庫本佚去此序也。序云：「屏跡杜門，居多暇日，記憶曩歲之所剽聆，遺忘之餘，僅存數十事，筆之簡編。因念晤言一室，親友情話，夜漏既深，互談所覩，皆側耳聳聽，使婦輩斂足，稚子不敢左顧，童僕顏變於外，則坐客愈忻怡忘倦，神躍色揚，不待投轄，自然肯留。故命以爲名。」是則陳振孫之所言，卽本之自序耳。

所列凡四十四事，大都掇拾叢碎，隨筆登載，不能及揮麈録之援據賅洽，有資考證。然故家文獻所言，多信而有徵，在小説家中猶爲不失之荒誕者。惟第六條之首，原闕四行，乃傳寫者所脱佚，今已不可考矣。

案近人夏敬觀爲涵芬樓校印舊鈔本有跋云：「其書乃小説家異聞之屬，四庫以入雜事之屬，蓋因揮麈録、玉照新志連書之耳。」其説是也。觀其全書四十餘條，盡屬鬼神卜相之事，是亦宣室、暌車之類，與揮麈録體例本殊。提要以爲信而有徵，過矣。夏氏又曰：「四庫本蒲恭敏條末數句，與此本異文。其下張宗顔、鄒至完、衡州老人、李氏女及尼法悟條，法悟心悸句以上均脱，可證其原佚數葉。蒲恭敏之結末，亦在佚中，不知誰氏增益之，以完文句也。提要云所列四十四事，又云惟第六條之首原闕四行。案此本實四十九事，蓋庫本適缺五目，故以爲四十四事。」余按提要所謂第六條，以次數之，當爲蒲恭敏條，然此條之首實無所闕，蓋實指法悟條言之。其前闕四條，則法悟條當爲第七，提要誤七爲六耳。

書中於每條之下，多注所聞之人。今考其江彦文一條下注，聞之陸務觀。任盡臣、虹縣良家子二條下注，聞之僧祖秀。祖秀乃宣和舊人，卽作艮嶽記者，明清猶及見之。而又下見陸游，其稱己未歲金人歸我河南地者，爲高宗紹興九年。又稱甲戌歲者，乃寧宗嘉定七年，則明清之老壽，可以概見，宜其於軼聞舊事，多所諳悉也。

案據自序，此書成於紹興二十九年，則不宜有嘉定七年之事。考之書中，所謂甲戌歲者，乃紀汀州村氓得石中衮冕，剽掠邑鎮，此事不見於史，無以見其必在寧宗時。蓋此甲戌，乃紹興二十四年，卽成書之前五年也。僧祖秀艮嶽記，作於靖康間，記云：「靖康元年閏十一月大粱陷，祖秀周覽累日。明年春，復遊華陽宮，而民廢之矣。」見說郛卷三十雲谷雜記中。下距紹興時不久，其人固宜尚在。陸游生於宣和七年，據錢大昕陸放翁年譜。長於明清者二歲，則明清著書於紹興己卯，不害其上見祖秀下見陸游也。總因作提要者，未見自序，故生此臆說耳。

四庫提要辨證卷十八

子部九

小説家類二

清波雜志十二卷别志三卷

宋周煇撰，煇字昭禮，邦彦之子。厲鶚宋詩紀事附載馬曰琯之言曰：舊本清波雜志，有張貴謨序，書中「煇」俱作「燀」，應從之。案是編爲影宋精本，書中俱作「燀」，張貴謨序亦存，恐曰琯所見者轉是譌本。煇自題曰淮海人，而兩浙名賢録載之書中，有祖居錢塘後洋街語，則煇實自浙遷淮也。

嘉錫案：此書前志十二卷，近有涵芬樓影印常熟瞿氏所藏宋刻本。凡書中稱名處俱作煇。考宋史藝文志小説類有周煇清波别志二卷。周必大益國文忠公集及原本説郛，涉及作者處，亦作周煇或周輝，無作燀者。馬曰琯所見之舊本，其爲傳譌無疑矣。提要以煇爲邦彦之子。近人王國維作清真先生遺事駁之云：「先生子姓無考。煇書中載其父事至紹興中尚存，又事絶不與先生類，決非一人也。」余考宋詩紀事卷五十八云：「周燀當作煇。字昭禮，邦之子，樞密鱗之族姪。」則煇之父自名邦，而非邦彦。其卷四十一云：「周邦，海陵人，居錢塘，右文殿修撰知廣州穜之孫，官迪功郎江東帥幕，著政和大理入貢録。」案：書録解題卷七云：「政和大理入貢録一卷，右迪功郎周邦撰。其祖穜爲集賢修撰知桂州，落職奉祠，復職知廣州。」雜志卷七云：「建康王元樞初得政，以先人名聞，乃自臨安管庫除江東漕司幹官，見次一任，竟終於選調。」紀事小傳即本此二書，綴輯成之。然煇所云江東漕司幹官者，謂江東轉運司幹辦公事也。紀事以爲官江東帥幕者，誤。而周邦彦別見於紀事卷二十八。是周邦之非邦彦，較然甚明。作提要者襲用紀事，而不暇考核其全書，不知宋時自有周邦，以爲必是塡詞之周美成，遂毅然於「邦之子」句中增一「彦」字，致成巨謬。周氏之先，自鄆遷海陵，見臨川集卷九十六尚書屯田員外郎周君墓誌銘。煇自言祖居錢塘，蓋僑寓也。而提要以爲自浙遷淮，亦因邦彦之爲錢塘人而傅會耳。雜志卷四曰：「先人嘗從張晉彦案晉彦名祁，于湖張孝祥之父，自號總得居士。覓茶，張答以二小詩，「內家新賜密雲龍」云云，不具録。時總得偶病，此詩俾其子代書，後誤刊在于湖集中。」今考張孝祥于湖集卷十，果有此二詩，題云：「以茶芽焦坑送周德友，德友來索賜茶，僕無之也。」以此知周邦字德友，可補宋詩紀事之闕。周必大南歸録云：乾道壬辰。「四月癸卯次常州訪周德友運幹，其子煇示近作一卷。」尤爲確證。紀事卷四十一録有蘇庠字養直。與德友詩二首，其一題云：「德友近在咫尺，乃不相過，因成一詩。」其二題云：「德友求薝蔔花栽，戲作小詩代簡。」于湖集卷二十八有跋周德友所藏後湖帖。必大省齋文稾卷十六有跋周德友所藏蘇養直詩帖，二跋均作於紹興二十八年戊寅，周跋稱吾宗德友丈，與雜志卷七稱必大爲宗袞益國公，可以互證。與雜志卷二言先人素從後湖蘇養直徵君游者合。周邦平生事蹟，除見於煇書外，其朋友蹤跡可考者如此。惡得與周邦彥混爲一人乎？其名邦而字德友，蓋取義於論語「居是邦也，友其士之仁者」。省齋文稾卷一又有次韻周德友祁運幹詩，自注云：「德友昨日以蘇養直詩帖百餘紙相示。」注其名爲祁。「邦」、「祁」字形相近，乃傳寫之誤。

是書之末，有張斯中、張訢、陳晦、楊寅、張巖、龔頤正、徐似道等七跋，皆同時人。似道稱煇爲處士，然煇曾試宏詞，奏名見之書中，或當時未就官耶？

案知不足齋及涵芬樓本，張斯中均作章斯才，提要蓋以音同形近致誤。徐似道稱煇爲處士，而提要疑之。夫似道與煇同時人，從煇借録清波志而爲之跋，其稱謂豈得有誤。周必大書稾，凡與人書，多題某官某。其卷二中有一首，但題周輝，當作煇。不稱官職，略云：「毒熱可畏，水鄉少過從，不妨賦詠於茂林修竹間。東坡云：『無事此靜坐，一日是兩日。』竊計所得，皆倍於我，豈止歲月閒忙耶。」書作於淳熙十二年，下距紹熙壬子煇著雜志時，纔七年。味其語意，亦足爲處士之證。提要謂煇曾試宏詞，奏名見之書中。余徧檢全書，並無此事，惟雜志卷三有記周麟之事凡三條，其一云：「族叔茂振麟之字。以正字權外制。」其二云：「在翰苑，一日召至中書，受旨作建立皇子詔。」其三云：「初試宏博，以所業投湯岐公。」此據涵芬樓本也，若知不足齋本則二三條首，均有族叔二字。提要不加詳審，遂誤以試宏博爲煇事。信如所言，則煇豈嘗官翰林學士爲高宗草立皇子詔耶？提要疑煇雖奏名而未就官，故稱處士，此又不諳典故之言也。宋史卷一百五十六。選舉志二云：「高宗立博學宏詞科，定爲三等。上等轉一官，選人改秩，無出身人賜進士及第，並免召試，除館職。中等減三年磨勘與堂除，無出身人賜進士出身。下等減二年磨勘，無出身人賜進士出身。會要諸書作賜同進士出身，此奪同字。並許召試館職。」宋會要第一百十二册、選舉十二。及建炎以來朝野雜記甲集卷十三、文獻通考卷三十三選舉考並略同。使煇縱以布衣試宏詞入下等，南宋試宏詞無入上等者，即中等亦僅數人。於例亦應賜同進士出身。有宋一代，凡賜出身，無不授官者，尚得稱爲處士乎？雜志云：「初試宏博，以所業投湯岐公，時季元衡南壽待制亦投文字，湯嘗師之，初許其奪魁。涵芬樓本作魁奪，此從知不足齋本。一日謂季曰：『近有一周某至，先生當處其下。』及奏名，季果次焉。」考麟之中戊辰詞科，見書録解題卷十八。宋會要云：「紹興十八年案是歲戊辰。三月，禮部貢院言試博學宏詞科左迪功郎新常州武進縣尉周麟之、左從政郎婺州州學教授季原本誤作「李」。南壽，並考入下等，各減二年磨勘。」與雜志之言合。會要載紹興三年至嘉定七年試宏詞入等人姓名，並無周煇。提要之謬，無可復疑矣。

別志又自稱嘗至金國，益不可解，或隨出使者行也。

案雜志卷三云：「煇淳熙丙申從使節出疆。」又卷十二云：「煇頃從使節出疆，抵燕與渤海使先後入見。」是煇之至金爲隨信使同行，而非自持使節，本書自有明文，無不可解者。考説郛内有北轅録一卷，陶宗儀原本在卷五十四，陶珽增補本在卷六十五。宋周煇撰。其略曰：「淳熙丙申十一月二十九日詔待制敷文閣張子正假試户部尚書，充賀金國生辰使，皇叔祖右監門衛大將軍士褒假明州觀察使、知東上閤門兼客省四方館事副之。明年正月七日陛辭出國門，初九日離行在，二十八日北行，二月二十七日過蘆溝河，至燕山府。二十九日使副原作副使，非是。使副謂正使及副使也。率三節入見，三月九日入辭，四月十六日到家。」明刻歷代小史卷六十四亦有此書，其文並同。録中但記使副三節，而不自言爲何職。考南宋時差往金國正副使所携吏卒，分上中下三節。上中節爲官吏，下節爲軍兵，統謂之三節人。其職事員額及支賜條例，宋會要第九十册職官五一。國信使門紀之劇詳。上中節或許以白身人充，或不許，隨時而異。煇以處士隨使節出疆，蓋充上中節也。凡三節人回國日，例得轉官資。煇於淳熙丙申使回，至慶元戊午，已廿二年，猶稱處士，是始終不蒙官賞，其故安在，不可得而考矣。

清波爲杭州城門之名，紹興中煇寓其地，因以名書。所記皆宋人雜事。方回桐江續集力詆其尊王安石之非。考書中稱煇之曾祖與安石爲中表，蓋親串之間，不無回護，猶之王明清揮麈諸録，曲爲曾布解耳。知其私意所在，則可；以此盡廢其書，則又門户之見矣。

案煇自序題紹熙壬子，張貴謨序及陳晦跋，題紹熙癸丑，均言煇居清波門，提要作紹興中者誤也。雜志卷五云：「曾祖視王荆公爲中表，既干撰上世墓誌數種，託元章書以入石，號周氏世德碑。」考煇曾祖名穜，雜志卷六記其曾祖事，闕其名不書，注云「禾旁立里」。字仁熟，見卷五。俱見本書。王安石臨川集卷九十六周氏墓誌凡四篇。周彦先誌云：「君先夫人盛氏，後夫人王氏，尚書主客郎中諱貫之之子，皆有賢行。五子：濤、洵、淯、渥、澥。」周濤誌云：「子男五人：稃、穜、秩、穆、稌。」據卷一百王夫人墓誌，知貫之爲安石之叔祖，濤爲彦先前妻之子，然則彦先之後妻，乃安石之從姑，濤其中表兄弟，而穜則其表姪也。煇言穜視荆公爲中表，可謂數典而忘其祖矣。續通鑑長編卷四百十八云：「元祐三年十二月甲午，江寧府司理參軍、鄆州州學教授周穜罷歸，吏部用右正言劉安世、翰林學士蘇軾言也。安世言臣伏見周穜上書，乞以故相王安石配享神宗皇帝廟廷，中外喧傳，頗駭羣聽。伏望重行竄殛，以明好惡。案安世此狀亦見盡言集卷九。軾言臣先任中書舍人日，敕舉學官，臣曾舉江寧府右司理參軍周穜，蒙朝廷差充鄆州州學教授。近者竊聞穜上疏言朝廷當以故相王安石配享神宗皇帝，臣忝備侍從，謬於知人，謹自劾以待罪。」案軾劄子二篇，亦見東坡奏議卷五。此可見穜之惓惓於安石矣。穜弟秩據周濤墓誌，穜乃秩兄。施注蘇詩卷二十二云：「周穜，御史秩之弟。」非也。字重實，見王鞏甲申雜記。紹聖元年爲監察御史，即上言近詔太常議故相王安石謚，願特詔兩省衆禮官等會禮部議上朝廷，取決於聖裁。見續通鑑長編紀事本末卷百三十。其後安石卒配享神宗，謚曰文，實自穜兄弟發之。其所以報安石者可謂至矣。穜上書於元祐之初，其心雖未必有所冀幸，然實蔡卞之客，見宋史陳次升傳。與京始善而終睽，見雜志卷六。又爲章惇所悦。見續長編卷五百十八。秩則甘爲惇、卞鷹犬，凡元祐名臣，無不遭其詆毁，而於司馬光、吕公著尤甚，秩奏見續長編紀事本末卷百一。至乞斲棺鞭尸。見續長編紀事本末卷百六，及太平治蹟統類卷二十四。光謚，即秩爲太常博士時所定。及爲御史，則言光不當謚文正，乞正其謚號之美惡以懲後世。亦見上兩書。宋史常安民傳，言之較略。真小人反復之尤，然此特穜兄弟事耳，於煇無與也。穜嘗爲蘇軾所劾，罷秩，曾極論軾、轍之罪。而煇書中記東坡事至多，極慨慕嚮往之致。是煇未嘗以其先祖之恩怨爲是非，且全書無一字及秩，是幷不以爲然矣。至其於王安石，殊不見有推尊之處。雜志卷二云：「王荆公日録八十卷，毗陵張氏有全帙。頃曾借觀，凡舊德大臣不附己者，皆遭詆毁。論法度有不便於民者，皆歸於上，可以垂燿後世者，悉已有之。盡出其壻蔡卞誣罔。此述陳了齋之言也。其詳具載陳了齋瑩中四明尊堯集。陳亦自謂豈敢以私意斷其是非，更在後之君子審辯而已。故神宗實録亦多采日録增修，王、蔡造端矯誣，雖歷千百年，衆論藉藉如新。矧同時之人，宜乎議之不置，孰謂蓋棺事始定耶？」夫以陳瓘專著尊堯集以攻安石，尚不免回互其詞，以日録爲蔡卞之所託。見朱文公集卷七十書兩陳諫議遺墨。而煇直以安石日録與蔡卞重修實録，同斥爲矯誣，此豈尊安石者乎？其卷七又云：「元澤年十三，得秦州卒言洮河事，歎曰：『此可撫而有也。使夏人得之，則吾敵强而邊受患博矣。』其後王韶開熙河，蓋取諸此，靖康滄海横流之變，萌於熙寧開邊。書生輕鋭談兵，貽天下後世禍患，可勝既哉！」又别志卷中云：「王荆公誌錢公輔母夫人墓，錢乞改定，公答書云：諸孫亦不足列，孰有五子而無七孫者乎？荆公之文，信自有意義，後學焉能窺測。然公所撰墓誌，姑舉其一，於虞部郎中贈衛尉少卿李公濟，卻書孫廿有一人，曾孫十有五人，是豈皆業文有可道者。蓋公立言好己勝，或爲人所闢，則執之益堅。吕申公曰：『介甫無他，但執拗耳。』此語不獨爲新法設也。」煇於王氏父子不滿如此，而方回翻謂之尊安石，是未嘗讀其書而妄語也。提要從而附和之，豈非貴耳而賤目乎？

雞肋編三卷

宋莊季裕撰。季裕名綽，以字行，清源人。其始末未詳，惟呂居仁軒渠録記其狀貌清癯，人目爲細腰宮院子。又薛季宣浪語集有季裕筮法新儀序，亦皆不著其生平。據書中年月，始於紹聖，終於紹興，蓋在南北宋之間。又尹孝子一條，自稱嘗攝襄陽尉。又原州棠樹一條，稱作倅臨涇。李倢食糟蟹一條，稱官於順昌。瑞香亭一條，稱官於澧州。其爲何官，則莫可考矣。此書前有自序，題紹興三年二月五日，而所記有紹興九年事，疑書成之後，又續有所增。世無刊本，陶宗儀説郛僅録其二三十條。此本較説郛所載約多五倍，後有至元乙卯仲春月覯陳孝先跋曰：「此書莊綽季裕手集也。綽博物洽聞，有杜集援證、灸膏肓法、筮法新儀行於世。聞其他著述尚多，惜未之見。此書經秋壑點定，取以爲悦生隨鈔，而譌謬最多，因爲是正如右。然掃之如塵，尚多有疑誤」云云。蓋猶季裕之完本也。

嘉錫案：四庫本三卷，題宋莊季裕撰，故提要有以字行之説。然皕宋樓藏書志卷六十三有吴尺鳧焯所藏舊抄本不分卷，實作宋莊焯撰。考焯自撰詩文結銜及宋人記事之書，稱其姓名皆曰莊綽，無稱季裕者，則焯未嘗以字行也。本書卷上云：「元祐中，余見士大夫間有用蠟裹咫尺之木，以書傳言，謂之柬版。」是其記事始於元祐，不始於紹聖。卷下廖剛爲中丞條，言剛爲秦檜所逐。考繫年要録卷百三十六，剛被逐在紹興十年六月，則亦不止于紹興九年，提要皆誤也。又卷上潁昌府城條，有余後官五原語，不知其爲何官。卷下沈存中筆談條云：「余守南雄州，紹興丙辰八月二十四日視事。」則確知其嘗官知州矣。提要皆漏略未引。勞格讀書雜識卷十一有莊季裕一條云：「天台續集别編一，載莊綽建炎丞相成國呂忠穆公退老堂詩，結銜稱右朝請郎充江南西路安撫制置使司參謀官。三餘集四，案：三餘集四卷，宋黄彦平撰。高安郡門記：潁川莊綽季裕，慈祥清謹人也。守筠之初年，紹興十二年也。又云：『其仁心之所撫字，儒術之所緣飾，淵源所漸，逮其自出。』灸膏肓腧穴法序，建炎二年二月十二日朝奉郎前□□都總管同幹公事賜緋魚袋莊綽。原注：鍼灸四書。西江志：莊綽朝奉大夫知筠州。北山小集十送莊大夫綽赴鄂州守云：『白首同經本命年，本字雜識原闕，據涵芬樓印影宋寫本補。君臨方面我歸田。』又詩注：『季裕著本草蒙求三卷，頗工。』」觀勞氏之所引證，則綽之始末，非無可考也。宋詩紀事卷四十四有莊綽，但云：「官鄂州守，有雞肋編。」所考不如勞氏之詳。繫年要録卷四十三，紹興元年夏四月記復龍州等州縣舊名事云：「以朝奉郎新通判建昌軍莊綽言，自大觀以後，避龍、天、萬、載等字，更易州縣名，不當也。」按亦見徐松輯本宋會要第一百八十九册方域六，視此爲詳。又卷一百四十六云：「紹興十二年七月，上謂宰執曰：『郡守條上五事，其間頗有可採。又有欲衝見行法者，宜詳之，可行卽行。』秦檜曰：『如莊綽所上，有可行者。』」胡宏五峯集卷二與劉信叔劉琦字信叔。書云：「荆、湘之間，有主户不知愛養客户，客户力微，無所赴訴者。案主户，蓋田地之主。客户者，佃户也。往者鄂守莊公綽言於朝，請買賣土田不得書客户於契書，聽其自便。朝廷頒行其説。」此可見綽之能愛民矣。輿地紀勝卷二十七瑞州本名筠州，寶慶初以州名犯御諱改。見本條。沿革云：「郡守莊綽乞以附郭縣名其郡，得旨賜名高安郡。」原注云：「國朝會要，在紹興十三年。」按今本宋會要方域六載此事，無莊綽姓名。直齋書録解題卷十三云：「本草節要三卷，明堂鍼灸經二卷，膏肓灸法二卷，清源莊綽季裕集。」凡此數事，又勞氏之所遺者也。陸心源儀顧堂題跋卷八雞肋編跋，考綽之仕履，不出以上所引諸書，而無知南雄州及紹興時爲郡守、乞高安郡額三事。且云：「綽，太原府清源縣人。」余嘗據萬姓統譜考之，綽乃泉州惠安縣人。見後。其自題清源者，泉州亦名清源郡也。見宋史地理志五。陸氏以爲太原府屬之清源，誤矣。

季裕之父在元祐中，與黄庭堅、蘇軾、米芾諸人遊。季裕猶及識芾及晁補之，故學問頗有淵源，亦多識軼聞舊事。

案本書卷上云：「米芾元章，有好潔之癖，然亦半出不情。其知漣水軍日，先公爲漕使，每傳觀公牘，未嘗滌手。余兄弟訪之，方授刺，則已須盥矣。以是知其爲僞也。」又云：「先公元祐中爲尚書郎，時黄魯直在館中，每月嘗以史院所得筆墨來易米，報謝積久，尺牘盈軸，目之爲乞米帖。後領漕淮南，諸公皆南遷，率假舟兵以送其行。故東坡到惠州有書來謝云：『蒙假二卒，大濟旅途風水之虞。感戴高誼，無以云喻。方走海上益遠，言之悵焉永慨。』余池飾寶之。崇寧初，晁無咎嘗跋其後。」提要之説，蓋出於此，然不能知綽父之名字。余按蘇軾之謫惠州，在紹聖元年六月，見宋史卷十八哲宗紀。以其年十月二日到惠州。見東坡後集卷十三惠州謝表。綽稱其父方領漕淮南，假舟兵以送其行，東坡有書來謝。考續通鑑長編紀事本末卷百一十云：「紹聖二年七月淮南轉運副使莊公岳言，自元祐罷提舉官錢，按謂提舉常平司所放散之青苗錢。盡爲他司侵借。欲乞追還，令當職官依限給散。」年月官職姓氏，與雞肋編所記並合，然則綽父必公岳也。蘇轍欒城集卷二十七有莊公岳成都提刑制。萬姓統譜卷五十云：「莊公岳，惠安人，嘉祐四年進士，歷秘書此下有脱字，陸心源宋詩紀事補遺卷十五引福建志作秘書丞。吏部右侍郎。元祐初，上書極諫時事，璽書褒答，有『顧惟忠蓋，深所欣嘉』之語。」宋惠安縣屬福建路泉州清源郡，由是知莊綽自署清源者，用郡名也。公岳元祐初所上諫書，遍檢長編，竟未之見，不知其説云何。若其紹聖二年爲運副時所言，乃請復散青苗錢，則其人蓋迎合章、蔡乘時干進之徒，宜不與蘇、黄同臭味。故二家集中曾無一語及其姓名，在當日雖有簡札往還，不過人事酬應之常，其文並不見於本集。即米芾之於公岳，亦因身爲僚屬，職事所關，不能不相見耳。提要遽據之以爲季裕之父嘗與蘇、黄及米芾諸人游者，非也。

書中如不知龍城録爲同時王銍所作，反據以駁金華圖經之類，間失考證。然可取者多。其記遼、宋誓書一條，大旨以和議爲主，亦各抒所見。季裕方浮沈郡縣，與當時朝士附和秦檜，固自有殊。統觀其書，可與後來周密齊東野語相埒，非輟耕録諸書所及也。

案本書卷中柳子厚龍城録一條，考證之誤，余已駁正，詳見小説家存目龍城録條下。至於兩朝誓書一條，亦見卷中，在龍城録條前。乃作者目覩汴都之破，麥秀黍離，痛定思痛，追原禍始，由於與遼、金先後失信，以致四海之人肝膽塗地。故有慨乎其言之，本不爲南渡後和議而發。周壽昌思益堂日札卷五曰：「提要謂其記遼、宋誓書，大旨以和議爲主。案季裕録此書，不過記其格式，並責其初渝盟失信，以啓敵釁。其中卷第一條，記靖康初皇弟肅王使敵，爲其拘留未歸，种師道欲擊之。而議和既定，縱其去，遂不講防禦之備。又引李易安『南渡衣冠欠王導，北來消息少劉琨』，並『南游尚覺吴江冷，北狩應知易水寒』之句，皆含隱恨。似非專主和議者。」今案不但此也，本書卷下有一條云：「廖剛爲中丞，建議令兩制舉士拔擢超用。時李光自江西帥作參政，有機宜吕廣問，欲加引用。廖與給事中劉一止、中書舍人周葵，遂通薦之。李又求於秦相，欲置之文館，雖已許之，久而未上。乃以吕賀其執政啓以示秦，其中有云：『屈己以講和而和未决，傾國以養兵而兵愈驕。』丞相固已不樂。至『四方屬意，固異於前後碌碌無聞之人；百辟承風，尤在於朝夕赫赫有爲之際』，秦意愈怒，訖不與之，至争辨於上前。李由是罷，廖與劉、周亦被逐，及其門人又成一黨。」案此事在紹興九年十二月，繫年要録卷一百三十，言李光與秦檜議事不合，於上前紛争，且言檜之短，殿中侍御史何鑄因劾光罷之。而劉一止、周葵則因舉呂廣問，爲鑄所劾，落職。宋史光本傳，不載呂廣問事，僅云檜以親黨鄭億年爲資政殿學士，光於榻前面折之，因曰：「檜盜弄國權，懷姦誤國。」檜大怒，光丐去。以今考之，光所以忤檜者非一，而其罷去則因檜用鄭億年爲光所折。檜亦以光嘗欲援引呂廣問，與之互詆，何鑄遂承風劾之耳。焯言檜逐廖剛等，及李光之門人又成一黨，蓋謂檜慣指人爲黨，以陷害善類，今於李光又用其故智也。其惡檜深矣。且直録廣問「屈己以講和而和未決」語，尤可爲不附和議之證。使檜當日得見此書，必將切齒於焯，而私史之獄，不待陸升之誣李光而後發矣。提要尚謂焯以和議爲主，不亦冤乎！

北窗炙輠録一卷　宋施德操

是書炙輠之名，蓋取義淳于髡事。然所記多當時前輩盛德，可爲士大夫觀法者，實不以滑稽嘲弄爲主，未審何以命此名也。

嘉錫案：提要原本云：「是編所記，多當時前輩盛德之事，有益於立身行己，可爲士大夫觀法者，蓋儒者之言也。」今本蓋編總目時所改。考史記孟荀列傳云：「騶衍之術，迂大而閎辯。奭也文具難施。淳于髡久與處，時有得善言。故齊人頌曰『談天衍，雕龍奭，炙轂過髡』。」集解云：「駰案劉向別録曰：「騶衍之所言，五德終始，天地廣大，書言天事，故曰談天。騶奭脩衍之文飾，若雕鏤龍文，故名雕龍。別録曰，過字作輠。輠者，車之盛膏器也。炙之雖盡，猶有餘流者，言淳于髡智不盡，如炙輠也。」觀太史公之意，蓋以迂大閎辯釋談天，以文具難施釋雕龍，以久與處時有得善言釋炙轂過，昭然甚明。至其所以取義於談天、雕龍、炙輠，則別録言之詳矣，皆未嘗以炙輠爲滑稽嘲弄也。史公凡兩敍淳于髡，一附孟荀傳，一在滑稽傳，此與子贛既見仲尼弟子傳，又見貨殖傳之例同，皆各明一義，與專傳殊科。孟荀傳雖以孟子、荀卿爲主，實兼載陰陽、儒、墨、名、法、道德諸家之言行學術，孟荀傳所載諸子，考其流別，多在司馬談所論六家之内，惟尸子屬於雜家，疑馬遷之意，本不以尸佼爲雜家也。無異於戰國諸子之彙傳。「炙轂過髡」之言，不見於滑稽傳，其爲形容髡之學行，與談天、雕龍同意，而非指其滑稽嘲弄，又已明矣。德操取以名其書，蓋言高臥北窗之下，與賓客談論，時復得其善言，遂援筆記録之云爾。提要之言，殊爲失考。大抵四庫館臣修改提要時，凡所引用，往往憑恃記憶，而未暇覆檢原書。故或不免汩於俗説，違其本旨，是亦著書者所當深戒也。

德操病廢終身，行事無所表見，志乘至不載其姓名。其書明以來傳本亦稀，朱彝尊始得是本於海鹽，乃稍稍傳鈔流播。殘編蠹蝕，幾佚幸存，亦可云希覯之祕笈矣。

案朱彝尊曝書亭集卷五十二有是書跋曰：「北窗炙輠二卷。原本提要亦作二卷。宋施彥執編，予得之海鹽陳琠少典所藏。崑山徐氏、晉江黃氏，從予借鈔，其書始稍稍流傳於世。按彥執，諱德操，海昌人，張子韶之友也。生不婚宦，病廢而歿。子韶以文祭之。彥執嘗著孟子發題一篇，子韶之門人郎曄編橫浦集，附之卷末。今海昌志人物，莫有舉其姓氏者矣。」原本提要云：「其書自明以來，傳本甚稀，朱彝尊嘗於海鹽藏書家借鈔，始稍稍流播。而海昌志人物，莫有舉其姓名者，則其湮沒固已久矣。」其辭全出於彝尊之跋，本無大失。今本所改，語意雖較圓，而改「海昌志人物」五字爲志乘，則失之彌遠。海昌爲三國時吳郡屬縣，卽宋之鹽官縣，清之海寧州也。詳見四書類存目，孟子發題條下。鹽官於南宋屬臨安府，故咸淳臨安志卷六十七有德操傳，注云：以刑部侍郎程大昌所撰鹽官縣學三先生德操及張九成、楊子平。祠堂記修。傳中雖不敍其生平，而於其治學主孟子以排釋氏之意，言之頗詳。咸淳志九十三卷，卽出於彝尊家，曝書亭集卷四十四有跋可考，寧不知德操有傳。其所謂今海昌志人物莫有舉其姓氏者，謂順康間之海寧州志人物門內，無施德操爾。今乃泛言志乘不載其姓名，甚非彝尊之意也。此書讀畫齋刻本，有鮑廷博跋云：「右北窗炙粿録二卷，爲姑蘇吴岫藏本。後有祝允明跋，似出依託，姑置不録。彦執，鹽官人，字持正，咸淳臨安志有傳。而祝跋云：『諱國賢，錢塘人。』或別有據歟？」考本書卷下云：「家兄諱國光，字彦發。」則祝允明謂彦執諱國賢者，似有所據。疑德操者，其後改之名也，惟以爲錢塘人者誤。臨安志云：「施德操，字彦執，鹽官人。」不言字持正。經義考卷二百三十四引兩浙名賢録云：「施德操，學者稱持正先生。」宋元學案卷四十同，則持正是號而非字，鮑氏亦誤。

桯史十五卷

宋岳珂撰。珂有九經三傳沿革例，已著録。是編載南北宋雜事，凡一百四十餘條，多足以旁資考證。惟其以桯史爲名，不甚可解。考説郛載柳珵常侍言旨第一條，記明皇遷西内事，末云「此事本在朱崖所續桯史第十六條内」，則李德裕先有此名，原注云：案此書唐志不著録，疑即德裕次柳氏舊聞之别名也。珂蓋襲而用之。然考工記曰：「輪人爲蓋，達常爲圍三寸，桯圍倍之。」注曰：「桯，東杠也。」説文解字曰：「桯，牀前几也。」皆與著書之義不合，至廣韻訓爲碓桯，集韻訓與楹同，義更相遠。疑以傳疑，闕所不知可矣。

嘉錫案：沈家本日南隨筆卷一云：「當是用晏子鑿楹納書事。考工記注：桯讀爲楹。以桯爲楹，乃叚借字。」

隨隱漫録五卷

舊本題宋臨川陳隨隱撰。蓋後人以書中自稱隨隱，而稱陳郁爲先君，知爲臨川陳姓，故題此名，實則隨隱非名也。據所載錢舜選詩，其人嘗於理宗景定四年以布衣官東宮掌書。又載辛巳八月己丑爲元世祖至元十八年，則其人蓋已入元。案劉壎水雲村泯稿，載宋度宗御批一道云：「令旨付藏一，所有陳世崇詩文稿都好，可再揀幾篇來，在來日定要，千萬千萬。四月五日辰初付陳藏一。」壎跋其後，以爲度宗在春宮時，盛年潛躍，汲汲斯文，惜不遇園、綺羽翼，乃下訪藏一父子之卑陋。藏一爲郁字，則其子當即世崇。證以書中所記，與此批一一脗合，知隨隱即世崇號也。

嘉錫按：近人夏敬觀校刊此書，據朱存理鐵網珊瑚所載世崇題曾氏諸帖詩，署大德丁未立冬日前宮講陳隨隱題。疑隨隱當是入元後所改名。提要謂舊本題隨隱爲誤以號爲名者，未必確當。余嘗以夏氏之言爲是，而苦無顯證。會見妻家臨川陳氏族譜，知陳藏一父子乃其同族遠祖也。譜前載有元至大二年盱江周端禮所撰故宮講陳公隨隱先生行狀云：「父藏一，故宋隨龍忠翊郎、緝熙殿應制、東宮講堂説書兼兩宮撰述備咨問。公諱世崇，字伯仁，家住撫州崇仁縣。景定癸亥明禋慶成，儲皇亞獻，藏一公袖公十詩賀太子，除東宮講堂掌書，兼椒殿掌箋，借紫賜帶，年已十八矣。進詩文稿，儲皇題云『陳世崇詩文都好』。甲子十月紹陵踐祚，父子俱預拔附依淳熙十年等第，推恩補承信郎，仍賜隨龍繫御。咸淳初后受玉册，御筆除皇城司檢法。丙寅賦樂府長短句，往往含譏諷之意，由是權奸嫉之，按據譜中所載陳藏一事狀，此句蓋指賈似道。庶齋老學叢談卷中載藏一作雪詞譏賈秋壑，亦其證也。令中書繳其稠疊。公遂奉親歸故里。於是藏一公住臨川，不復作出山想。癸酉，公再赴部申述前恩，轉承信郎，補閤門寄班。至明年秋，遂别都門。又明年藏一公捐世，而蓬萊清淺矣。念四海一家，自放山水間。家塾刻藏一公詩文，及所著漫録，乃效藏一公取舊號爲名，與之游者皆曰隨隱先生。至大元年十二月卒，年六十四。有漫録十二卷行於世。止庵林實，臨川儒也，嘗序之。」其所敍事蹟，與漫録及提要所考者并合，知確出元人手筆，非其子孫所附會。其言取舊號爲名，可爲夏氏入元後改名之説添一證佐。知提要之改陳隨隱撰爲陳世崇撰者，非也。惟行狀云漫録十二卷，林實序，而今所傳明商濬稗海本僅五卷，又無林實之序。考天中記引此書甚多，如卷十九引錢塘范十郎二女一條，卷二十引韓香一條、潘庭堅毛惜惜詩一條，俱不見於今本，蓋已被明人妄加删削，非完書矣。宋詩紀事卷七十六云：「陳世崇，字伯仁，崇仁人。原注云一作臨川。郁子，隨父入宮禁，仍充東宮講堂説書，兼兩宮撰述。後仕皇城司檢法。賈似道忌之，遂歸於鄉。入元著隨隱漫録，多述宋季事。」所敍皆與行狀合。不知提要何以不加引用。千頃堂書目卷十二及倪燦宋史藝文志補小説家類，均有陳失名隨隱漫録五卷。錢大昕元史藝文志則著録於雜家，署名陳世崇。而沈嘉轍等南宋雜事詩、程穆衡吴梅村詩牋卷首引用書目，於隨隱漫録條下，均題作陳晦，未詳其故，疑别有所據也。

東南紀聞三卷

不著撰人名氏。諸家書目亦不載。考書中有「丙子之事，非復庚申之役」語。丙子爲至元十三年前一年，巴顔渡江，臨安失守矣。當爲元人所作，故稱宋爲東南。而其中鄭紳一條，稱外戚生封王爵者，宋蓋自紳始。論乘篙一條，稱宋朝渡江以前，無今之篙。論三五九月一條，稱宋朝於此三月，不支羊肉錢。亦皆屬元人之語。然於宋之諸帝稱陵名，稱廟號，往往多内詞，殆江左遺民所追記歟！所載惟論蚳醢、論揖兩條，偶涉古事，餘皆南北宋之軼聞。間與他書相出入，疑亦雜採説部爲之。

嘉錫案：善本書室藏書志卷二十一載此書舊鈔本，卽四庫館吏所鈔之副本也。後有邵晉涵題記云：「此從永樂大典中録出，蓋宋遺民所纂述也。中間有與桯史相同者，其爲鈔撮而成歟，抑各記其所聞歟？」傅以禮華延年室題跋卷上有是書跋，亦云：「東南紀聞三卷，四庫全書稱『間與他書相出入，疑亦雜採説部爲之』。今考卷一秦檜爲相、秦檜久擅威福、葉丞相罷相歸金華各條，卷二神宗在濮邸、淳熙己酉孝宗倦勤、吴曦未叛時、虞雍公允文、中都談天者、原作談相者，據本書及程史卷五改。九江周教授、清漳楊汝南、淳熙間張氏各條，卷三艮嶽初建、此條卽提要下文所謂瑞禽迎駕。杭州豢魚者、番禺海獠、義騟、宣和之際各條，均見岳珂程史。或全録，或摘鈔，僅字句少有異同。全書雖分三卷，實祇二十七頁。此指守山閣本言之。計共八十四則，而其中襲寫他書舊文者，至一十六條之多，則己所撰述者更寥寥無幾矣。館臣從永樂大典輯出，固掇拾殘賸而成。惜諸家書目，從未著録，其原本卷帙，遂不可考。」傳氏跋中所指出者，頗爲細密。然以余考之，不祇如此而已。此書卷一任子淵好諱條及王嘉叟條，均出老學菴筆記卷一。蔡京爲相日條及何執中居相位條之前半，均出獨醒雜志卷九。自賈似道當國以下，蓋別出一書。其卷二東都大相國寺條記鄭紳叔姪問命事。及華山陳真人條，人原誤公。均出貴耳集卷中。靖康建炎間條，出庶齋老學叢談卷中。其卷三息壤條之前半至親驗之而信止。及龍門峽條、范石湖帥蜀條、嘉州淩雲寺條、蜀之青城條，均出吴船録。維揚有石塔院條、柳耆卿條，均出獨醒雜志。一在卷十，一在卷四。東晉猶乘牛車條，前三十六字不知出何書，自宋朝渡江以前起，至本條末止，乃取貴耳集卷中之兩條合而爲一者。宣和末條及翟公巽條、唐高祖實録條、卽提要所謂三五九月條，中間多竇苹注以下凡四十三字。古所謂揖條，均出老學菴筆記卷八。而其間九江岳肅之一條，則亦岳珂程史卷二之文，傳氏跋中所漏而未數者也。此皆就余所髣髴記憶者，覆檢原書而得之，合之傳氏所舉，已得三十六條。將及全書之半。全書實八十五條。其餘目所習見，而忘其出處者，尚頗有之。然則此書，恐是純由各家説部内綴緝而成，殆無一條爲其所自撰。其中宋朝字，皆原書所無，固當爲元人之所改。至於諸帝之稱廟號，不過沿襲舊文，未必是編者不忘本朝，故作内詞也。其間偶涉古事者，尚有論半臂一條，引用魏明帝、漢光武事及漢書音義方言注，甚詳。

至於韓淲之清節，何自之伉直，張惟孝之任俠，單煒之書法，趙執中之木箭，史嵩之之忮忍，以及徽宗時瑞禽迎駕，出市儈之智術，紹興中韋后欲觀石塔，得寺僧之譎諫，則皆史傳所佚，足補紀載之闕。惟楊談耗用茶局官錢一事，足見宋政之不綱，乃載之以爲豪舉，殊不可訓。又汪勃調官一事，稱張浚、韓世忠迎合秦檜，浚之心術不可知，世忠當萬萬不至此，恐未免傳聞失真。而南嶽夫人一事，尤爲猥褻，亦未免墮小説窠臼，自穢其書。然大旨紀述近實，持論近正，在説部之中，猶爲善本，原書久佚，卷帙無考，今以永樂大典分載於各韻下者，裒合排纂，勒爲三卷。

案自韓淲以至史嵩之諸事，似不見於他書，得此轉載，固足以廣佚聞。至於艮嶽之瑞禽迎駕，出於岳珂桯史；石塔院僧之譎諫，出於曾敏行獨醒雜志。其書既已盛行，其事自當爲人所知，無取乎道聽而塗説也明矣。提要顧謂足補紀載之闕，豈非少所見多所怪乎。

若乃所紀汪勃之事，其文曰：「汪勃，歙人也，仕州縣，年踰六十，猶未調，官滿趨朝，試干秦檜，求一近闕。秦問其已改官乎，曰：『未也。』『有舉者幾人？』曰：『三人耳。』案宋制，縣令以下官，須有舉者五人，始得改京職。於是遣人導之往謁張、韓。時二公皆以前執政奉朝請，聞有秦命，倒屣出迎，執禮甚至。勃得改秩，秦後擢寘臺省。」案宋史無傳，僅附見姓名於其孫汪綱傳中。卷四百八。以建炎以來繫年要録考之，紹興十三年三月丙辰，左宣教郎汪勃爲太常寺主簿。卷一百四十八。羅願新安志卷七汪樞密傳略同。蓋其自州縣改京秩，實始於此。而韓世忠先於十一年十月癸巳，自樞密使罷爲醴泉觀使奉朝請，卷一百四十二。與是書所謂前執政者合。若張浚雖亦以十一年十一月辛酉自知福州罷爲萬壽觀使，然既免其奉朝請，卷同上。且是前宰相，非前執政也。浚以紹興五年入相，七年九月罷領外祠。況浚自罷福州後，卽奉母寓長沙，見朱子晦菴集卷九十五下張魏公行狀，亦見要録卷一百四十七。其後屢經轉徙，直至紹興之末，未嘗入國門。檜何從遣人導勃往謁，浚亦何從倒屣迎之乎？浚之爲人，雖多可議，然其晚年與檜已成貿首之仇，必不迎合檜以取笑於世，此則斷然可信者也。以余觀之，此所謂前執政張公，蓋張俊也。俊於十二年十一月癸巳，自樞密使罷爲醴泉觀使奉朝請，進封清河郡王。要録卷同上。俊故附秦檜同主和議者，是時又新進封，宜其奉令惟謹。世忠雖不附和議，然檜之忌之，不如岳飛之甚，故猶得善罷。既罷之後，卽杜門謝客，絶口不言兵。檜蓋以爲不足復忌，故於十三年二月丙寅，亦得進封咸安郡王。要録卷一百四十八。則其平日之於檜，必嘗虛與委蛇可知也。否則檜果蓄憾，雖普安郡王，卽孝宗。猶能停其月俸，見宋史秦檜傳。況世忠乎？世忠之進封，與汪勃之改秩，相距月餘耳。二月丙寅，爲月之初八日，三月丙辰，爲月之二十九日。勃必卽在此月餘間承檜之命往謁。檜於此時權傾天下，既欲富貴人，誰能距之，而必使之謁二人者，於俊以示其親昵，於世忠示之以不疑，且以覘其從否也。世忠老於世故，寧不知之，故於其來也，忻然待之以客禮，而與之以不甚愛惜之舉狀，此於大節，固無所損，而可以免疑忌，與其絶口不言兵，同一保身之道耳。若必遇事相距，以明其不屈，恐禍不旋踵，將與岳飛相從於地下，安能跨驢携酒，縱游湖上以自樂乎？乃提要不考其歲月，誤以張俊之事爲張浚，遂謂浚之心術不可知，若世忠當萬萬不至此，何其薄視浚而厚許世忠耶？蓋漢學諸儒，素惡朱子，而不敢明言，因朱子誤信張栻之言，作浚行狀，有失實處，遂有所藉口，以致其不滿，其攻浚所以攻朱子也。提要既誤以俊爲浚，喜於得一把柄，遂從而抑揚其詞，學者意有所偏，而不考事實，則其議論未有不謬者也。

山海經十八卷

晉郭璞注。卷首有劉秀校上奏，稱爲伯益所作。案山海經之名，始見史記大宛傳。司馬遷但云禹本紀山海經所有怪物，余不敢言，而未言爲何人所作。列子稱大禹行而見之，伯益知而名之，夷堅聞而志之，似乎卽指此書，而不言其名山海經。王充論衡別通篇曰：「禹主行水，益主記異物，海外山表，無所不至，以所見聞作山海經。」趙煜吳越春秋所説亦同。惟隋書經籍志云：「蕭何得秦圖書，後又得山海經，相傳夏禹所記。」其文稍異。然似皆因列子之説推而衍之。觀書中載夏后啓、周文王及秦漢長沙、象郡、餘暨、下嶲諸地名，斷不作於三代以上，殆周、秦間人所述，而後來好異者又附益之歟？觀楚詞天問多與相符，使古無是言，屈原何由杜撰。朱子楚詞辨證謂其反因天問而作，似乎不然。

嘉錫案：列子僞書，近人疑爲張湛所依託，雖未必然，然必作於佛學盛行之後，斷不出於王充以前。乃列子襲論衡，非論衡襲列子也。劉秀校上山海經奏云：「山海經者，出於唐、虞之際。昔洪水洋溢，漫衍中國，民人失據，崎嶇於丘陵，巢於樹木。鯀既無功，而帝堯使禹繼之，禹乘四載，隨山刊木，定高山大川。益與伯夷主驅禽獸，命山川，命，名也。類草木，別水土，四岳佐之，以周四方。逮人跡之所希至，及舟輿之所罕到，內別五方之山，外別八方之海，紀其珍寶奇物，異方之所生，水土草木，禽獸昆蟲，麟鳳之所止，禎祥之所隱，及四海之外，絕域之國，殊類之人。禹別九州，任土作貢，而益等類物善惡，著山海經，皆聖賢之遺事，古文之著明者也。」是明言山海經爲禹、益等所著。秀年輩在王充之前，蓋即論衡所本。至於列子所謂夷堅聞而志之者，劉秀本無此言，顯出後人傅會。提要舍劉秀之奏不引，而必旁徵列子與論衡，則以疑秀奏爲贋託故也。然其所以疑爲贋託者，初無明白之證，據臆決焉而已。唐無名氏文選集注陶淵明讀山海經詩注引公孫羅文選鈔原注但引爲鈔曰，無撰人姓名，案日本見在書目有文選鈔六十九卷，公孫羅撰，知所引必是羅書。曰：「山海經序云：禹治水，巡行天下，遂令伯益主名川。」川上疑脱山字。今本不載此序，其言亦不見於劉秀奏及郭璞序中。公孫羅唐初人，舊唐書附見文苑曹憲傳，所引之序，必六朝以前人作，附録於此以備考。

至王應麟王會補傳引朱子之言，謂山海經記諸異物飛走之類，多云東向，或云東首，疑本因圖畫而述之。古有此學，如九歌、天問，皆其類云云，則得其實矣。

案畢沅山海經新校正篇目考云：「山海經有古圖，有漢所傳圖，有梁張僧繇等圖，十三篇中，海外、海內經所說之圖，當是禹鼎也；大荒經已下五篇所說之圖，當是漢時所傳之圖也。以其圖有成湯、有王亥僕牛等知之，又微與古異也。據藝文志，山海經在形法家。本劉向七略，以有圖故在形法家。又郭璞注中有云，圖亦作牛形。又云，亦在畏獸畫中。又郭璞及張駿有圖讚。陶潛詩亦云：『流觀山海圖。』」據畢氏所考，則山海經之有圖也久矣。提要僅引朱子之言，則尚未窮其源也。至於朱子所謂九歌、天問皆其類者，案王逸天問章句云：「屈原放逐，見楚有先王之廟及公卿祠堂，圖畫天地山川神靈，琦瑋僪佹，及古賢聖怪物行事，周流罷休息其下，因書其壁，何而問之。」疑古先王之廟及公卿祠堂其所圖者，卽山海經圖也，但朱子又謂山海經反因天問而作，則其意與王逸異矣。

郭璞注是書，見於晉書本傳。隋、唐二志皆云二十三卷，今本乃少五卷，疑後人併其卷帙，以就劉秀奏中一十八篇之數，非闕佚也。隋、唐志又有郭璞山海經圖讚二卷，今其讚猶載璞集中，其圖則宋志已不著録，知久佚矣。舊本所載劉秀奏中，稱其書凡十八篇，與漢志稱十三篇者不合。七略卽秀所定，不應自相牴牾，疑其贋託。然璞序已引其文，相傳已久，今仍併録焉。書中序敍山水，多參以神怪，故道藏收入太玄部競字號中。究其本旨，實非黄、老之言。然道里山川，率難考據，案以耳目所及，百不一真。諸家並以爲地理書之冠，亦爲未允。核實定名，則小説之最古者爾。

案提要前節云：「書中載夏后啓、周文王及秦漢長沙、象郡、餘暨、下雋諸地名，斷不作於三代以上。」此又言道里山川，率難考據，而以諸家列爲地理書之冠爲未允，乃改入小説家。考顏氏家訓書證篇云：「或問山海經，夏禹及益所記，而有長沙、零陵、桂陽、諸暨，如此郡縣不少，以爲何也？答曰：史之闕文，爲日久矣。加復秦人滅學，董卓焚書，典籍錯亂，非止於此。譬猶本草，神農所述，而有豫章、朱崖、趙國、常山、奉高、真定、臨淄、馮翊等郡縣名，出諸藥物。爾雅周公所作，而云張仲孝友。仲尼脩春秋，而經書孔丘卒。世本左邱明所書，原注云：此説出皇甫謐帝王世紀。而有燕王喜、漢高祖。汲冢瑣語乃載秦望碑。蒼頡篇李斯所造，而云漢兼天下，海内并廁，豨黥韓覆，畔討滅殘。列仙傳劉向所造，而云七十四人在佛經。列女傳亦向所造，其子歆作頌，終于趙悼后。而傳有更始韓夫人、明德馬后及梁夫人嫕，皆由後人所羼，非本文也。」由是言之，則是書雖有秦、漢諸地名，不害其爲三代以前之書，顏之推固言之矣。所舉諸書，如春秋、蒼頡篇，足爲有力之證明。余嘗以爲秦、漢以前人純樸，故於官制地理，多用當時之名，以期合乎實用。六朝以後，漸趨浮華，故多用古代之名，以求益其色彩。此不但所作詩文如此，其於典籍也亦然。故秦、漢以前書，點竄以從今；六朝以後書，模擬以贋古。而後之考據家摭拾字句之間以求之，從而定其著作之時代，是何異於刻舟以求劍者哉！且古者一切皆出於公，自土田貨財，以及學術，皆然，未嘗獨據爲己有也。故曰「貨惡其棄於地也，不必藏於己」，況學術爲天下之公器也乎？是以時無論古今，地無論秦、越，無此疆爾界之分，在彼在我也。故古人之著作，皆不署名，凡詩文、書畫、篆刻、詞曲之在萌芽時期，莫不皆然。又況六國以前之六藝九流乎？顔氏云「後人所羼入」，余謂非有意羼入也，直是讀古人書時，有所題識，如今人之批書眉。傳鈔者以其有所發明，遂從而鈔入之，不問其何人之筆耳。彼作者尚不署名，豈有偶批數行，必著其爲某某者乎？要之古人以學術爲公器，故不以此爲嫌。章氏學誠有言公之篇，余於古書通例中言之詳矣。凡古書有後人續入者，以歷史地理書爲多，議論文則少見，蓋實用與空論之別耳。是書漢志在形法家，隋、唐以下諸志，皆爲地理書之冠。四庫始改入小説家，此豈街談巷議之出于稗官者乎？自我作古，變易劉、班以來之舊例，可謂率爾操觚者矣。尋四庫之所以改隸者，其説有二：一曰「敍序山水，多參以神怪」，不知山海經本因九鼎圖而作。左傳之敍九鼎也，曰：「貢金九牧，鑄鼎象物，百物而爲之備，使民知神姦。故民入川澤山林，不逢不若，魑魅罔兩，莫能逢之。」夫既圖魑魅罔兩之形，安得不參以神怪乎？劉秀奏曰：「孝武皇帝時，有獻異鳥者，食之百物，所不肎食。東方朔見之，言其鳥名與其所當食。如朔言。問朔何以知之，即山海經所出也。孝宣帝時，擊磻石於上郡，陷得石室，其中有反縛盜械人。時臣秀父向爲諫議大夫，言此貳負之臣也。詔問何以知之，亦以山海經對。其文曰：『貳負窫窳，帝乃梏之疏屬之山，桎其右足，反縛兩手。』上大驚。朝士由是多奇山海經。」郭璞序曰：「陽火出于氷水，陰鼠生于炎山，論者莫之或怪，及談山海而咸怪之，是不怪所可怪，而怪所不可怪也。不怪所可怪，則幾於無怪矣。怪所不可怪，則未始有可怪也。若乃東方朔曉畢方之名，劉子政辨盜械之尸，王頎訪兩面之客，海民獲長臂之衣，精驗潛效，絶代縣符。於戲！羣惑者亦可以少寤乎？」然則提要所謂多參以神怪者，毋亦郭景純所謂怪所不可怪者歟。四庫總纂紀文達公，宜乎不信山海經諸神怪矣，而所作閱微草堂筆記五種，曾載嗣誠謀英勇公，因獵於塞外，見一人無頭，以乳爲目，以臍爲口，乘馬射鹿，公以爲卽山海經之形天氏也。見卷七海外西經。又文達言：烏魯木齊山中，有小人長尺餘，紅柳花時，好以紅柳爲圈戴之，謂之紅柳娃。嘗向人家竊食，逐之則跪而泣，覘人去遠，始驀山越澗而去。疑卽山海經之靖人。見卷十四大荒東經。然則不獨東方生曉畢方之名，劉子政辨盜械之尸，文達亦幾於無怪矣，何作提要而以爲神怪也！二曰「道里山川，率難考據」，亦其時治之者未精耳。後來若畢沅、郝懿行二家，其於道里山川，多能言之鑿鑿，絶非憑空杜撰。提要云云，得毋如見駱駝言馬腫背也乎？

神異經一卷

舊本題漢東方朔撰。所載皆荒外之言，怪誕不經，共四十七條。

嘉錫案：此書舊無單行本，亦不聞有宋、元舊槧。明代叢書，凡有數本，匪惟字句詳略彼此不同，卽篇章多寡，亦復懸絶。最少者原本説郛卷六十五所録，僅十五條，每條皆有題目。其中如誕、山臊、河伯使者三條，皆較今本謂何允中及王謨本。多出數十字。蓋雖節鈔不全，而所據者猶是善本也。最多者何允中漢魏叢書本，分八荒及中荒爲九篇，凡五十八條，閒有一條誤分爲二者。每條首尾完具。以唐、宋類書所引校之，亦大抵相合。中有校語，自稱「墇案」，陶憲曾以爲朱謀墇，是也。謀墇貫串羣籍，著述至百十二種。見明史寧王權傳。其校此書，雖不甚詳，然僅注明異同，不輕改字，知其所據，必是舊本，非如搜神記、述異記之類，出於抄撮者比也。又有胡文煥格致叢書本、程榮漢魏叢書本，均刻在何本之前。兩本字句，完全相同，纔四十七條，與提要合。全書不分篇目，殊少條理，又多所删節，文義不完，疑是明人從類書輯出，僞充古書，而復耳目隘陋，挂漏宏多。提要據以著録，不免失考。然以校何本，多毛人一條，考集韻十虞、類篇卷二十三，並有氉字，注云：「八荒中有毛人，如猴，類篇作似猴。毛長氉氋。東方朔説。」知古本實有此條。太平御覽卷三百七十三及卷七百九十亦引之，而文皆不完，固當據此本補入。又有刀味核一條，北户録引作四味木，刀蓋四之誤，核當作木。卽南荒經之如何樹也。今本脱去兩句，此本有之，與北户録卷二所引合，可資參校。然則此本雖不佳，亦復寸有所長矣。近人安化陶憲曾刻有靈華館叢稿，與其弟紹曾所作，合爲二陶遺稿。後附神異經輯校一卷，並佚文九條。所校旁徵類書，頗爲詳密。然尚有遺漏，如北户録、説郛、太平廣記所引，皆未據校。即太平御覽亦檢閲未周，不知其前後互異。御覽、廣記所引書名多誤，不盡是本書，分別觀之可也。又所據僅王謨重刻漢魏叢書，未及博采異本。令人讀之，不能無憾。要其改正譌誤，分別經注，粲然可觀，固不可謂非是書之善本矣。

陳振孫書録解題，已極斥此書稱東方朔撰、張茂先傳之譌。今考漢書朔本傳，歷敍朔所撰述，言凡劉向所録朔書俱是，案當作具是。世所傳他事皆非。其贊又言，後世好事者取其奇言怪語附著之朔云云，則朔書多出附會，在班固時已然。此書既劉向七略所不載，案七略當作別録。則其爲依託，更無疑義。晉書張華本傳，亦無注神異經之文，則併華注亦似屬假借。振孫所疑，誠爲有見。然隋志載此書，已稱東方朔撰，張華注，則其僞在隋以前矣。觀其詞華縟麗，格近齊、梁，當由六朝文士影撰而成，與洞冥、拾遺諸記，先後並出。故其中西北荒金闕銀盤明月珠事，陸倕石闕銘引用之。其中玉女投壺事，徐陵玉臺新詠序引用之。流傳既久，固不妨過而存之，以廣異聞。

案左傳文十八年正義曰：「服虔案：神異經云：檮杌狀似虎，毫長二尺，人面虎足豬牙，尾長丈八尺，能鬬不退。饕餮，獸名，身如牛，人面，目在腋下，食人。」此所引檮杌，在今本西荒經中，文字小異。惟其言饕餮之狀，乃大不同。蓋服虔原注，分屬傳文兩句，並不聯爲一條。其釋饕餮，別有所據，本非用神異經文也。李貽德左傳賈服注輯述卷八曰：「山海北山經云：鉤吾之山有獸焉，其狀如羊身，人面，其目在腋下，虎齒人爪，其音如嬰兒，名曰狍鴞，是食人。郭注：像在夏鼎，左傳所謂饕餮是也。服亦以山海經之狍鴞爲饕餮，故所引即狍鴞狀。」其説是矣。夫此經既爲服虔所引用，則至遲當出於靈帝以前。後漢書虔本傳云：中平末拜九江太守。或且後漢初年，已有其書。班固所謂後世好事者，因取奇言怪語附著之朔者也。若如提要之説，以爲格近齊、梁，當爲六朝文士所作，則服子慎卒於漢末，安得豫引六朝之書乎？段玉裁古文尚書撰異卷一曰：「神異經疑是僞作，未必東方朔所爲，張華所注也。而服氏注左氏檮杌、饕餮亦引神異經，案段氏未知服注饕餮乃用山海經文。則自漢有之矣。學者闕疑可也。」陶憲曾神異經輯校序曰：「子慎釋經，世期注史，賈思勰之要術，酈道元之水經，莫不采茲異聞，證彼故實。固不僅西海神童，左太沖因之作賦；北荒明月，陸佐公取以爲銘。故知此書者饌箸於兩漢，而流衍於六代，乃經史之考鏡，而辭賦之淵藪也。」蓋援引此經文字以著書者，莫早於服虔之春秋左氏傳解誼，運用此經故實以入文者，莫早於左思之吳都賦；賦云：「江裴於是往來，海童於是宴語。」李善注：神異經曰：西海有神童，乘白馬出，則天下大水。固不始自陸倕、徐陵。段、陶兩家之言，洵足補提要所不及矣。提要又謂隋志載此書，已稱東方朔撰、張華注，一似此書之撰人姓名，始見於隋志也者。今考水經河水注引崑崙銅柱一條，已稱張華敍東方朔神異經。洪頤煊讀書叢録卷二十四曾舉出。三國志齊王紀注、水經漯水注均引南荒火山一條。裴注稱東方朔神異經，酈注稱東方朔神異傳。水經泗水注引神異傳由拳縣一條，不稱東方朔，乃別一書，非此經。齊民要術卷十引此經凡七條，其椰木、沛竹廣韻作篩竹，今神異經作涕竹。二條，並兼引張茂先注。是六朝舊本所題，固已如此，隋志因以著録耳。提要由此始知其僞在隋以前，其見聞抑何隘也。

又考廣韻去聲四十一漾收獇字，説文、玉篇皆所不載，注稱獸似獅子，實本此經「北方有獸焉，其狀如獅子，名曰獇」之文，則小學家已相援據，不但文人詞藻轉相採摭已也。

案：此經自漢時已爲服虔所引用，具如前述。毛詩雲漢正義亦引神異經曰：「南方有人，長二三尺，袒身而目在頂上，走行如風，名曰魃。所見之國，赤地千里。一名旱母，遇者得之，投溷中卽死，旱災消。」所引與今本僅字句略有不同，是則漢、唐大儒皆嘗援據以釋經傳矣，遑論宋人所重修之廣韻哉！卽以廣韻言之，其上平聲六脂篩字、入聲十六屑鐵字下，均明引神異經。鐵字下所引經文，陶憲曾漏未據校。足爲顯證，不似獇字注之不著出處也。提要不肯細考，故不免失之耳目之前矣。

隋志列之史部地理類，唐志又列之子部神仙類。今核所言，多世外恍惚之事，既有異於輿圖，亦無關於修煉，其分隸均屬未安。今從文獻通考列小說類中，庶得其實焉。

案隋志列之地理類者，爲其書之體例與山海經相近也。若論作者著書之旨，則唐志屬之神仙家，不爲無見。今以本經之言考之，如云：「東方有樹焉，名曰梨，和羹食之，爲地仙，衣服不敗，辟穀，可以入水火。東方有樹名曰桃，和核羹食之，令人益壽。南方大荒之中有樹焉，名曰柤稼櫃，三千歲作華，九千歲作實，得食復見實，壽一萬二千歲。南方大荒有樹焉，名曰如何，實有核，形如棗子，食之者地仙，不畏水火，不畏白刃。西北荒中有玉饋之酒，與天同休，飲此酒，人不生死。西北荒中有小人，抓而食之，殺腹中三蟲。三蟲死，便可食仙藥也。北方荒中有棗林，殊於常棗，食之可以安軀益氣力，故方書稱之赤松子云。北方大棗，味有殊，既可益氣，又安軀。九府玉童玉女與天地同休息，男女無爲匹配，而仙道自成。」凡此皆神仙家言，其必出於後漢方士之手無疑也。太平御覽卷六百八十五引神異經曰：「西荒有人，不讀五經而意合，不觀天文而心通，不誦禮律而精當。天賜其衣，男朱衣縞帶委貌冠，女碧衣戴勝皆無縫。」北堂書鈔卷一百二十八及一百三十五讀五經亦引之，而文較略，無不三句。今本無之。相其體制，確是此經佚文，而其言乃與列子仲尼篇所謂「西方之人有聖者焉，不治而不亂，不言而自信，不化而自行」云云無以異，皆隱以指浮屠氏。蓋佛法初入中國，自附於道家之清虛無爲。魏志東夷傳注引魏略曰：「浮屠所載，與中國老子經相出入。」是也。故中國人視之，與黄、老等。楚王英喜黄、老學，爲浮屠齋戒祭祀。見英本傳。桓帝於宫中立黄、老浮屠之祠。見襄楷傳。此所謂黄、老，實爲神仙方技家之所崇奉者，而浮屠乃與之並祀。蓋兩家之學，此時尚合而未分。於是神仙家著書，亦喜借浮屠以自重。如託名劉向所著之列仙傳，實後漢人所作。其贊云：「得仙者百四十六人，其七十四人已見佛經。」今本無此語。詳見列仙傳條下。是爲援佛入道之證。此經本出於方士，而有媚佛之言，亦後漢時風氣然耳。若爲齊、梁人所作，則佛道二家，已如水火，必不肯作此等語矣。故自其書之體例言之，則山海經既入地理，此書自應依類附入。自其著書之宗旨言之，則實與神仙家相近。隋、唐二志，各明一義，皆不爲無理。夫古今人所見不必相同，提要以其所言恍忽無稽，改從通考列入小説，原無不可。要不必以後世之見，輕議古人耳。且此書之改隸小説，始自書録解題，見解題卷十一。而通考從之。提要第援通考爲言，尚未求其朔也。

漢武故事一卷齊王儉

舊本題漢班固撰。然史不云固有此書，隋志著録傳記類中亦不云固作。晁公武讀書志引張柬之洞冥記跋，謂出於王儉。唐初去齊、梁未遠，當有所考也。

嘉錫案：隋志但有雜傳類，無所謂傳記類。且漢武帝故事二卷，乃著録於舊事類，又並不在雜傳中，提要誤矣。其後舊、新唐志相承，均在故事類，不著撰人名氏。玉海卷五十一引崇文目云：「五卷，班固撰。本題二篇，今世誤析爲五篇。」崇文總目本在卷十二雜史類，玉海改入典故。題班固者，實自此始，宋志因之。故事類，班固漢武故事五卷。讀書志卷九傳記類亦云「世言班固撰」。通考卷一百九十八引作二卷，今本作一卷。通鑑考異卷一云：「漢武故事，語多誕妄，非班固書，蓋後人爲之，託固名耳。」亦見通鑑胡注卷十八。則已爲温公所駁矣。今考故事中有云：「女子長陵徐氏，號儀君，至今上元延中，已百三十七歲矣，視之如童女，京中好淫亂者争就之。翟丞相奏壞風俗，請僇尤亂惡者。今上勿聽，徙女子於燉煌，後遂入胡，不知所終。」元延者，漢成帝年號也。班固後漢人，時代不相及，安得稱成帝爲今上。是班固撰之説，可不攻自破。蓋唐以前本不題班固，御覽引用書目、日本見在書目，均尚不題撰人。否則不至自留此罅漏也。至讀書志所引張柬之語，今見續談助卷一洞冥記晁伯宇跋中。詳見洞冥記條下。其言固當可信。而孫詒讓札迻卷十一則以爲葛洪依託，其説云：「西京雜記葛洪序：『洪家復有漢武帝禁中起居注一卷，漢武故事一卷，今並五卷爲一帙。』張柬之云：『昔葛洪造漢武内傳、西京雜記。』疑内傳卽起居注，漢武故事似亦卽今所傳本。蓋諸書皆出稚川手，故文亦互相出入也。」孫説詳見後漢武内傳條下。此説亦自言之成理。然張柬之據後梁蔡天寶與岳陽王啓，定洞冥記爲梁元帝作，又謂葛洪造西京雜記，爲操觚鑿空，恣情迂誕，而不惑於洪序中鈔取劉歆漢書之說，其考證頗爲精確。則其指此書爲王儉造，自必別有據依，斷非憑虚立說。特其文本爲跋洞冥記而作，於此書不過牽連及之，故未暇舉其所出耳。今既別無顯證，似不便僅據單詞，遽翻舊案。疑葛洪別有漢武故事，其後日久散佚，王儉更作此以補之。書名雖同，而撰者非一人，不必牽合爲一。其稱成帝爲今上，似因葛洪言家有劉歆漢書一百卷，遂欲將此書亦歸之於歆，因以影射洪書，又不題撰人，故弄狡獪，使人懸想爲自劉歆漢書内鈔出耳。至宋以後傳本之題班固，則淺人所爲，非其舊也。黄廷鑑第六弦溪文鈔卷三有此書跋曰：「宋劉雲龍弇先生文集中，有漢武故事書後原注見卷廿九。云：撰人班周，世出官次不他見。書中言儀君傳東方朔術，至今上元延中一百三十七歲。元延者，漢成帝年號也。則周者，其成、哀間人歟？又云：敷敍精緻，雖多誕謾不經，不與外戚、郊祀志相表裏者蓋鮮，非西漢人文章不到此。按此說甚新，然余疑『周』字卽『固』字之譌。如此書古本果作班周，何以郡齋讀書志及他書所載又皆作固。可知自宋以來相傳之本，只作固字，獨劉所見本偶不同耳。恐未可爲據也。」知宋本又有誤作班周撰者，並録於此以備考。至劉氏信以爲西漢人書，則失於輕信，無足深論也。

漢武帝内傳一卷

舊本題漢班固撰。隋志著録二卷，案隋志作三卷。不注撰人。宋志亦注曰：不知作者。此本題曰班固，不知何據。其文排偶華麗，與王嘉拾遺記、陶弘景真誥體格相同。考徐陵玉臺新詠序有「靈飛六甲，高擅玉函」之句，實用此傳六甲靈飛十二事，封以白玉函語。則其僞在齊、梁以前。又考郭璞游仙詩有「漢武非仙才」句，與傳中王母所云「殆恐非仙才」語相合。葛洪神仙傳所載孔元方告馮遇語，與傳中稱「受之者四十年傳一人，無其人，八十年可頓授二人」云云，相合。張華博物志載「漢武帝好道，西王母七月七日漏七刻乘紫雲車來」云云，與此傳亦合。其殆魏、晉間文士所爲乎？

嘉錫案：舊、新唐志皆有漢武帝傳二卷，不著撰人名氏。舊志在雜傳類，新志在道家類。提要不引，似失檢。此書有道藏本，錢熙祚刻入守山閣叢書，附校勘記一卷。其序云：「此書舊題班固撰，中興書目題漢光禄大夫郭憲，案玉海卷五十八漢武帝傳條引書目云：「漢武帝内傳二卷，載西王母事。洞冥記四卷，後漢光禄大夫郭憲，載武帝神怪事。」未嘗以此書爲郭憲撰。錢氏誤矣。而晁伯字以爲葛洪僞造。此續談助卷一洞冥記後伯宇跋中引張柬之語，詳見洞冥記條下。書中年月日名，依附本紀。其論神仙服食及五嶽真形圖，四十年一傳，與抱朴子仙藥、遐覽諸篇相涉。首記景帝夢赤彘事，卽洞冥記之文，若欲與漢武故事『景帝夢高祖曰：王美人生子當名爲彘』互證者。又御覽引漸臺神屋等五條，亦絶似洞冥記。大約東晉以後，浮華之士，造作誕妄，轉相祖述，其誰氏所作，不足深究也。」孫詒讓札迻卷十一云：「西京雜記葛洪序：『洪家復有漢武帝禁中起居注一卷，漢武故事一卷，世人希有之者。今并五卷爲一秩，庶免淪没焉。』按此書指西京雜記。塙爲稚川所假託。漢武帝禁中起居注，漢武故事蓋亦同，故序并及之。抱朴子論仙篇引漢禁中起居注說李少君事，與今本漢武帝内傳末附李少君傳略同。自注云：道藏本作外傳，此從晁載之續談助校。張柬之洞冥記跋云：『昔葛洪造漢武内傳、西京雜記。』自注云：亦見續談助。疑内傳卽起居注，漢武故事似亦卽今所傳本。蓋諸書皆出稚川手，故文亦互相出入也。」按漢武故事爲王儉作，詳見本條。錢氏不深信此書爲葛洪所造，而孫氏則信之。愚謂張柬之語必非無據，證以抱朴子所言，與此書相出入，尤覺信而有徵，當從柬之定爲葛洪所依託。至於漢武故事、洞冥記二書，據柬之言，乃王儉及梁元帝所造。初非出於葛洪一人之手，而其文亦與此書相出入者，蓋王儉、梁元亦師洪之故智，僞撰古書，轉相祖述，使後人互爲印證，而信其真出漢人耳。日本人藤原佐世見在書目雜傳内，有漢武内傳二卷，注云「葛洪撰」。佐世書著於中國唐昭宗時，是必唐以前目録書有題葛洪撰者，乃得據以著録。是則張柬之之言，不爲單文孤證矣。佐世於洞冥記仍題郭子横撰，不用柬之之說，故知其於此書題葛洪，必别有所據也。

錢曾讀書敏求記曰：「漢武内傳一卷。孱守居士空居閣校本。廣記删去元靈二曲及十二事篇目，又脱去朱鳥窗一段。對過，始知此本爲完書。」按李商隱詩曰「玉桃偷得憐方朔，金屋修成貯阿嬌」，又曰「如何漢殿穿鍼夜，又向窗前覷阿環」，皆用朱鳥窗事。知古本當有此一段。李善注文選郭璞遊仙詩引漢武内傳西王母侍女歌曰「遂乘萬龍輴，馳騁眄九野」二句，正元靈曲中語。知古本當有此二曲。錢曾所云良是。今檢此本，亦無元靈二曲及朱鳥窗一段，而有十二事之篇目，與曾所説又不同。又玉海引中興書目曰：漢武帝内傳二卷，載西王母事，後有淮南王、公孫卿、稷邱君八事，乃唐終南元都道士游巖所附。今亦無此八事，蓋明人刪竄之本，非完書矣。

案昌黎先生集卷七有讀東方朔雜事詩一首，詠東方朔擅弄雷電謫人間事，注引漢武内傳，亦是用朱鳥窗一段中語，且在李商隱之前，提要失於引證。錢氏校勘記序云：「漢武帝内傳一卷。今文淵閣本、説郛、漢魏叢書本，略與太平廣記同，皆非完帙。惟道藏本文多至倍，前人所引西王母侍兒歌及朱鳥窗事咸在焉。別有外傳一卷，首條全襲十洲記，餘亦出入漢武故事、神仙傳等書。内鉤弋夫人、魯女生、李少君三事，太平御覽、孔氏六帖、事文類聚並引作内傳。考諸家著録，無漢武外傳。玉海五十八引中興書目：漢武帝内傳二卷，載西王母事。後有淮南王、公孫卿、稷邱君八事，乃唐終南玄都道士游巖所附，今悉在外傳中。後得晁伯宇續談助本，内傳自太初元年提行另起，後附公孫卿、魯女生、封君達、李少君四條，有王游巖跋云：『右從淮南王至稷邱君凡八事，附之。』案見續談助卷四漢武內傳後伯字跋中。正與中興書目合。乃悟古本當以『太初元年』以下爲下卷。好事者附録雜文，後人覺其不類，遂析之爲外傳，而並原文二卷爲一耳。」錢氏所考者如此，故其所刻最爲完善。四庫館纂修諸人不讀釋、道藏，故所收古書，往往道藏中有完本者，皆不一參考，仍以通行殘本著録。如此書，亦其一也。又案宋張淏雲谷雜記卷二云：「韓子蒼云：『漢武內傳，蓋唐時道家流所爲也。』子蒼所言非也，隋經籍志：漢武帝故事二卷外，別有內傳三卷。則內傳其來久矣。子蒼但見後有淮南王、公孫卿、稷邱君事，便謂此書出於後人，殊不知淮南等事，自是唐道士王游巖所附也。」説與續談助、中興書目皆合，可爲錢氏説添一佐證。然淮南等八事，實非唐人所附，中興書目及張氏、錢氏説皆非也。孫詒讓札迻卷十一曰：「按玉海五十八引中興書目云：漢武帝內傳，後有淮南王、公孫卿、稷丘君八事，乃唐終南玄都道士王按玉海無「王」字。游巖所附。今考續談助載王游巖跋云：『右從淮南王至稷丘君凡八事，附之。』案神仙傳：淮南仙事自注云此下有脱文。的指又不出八公定何姓氏，據劉根真人傳云云，案所引劉根傳，即載八公姓名及所服仙藥。孫氏略去未引。今因此傳末並八公所氏以明之焉。天寶五載王游巖緒附之矣。締繹跋語，蓋淮南王八事舊本已附後，非游巖所增。游巖緒附者，自指劉根真人傳八公姓名而言，與淮南王八事不相涉也。游巖爲天寶間道士，而李賢後漢書方術傳注。引魯女生、封君達、王真事，初學記、案：見卷五及卷二十八。藝文類聚案：見卷七十八。引李少君事，並已稱内傳。儻八事果游巖所附，安得李賢、徐堅、歐陽詢諸人，先得見而引之乎？宋人讀游巖跋不審，故有茲誤。錢氏校勘記序亦沿其說，故附辯之。」孫氏所考，較之錢氏爲明晢矣。其實孫氏所引後漢書注、初學記、藝文類聚等事，即取材於校勘記，特錢氏未之思耳。至諸書皆言淮南王、公孫卿、稷邱君八事，而道藏本稷邱君在淮南王之前，又所附不止八事。蓋又經後人竄亂，非復唐、宋人所見之本也。

漢武洞冥記四卷舊題後漢郭憲

是書隋志止一卷，唐志始作四卷，文獻通考有拾遺一卷。考范史載憲初以不臣王莽，至焚其所賜之衣，逃匿海濱。後以直諫忤光武帝，時有「關東觥觥郭子横」之語。蓋亦剛正忠直之士，徒以潠酒救火一事，遂抑之方術之中。其事之有無已不可定。至於此書所載，皆怪誕不根之談，未必真出憲手。又詞句縟艷，亦迥異東京，或六朝人依託爲之。然所言影娥池事，唐上官儀用以入詩，時稱博洽。後代文人詞賦，引用尤多。蓋以字句妍華，足供採摭，至今不廢，良以是耳。

嘉錫案：宋晁載之續談助卷一，録洞冥記廿餘條載之，跋云：「張柬之言隨其父在江南拜父友孫義强、李知續，二公言似非子横所録。其父乃言後梁尚書蔡天寶與岳陽王啓，稱湘東昔造洞冥記一卷，則洞冥記梁元帝所作。其後上官儀應詔詩中用影娥池，學士時無知者。祭酒彭陽公令狐德棻召柬之等十餘人，問此出何書。柬之對在江南見洞冥記云：漢武穿影娥池於望鶴臺西。於是天下學徒無不繕寫。而尋劉歆、案郭憲後漢人，即令此書真出於憲，安得著録於劉歆七略，此語殊誤。阮籍案「籍」字誤，當作「阮孝緒」。七録，了無題目。貞觀中，撰文思博要、藝文類聚，紫臺丹笥之祕，罔不咸集，亦無採掇。則此書僞起江左，行於永禎，明矣。昔葛洪造漢武内傳、西京雜記，虞義造王子年拾遺録，王嘉著拾遺録，見於晉書藝術傳及隋書經籍志。此云虞義造，未知何據。王儉造漢武故事，並操觚鑿空，恣情迂誕。而學者耽閲，以廣聞見，亦各有志，庸何傷乎？案柬之所稱湘東所造洞冥記一卷，而此分爲四。然則此書，亦未知定何人所撰也。」據其所考，則此書出於六朝人依託，非郭憲所撰，唐人已言之矣。其所引蔡天寶與岳陽王啓，唐去六朝不遠，必無舛誤。惟蔡天寶應作蔡大寶，周書、北史均附見蕭詧傳，嘗爲詧使江陵見元帝，令注所制玄覽賦。岳陽王卽詧也。大寶敍其耳目所聞見，其言最可徵信，然則此書實梁元帝作也。頃見蘇時學爻山筆話卷七云：後梁尚書蔡天寶上岳陽王啓言湘東昔造洞冥一卷。按天寶與湘東同時，而所言若此，必非妄談。然則今之洞冥記實出梁元帝手，而藉名郭憲云。載之乃以卷數不合爲疑。不知隋志著録原止一卷，今分爲四者，後人所析耳，元帝金樓子著書篇，備載平生著作，無此書之名，則以既託名郭憲，不可復自名以實其僞也。載之字伯字。宋史藝文志五小説家類有晁氏談助一卷，注云：「不知名。」其續談助五卷，惟明文淵閣書目卷十八有之，注云二册，不載撰人姓名及卷數。四庫全書未收。

搜神記二十卷舊題晉干寶

史稱寶感父婢再生事，遂撰集古今靈異神祇人物變化爲此書。其自序一篇，亦載於傳内。隋志、新、舊唐志俱著録三十卷，宋志作搜神總記十卷，亦云寶撰。崇文總目則云搜神總記十卷，不著撰人名氏。或云干寶撰，非也。原注云：按此條見玉海。此本爲胡震亨祕册彙函所刻，後以其版歸毛晉編入津逮祕書者。考太平廣記所引，一一與此本相同。以古書所引證之，裴松之三國志注魏志明帝紀引其柳谷石一條，齊王芳紀引其火浣布一條，蜀志麋竺傳引其婦人寄載一條，吳志孫策傳引其于吉一條，吳夫人傳引其夢月一條，朱夫人傳引其朱主一條，皆具在此本中。劉孝標世説新語注引其盧充金盌一條，劉昭續漢志注五行志荆州童謡條下引其華容女子一條，建安四年武陵充縣女子重生條下引其李娥一條，桓帝延熹七年條下引其大蛇見德陽殿一條，郡國志馬邑條下引其秦人築城一條，故道條下引其旄頭騎一條，李善注王粲贈文叔良詩引其文穎字叔良一條，注思玄賦引其張車子一條，注鮑照擬古詩引其太康帕頭一條。劉知幾史通引其王喬飛舄一條，亦皆具在此本中。似乎此本卽寶原書。惟太平寰宇記青陵臺條下引其韓憑化蛺蝶一條，此本乃作化鴛鴦。郭忠恕佩觿上篇稱干寶搜神記以琵琶爲頻婆。此本吳赤烏三年豫章民楊度一條凡三見琵琶字，安陽城南亭一條亦有琵琶字，均不作頻婆。又續漢志注地理志緱氏條下引其延壽亭一條，巴郡條下引其澤中有龍鳴鼓則雨一條，五行志建安七年醴陵山鳴條下引其論山鳴一條，李善蜀都賦注引其澹臺子羽一條，陸機皇太子宴玄圃詩此處當脱一注字。引其程猗説石圖一條，此本亦皆無之。

嘉錫案：此書晉書干寶本傳作二十卷，隋志、舊唐志皆在傳記類，新唐志改入小説類，並作三十卷。崇文總目卷二十八及中興書目據玉海卷五十七引。只有搜神總記十卷。崇文總目且謂非干寶所撰。中興書目只引崇文目，則其意亦同。遂初堂書目作搜神摭記，不著卷數及撰人，不知是否一書。宋志云：「干寶搜神總記十卷，寶櫝記十卷，並不知作者。」上云干寶，下云不知作者，則亦未定是干寶書也。晁、陳書目皆不著録，則寶書在南宋似已不傳。今本卷數與本傳合，與史志皆不同。諸家所引，又或不見於今書，謝尚一條時代復不合，提要説，見後。可見其非干寶原書。提要疑之，是也。特其所據以證其僞者殊多未確。如據寰宇記引韓憑化蛺蝶，以證今本作鴛鴦之非，考寰宇記卷十四鄆城縣青陵臺條下，並未引搜神記，惟其後別有一條云：「韓憑冢搜神記宋大夫韓憑娶妻美，宋康王奪之，憑怒王，自殺。妻陰腐其衣，與王登臺，自投臺下，左右攬之，著手化爲蝶。今本作衣不中手而死。又云：「憑與妻各葬相望，冢樹自然交柯，有鴛鴦棲其上，交頸悲鳴。」雖其間有化蝶字，與今本不合。然其下文仍作化鴛鴦。蓋化蝶者，韓憑妻所著之衣也。化鴛鴦者，憑夫婦之精魂也。不知何家村俗類書，於青陵臺下引寰宇記，截去其後數語，提要遽據之以駁今本，而不考之寰宇記本書，可謂率爾操觚矣。余又考之唐歐陽詢藝文類聚卷四十、釋道世法苑珠林卷二十七、劉恂嶺表録異卷中、段公路北户録卷三及宋李昉太平御覽卷五百五十九、太平廣記卷四百六十三、自嶺表録異轉引。卷九百二十五引此書，皆作化鴛鴦。其左右攬之衣不著手而死二句，亦與今本略同，有無「而死」二字者，有作「衣不勝手」者。並無化蝶之事，足見今本與唐、宋人所見者並合。珠林卷三十一引此書安陽城南亭一條，琵琶作髀婆，與佩觿謂作頻婆者小異。今本作琵琶，是特傳本有不同。若其文，則固原書所有，非杜撰也。提要此篇徵引羣書，不可謂不詳。然法苑珠林引此書至一百四條，又有失注書名，而其文實見於此書者三條。卷六十一引永嘉中天竺胡人一條，五十六引京兆長安張氏一條，又博陵劉伯祖一條。引搜神續記，而文實見於此者四條。卷六十二引鄮縣吳望子一條，七十五引盧充一條，皆與今本搜神記合，而較後記加詳。又卷三十二引黄初中宋士宗母一條，不見於後記，而其文具在此書，疑書名傳寫有譌誤。合之凡得一百一十一條，幾及全書四分之一。余嘗取以相校，字句或有不同，而文義大致相合，亦互有得失。然則此書，固有所本，絶非嚮壁虛造矣。提要徒據諸書所引三數條，以相參較，而置珠林不引，考證未爲周密也。至提要謂續漢志注、文選注引此書，有爲今本所無者，其説誠是。然澹臺子羽一條，是吳都賦注，非蜀都賦。續漢五行志引論山鳴一條，稱干寶曰，不言搜神記。寶所著晉紀，本傳言自宣帝迄愍帝五十三年。以年數推之，當起於武帝太始元年。然既託始宣帝，則當兼有漢、魏之事。諸書所引晉紀，多及魏代事。史言五十三年者，專計晉年耳。今晉書宣帝紀記事始於建安六年，山鳴之事在建安七八年，安知不出於晉紀？本傳言「性好陰陽術數，留思京房、夏侯勝等傳」故寶著書喜言災異。必謂是本書逸文，終嫌無據也。

至於六卷七卷，全録兩漢書五行志。司馬彪雖在寶前，續漢書寶應及見，似決無連篇鈔録一字不更之理，殊爲可疑。然其書敍事多古雅，而書中諸論，亦非六朝人不能作，與他僞書不同。疑其即諸書所引，綴合殘文，傅以他説，亦與博物志、述異記等。但輯二書者，耳目隘陋，故罅漏百出。輯此書者，則多見古籍，頗明體例，故其文斐然可觀，非細核之，不能辨耳。觀書中謝尚無子一條，太平廣記三百二十二卷引之，注曰出誌怪録，是則捃拾之明證。胡震亨跋但稱謝尚爲鎮西將軍，在穆帝永和中。寶此書嘗示劉惔，惔卒於明帝大寧中，則書在尚加鎮西將軍之前二十餘年，疑爲後人所附益，猶未考此條之非本書也。

案本書卷六凡七十七條，除首一條小序外，其記三代、兩漢事者，纔六十六條。卷末自建安二十五年本條云是歲爲魏黄初元年。魏武王在洛陽起建始殿以下凡十條，皆三國事。卷七首一條記魏事。所記爲張掖郡柳谷石事，以其爲晉有天下之兆，且中有晉泰始三年張掖太守焦勝上言，故置之此卷之首。以後全爲兩晉時事。提要乃謂六卷、七卷全録兩漢書五行志，不知三國、兩晉之事，何緣録入兩漢書也？書中所言三代、前漢災異，亦非全録班志。今亦不暇縷數，姑就其記後漢事者考之。自章帝元和元年代郡烏生子條起，至建安初荆州童謡條止，凡二十一條，其事不見於續漢書五行志者四條，章帝元和元年代郡高柳烏生子一條，桓帝即位大蛇見德陽殿一條，桓帝延熹五年臨沅牛生雞一條，漢時賓婚嘉會一條。其蛇見一條，劉昭注引此書賓婚一條，與昭注引風俗通合。事見續志而文全異者一條，光和四年南宫中黄門一條，與志光和元年五月壬午何人白衣欲入德陽門條事略同，而文大異，却與劉昭所引風俗通全合。昭注云：按劭所述與志或有不同，年月舛異，故俱載焉。事雖同續志而文加詳者三條，靈帝數遊戲於西園條，與志末二句微異，而別有論説將三百字。靈帝建寧三年春河内有婦食夫條，有説八十餘字。建安初荆州童謡條，多敍華容女子事九十餘字，皆志所無。華容女子事，劉昭注引之。又有合續志兩三事爲一者二條。靈帝熹平三年右校別作兩樗樹一條，合三事爲一。靈帝中平元年洛陽男子劉倉一條，合二事爲一。然則文之同於續志者，僅得其半耳，安得謂連篇鈔録一字不更耶？此二十一條中，珠林引其九條，皆與今本略同。知原本如此，非由後人鈔五行志以足卷帙也。司馬彪既在寶前，則寶引用其文，固亦事理所有。況彪以晉人作續漢書，自是纂輯前人典籍，非所自撰。續五行志篇首云：「故泰山太守應劭、給事中董巴、散騎常侍譙周，並撰建武以來災異，今合而論之，以續前志。」則知搜神所記後漢事，不盡同於續志者，蓋兩書皆採應劭諸人之說，去取各有不同耳。而顧謂其鈔録續志，不亦誣乎。若其書中諸論，亦皆見於珠林，提要謂爲非六朝人不能作，可謂知言，惜尚未能尋得證據耳。又謝尚無子一條，時代實不合，本書卷七晉明帝太寧初一條，稱明帝之謚，亦劉惔所不及見。太平廣記引爲志怪録，固自可疑。然古人著書，有隨時增補者。古書流傳既久，亦有後人附益者。類書之體，往往有一事數書並見，隨手引用者。似不得便爲作僞之據也。余謂此書似出後人綴緝，但十之八九，出於干寶原書。此但約略就其可考者言之。若取唐、宋以前諸書所引，一一檢尋，尚可得其出處，與他書之出於僞撰者不同。而張之洞書目答問，信提要之說，遂謂搜神記爲僞書之近古者。不知提要所言，初無確據，且綴緝古書，亦不得謂之作僞也。

胡應麟甲乙剩言曰：「姚叔祥見余家藏書目，有干寶搜神記，大駭曰：『果有是書乎？』余應之曰：『此不過從法苑、御覽、藝文、初學、書鈔諸書中録出耳，豈從金函石匱幽巖土窟掘得耶？大抵後出異書，皆此類也。』」斯言允矣。

案姚士粦即叔祥。見只編卷中曰：「江南藏書，胡元瑞即應麟。號爲最富，余嘗見其書目有搜神記，余欣然索看，胡云：『不敢以詒知者，率從法苑珠林及諸類書鈔出者。』」其語與甲乙賸言正合。又案胡氏謂此書爲自諸書録出，較提要疑爲僞書者，爲得其平。考晉書本傳載寶自序云：「雖考先志於載籍，收遺逸於當時，蓋非一耳一目之所親聞覩也。」云云，第一句自雖字起，無此文法，此其上必尚有一段文字，爲史臣所删去。而今本自序一同本傳，其非全篇可知。唐無名氏文選集注江文通擬郭弘農游仙詩注引雷居士豫章記云：「猛吳猛也。豫章建寧人，干慶爲豫章建寧令，死已三日，猛曰：『明府算曆未應盡，似是誤耳，今爲參之。』乃沐浴衣裳，復死於慶側，經一宿，果相與俱生。慶云：『見猛天曹中論訴之。』慶卽干寶之兄，寶因之作搜神記，故其序云：『建武中所有感起，是用發憤焉。』」此事亦見御覽卷八百八十七、廣記卷三百七十八引幽明録，惟詳略不同，且不云是干寶之兄。案晉書本傳曰：「寶兄嘗病氣絶，積日不冷，後遂悟云，見天地間鬼神事，如夢覺，不自知死。寶以此遂撰集古今神祇靈異人物變化爲搜神記。」正謂此也。本傳載寶父婢及兄再生兩事，提要僅言史稱寶感父婢再生事，遂撰此書，非也。然今本自序，竟無豫章記所引之語，是亦爲史臣所削。因文選集注乃久佚之書，爲輯搜神記者所未見故也。又嶺表録異韓朋鳥條下，引此書韓憑妻一條，末云：「又有鳥如鴛鴦，珠林及今本，均作又有鴛鴦雌雄各一。恒栖其樹，朝暮悲鳴，南人謂此禽，卽韓朋夫婦之精魂。」法苑珠林卷二十七引無「南人」句。此乃劉恂之語，凡恂書中所謂南人，皆指嶺南人言之。而今本亦有此句，幾於不去葛龔。惟韓朋作韓憑，此可爲自諸書録出之證。而提要顧未之及，胡氏所謂法苑，卽指法苑珠林。使提要取其書一加考核，則不至橫生誤會，如前之所陳矣。

搜神後記十卷

舊本題晉陶潛撰。中記桃花源事，全録本集所載詩序。惟增注「漁人姓黄名道真」七字，又載干寶父婢事，亦全録晉書，剽掇之迹顯然可見。明沈士龍跋，謂潛卒於元嘉四年，而此有十四、十六兩年事。陶集多不稱年號，以干支代之，而此書題永初、元嘉。其爲僞託固不待辨，然其書文詞古雅，非唐以後人所能。隋書經籍志著録，已稱陶潛，則贋撰嫁名，其來已久。

嘉錫案：梁釋慧皎高僧傳序云：「陶淵明搜神録續出諸僧，皆是附見。」則此書之題作陶潛，自梁已然，遠在隋志之前。慧皎高僧傳，四庫未收，故提要不知引證也。又陸羽茶經引其中晉武帝時宣城人秦精入武昌山採茗一條，與此本所載相合。封演聞見記引其中有人因病能飲一斛二斗，後吐一物一條，與此書桓宣武督將一條，僅文有詳略，及牛肺字作牛肚，茗瘕字作斛二瘕。其事亦與此本所載相合，知今所傳刻，猶古本矣。

案法苑珠林引此書十三條，題作續搜神記或搜神續記，字句多大同小異。又引此書而文較詳，與前記同者二條，不見於此書，而見於前記者一條。均見上條注中。珠林爲唐人書，尚在陸羽、封演之前，益可證古本無大異同矣。

異苑十卷

宋劉敬叔撰。敬叔，宋書、南史俱無傳，明胡震亨始採諸書補作之，稱敬叔嘗爲劉毅郎中令，以事忤毅，爲所奏免官。今案書中稱毅鎮江州，褊躁愈劇。又載毅妻爲桓玄所得，擅寵有身，多蓄憾詆毀之詞。則震亨之言，當爲可信。

嘉錫案：宋書五行志云：「晉安帝義熙七年晉朝拜授劉毅世子，毅以王命之重，當設饗宴，親請吏佐臨視。至日，國僚不重白，默拜於廐中。王人將返命，毅方知，大以爲恨。免郎中令劉敬叔官。」晉書五行志同。震亨小傳採用之，沈約以宋初人記晉末事，自無不可信之理。且事之信否，責在沈約，不在震亨，提要未得其出處耳。法苑珠林卷六十三祈雨篇引冥祥記，記沙門竺曇爲劉毅祈雨事云：「劉敬叔時爲毅國郎中令，親豫此集，自所覩見。」此亦敬叔爲毅郎中令之旁證。

還冤志三卷隋顏之推

此書隋志不載，唐書藝文志作冤魂志三卷，文獻通考作北齊還冤志二卷。考宋史藝文志作顔之推還冤志，太平廣記所引亦皆稱還冤志，與今本合，則唐志爲傳寫之譌。

嘉錫案：隋書經籍志二史部雜傳類有冤魂志三卷，顔之推撰。舊唐書經籍志同。新唐書藝文志始改入子部小説家。提要執後人著録之例，求之隋志小説家而不得，遂以爲不載，已爲失考。至謂唐志作冤魂志爲傳寫之譌，則尤不然。考法苑珠林卷一百傳記篇雜記部録齊光禄大夫顔之推撰書三部，有冤魂志一卷。卷數雖小異，而書名亦作冤魂。顔真卿撰贈秘書少監顔君廟碑，敍之推所著書有冤魂志三卷。書名卷數均與隋、唐志合。此碑今尚存，觀其拓本，字跡炳然，尤爲確證。至宋人所修崇文總目卷二十八始稱還冤志三卷，宋史藝文志蓋本於此。太平廣記引此書四十餘條，俱作還冤記，尤袤遂初堂書目有顔之推還冤志，無卷數。陳振孫書録解題卷十一始稱北齊還冤志二卷，顔之推撰，即通考經籍考所本也。由此觀之，之推原書本名冤魂志。其稱還冤志或北齊還冤志者，皆宋以後人所妄改也。提要翻以唐志爲誤，豈非以不狂爲狂歟？

至書中所記，上始周宣王、杜伯之事，不得目以北齊，即之推亦始本梁人，後終隋代。觀陸法言切韻序，則開皇之初，尚與劉臻等八人同時定韻，更不得目以北齊。殆因舊本之首題北齊黄門侍郎顔之推撰，遂誤以冠於書名上歟？觀宋史又載釋庭藻續北齊還冤志一卷，則誤稱北齊，亦已久矣。

案之推卒於隋開皇中，見北齊書及北史本傳。在文苑傳中。其家訓作於開皇九年混一以後，見終制篇。提要皆不知引，而必旁徵切韻，徒爲辭費。說詳雜家類一顔氏家訓條下。

博異記一卷

舊本題唐谷神子還古撰，不著姓氏。考晁公武讀書志，載老子指歸十三卷，亦題谷神子注，不著姓氏。而唐書藝文志有馮廓注老子指歸十三卷，與公武所言書名卷數皆合，則谷神子其馮廓歟？胡應麟二酉綴遺則曰唐有詩人鄭還古，嘗爲殷七七作傳，其人正晚唐，而殷傳文與事皆類是書，蓋其作也。其說亦似有依據。然古無明文，闕所不知可矣。其書載敬元穎、許漢陽、王昌齡、張竭忠、崔元微、陰隱客、岑文本、沈亞之、劉方元、馬燧十人。太平廣記三百四十八卷載李全質一條，稱會昌壬戌濟陰大水，谷神子與全質同舟云云，此本無之。蓋亦鈔合而成，非完帙也。

嘉錫案：讀書志卷十一云：「老子指歸十三卷，漢嚴遵君平撰，谷神子注。按唐志有馮廓注老子指歸十三卷。此本卷數與廓注同，其題谷神子而不顯姓名，疑卽廓也。」晁氏因谷神子注與馮廓注書名卷數相同，因疑谷神子卽馮廓，其實別無證據，已無以見其必然。其卷十三又云：「博異志一卷，題曰谷神子纂。序稱其書頗箴規時事，故隱姓名，或曰名還古，而竟不知其姓。志怪之書也。」則並不以作博異志者爲馮廓。提要乃因晁氏論老子指歸之說，連類推及於作此書之谷神子，亦以爲馮廓，非晁氏意也。今按舊唐志道家有老子指歸十三卷，莊子古今正義十卷，並題馮廓撰。舊志著録羣書，悉本之開元時毋煚所修之古今書録，故其序曰：「煚等四部目及釋道目，並有小序及注撰人姓氏，卷軸繁多，今並略之。其釋道録目附本書，今亦不取，據開元經篇爲之志。天寶已後名公各著文章，儒者多有撰述。以後出之目，在開元四部之外，不欲雜其本部，今據所聞，附撰人等傳。其諸公文集，亦見本傳，此並不録。」馮廓著述既見於舊志，自是開元以前人，由開元九年，是年元行冲等書羣書四録成，毋煚又略爲四十卷，名古今書録，見舊唐志。下數至會昌二年壬戌，已一百二十一年，廓安得此時尚在，而與李全質同舟耶？且亦不及見沈亞之、馬燧也。提要之說，紕繆殊甚。讀書志云：「或曰名還古，而竟不知其姓。」今本因於「谷神子纂」下題曰「名還古」。胡應麟二酉綴遺卷中云：「此三字蓋本晁氏說，非本書舊文。」是也。應麟以爲卽爲殷七七作傳之鄭還古，提要謂其說似有據依。余考太平廣記卷七十九許建宗條，記鄭還古見建宗，以符術治龍興寺井水事。注云：「出傳異記。」而卷首引書目，有博異志，無傳異記，「傳」字明是「博」字之誤。序言隱其姓名，而復見於書中者，蓋敍事之辭，與記他人同例，無妨直書，非矛盾也。是與應麟所意測者正合。晁公武所得，蓋亦不全之本，適無此條，故但據傳聞，知其名還古，而不知其姓耳。金石録目録卷十有唐常侍裴恭碑，盧術撰，鄭還古書，開成五年十月。河朔訪古記卷下云：「邕州刺史裴公碑，鄭還古書，開成五年立。」開成五年，下距會昌壬戌，僅二年，胡應麟之説，又得一證。唐語林卷一云：「滎陽鄭還古，俊才嗜學，性孝友。此下記其孝友事甚悉。竟以剛躁喜持論，不容於時。」唐詩紀事卷四十八云：「還古登元和進士第。」宋阮閱詩話總龜卷四十二引盧懷抒情云：「鄭還古爲河北從事，爲同院所誹謗，貶吉州掾。」廣記卷一百五十九引逸史，稱爲太學博士鄭還古。又卷一百六十八引盧氏雜説記柳當贈妓與還古事云：「鄭還古入京求官，不半年，除國子博士。妓行至嘉祥驛，鄭已亡歿。」是還古之里貫仕履及平生行事，皆有可考。又薛用弱集異記卷一蔡少霞條云：「自是兗、豫好奇之人，多詣少霞詢訪其事。有鄭還古者，爲立傳焉。」可見還古好爲齊諧志怪之文，不僅爲殷七七作傳已也。胡應麟云：「讀廣記、御覽諸書，迺知刻本鈔集所遺甚衆，僅得此書之半耳。」據此，則李全質及許建宗二條之不見於今本，無足怪矣。頃見近人董康書舶庸談卷八下，載其在日本所得明刻本翦鐙叢話之目録。其卷二收有博異志，亦題爲唐鄭還古，與余所考者合。可見明人猶及見古本，得其名姓，則非予一人之臆説也。又考雲笈七籤卷八十八有道生旨一篇，題谷神子裴鉶述。鉶爲高駢客，亦晚唐人，著有傳奇三卷，所記皆神仙詭譎事。見郡齋讀書志卷十三。則此書亦可謂爲裴鉶所撰。然讀書志既有名還古之説，而翦燈叢話又直題爲鄭還古，則裴鉶不過與鄭還古同一別號耳，不必疑也。

劇談録二卷

唐康骿撰。王定保摭言作「唐軿」，蓋傳寫之譌。唐書藝文志作「康軿」，以其字駕言證之，二字義皆相合，未詳孰是。諸書引之皆作「骿」，疑亦唐志誤也。骿，池陽人，乾符四年登進士第，官至崇文館校書郎。

嘉錫案：新唐書卷一百八十九田頵傳云：「頵善遇士，若楊夔、康軿、夏侯淑、殷文圭、王希羽等，皆爲上客。」唐詩紀事卷六十八略同，惟多一杜荀鶴耳。宋史藝文志集部内有康軿九筆雜編十五卷，其名亦作軿，然則提要以不誤爲誤耳。

凡四十條，以太平廣記勘之，一一相合。非當時全部收入，即後人從廣記鈔合也。此本末有「臨安府陳道人書籍鋪刊行」字，蓋猶影鈔宋本。

案：繆筱珊藝風堂續集有是書跋曰：「毛氏津逮本首缺自序，上卷二十條，下卷二十一條，與提要所云四十條不合。爰取談本廣記對核，只採二十條，並非全部收入。廣記二百九十四元稹一條，廣記四百裴度一條，今書所無。桑道茂一條，李德裕一條，均在今書所引之外。字句譌錯，不如廣記遠甚。館臣所見，既係影鈔，其爲舊本流傳，更無可疑，不必以爲鈔出也。」

唐闕史二卷

舊本題唐高彦休撰。彦休始末未詳，黄伯思東觀餘論有此書跋云，敍稱甲辰歲編次，蓋僖宗中和四年，而其間有已書僖號者，或後人追改之。今考序中自言，乾符甲子生。乾符無甲子，當爲甲午之譌。下距中和四年僅十年，不應卽能著書。由是以後，惟晉開運元年爲甲辰，上推乾符元年甲午生，年當七十一歲，尚有著書之理，然則彦休蓋五代人也。

嘉錫案：唐新羅人崔致遠桂苑筆耕集卷四有爲高駢奏請從事官狀云：「攝鹽鐵巡官朝議郎守京兆府咸陽縣尉柱國高彦休，右前件官訓禀儒宗，才兼吏術。王畿結綬，早見勤勞；賓席曳裾，頗多婉畫。」又云：「教以義方，退而學禮，至于仕宦，力行有規，能遵嚴父之訓，則彦休有焉。」是彦休之生平，猶有可考。桂苑筆耕集中土久佚，道光時始由朝鮮流入中國，修四庫書時所未見也。致遠以中和四年甲辰冬十月奉淮南高駢命，爲入新羅兼送國信等使，因以歸國，見於集中卷二十祭巉山神文署銜及石峰詩題下自注高麗人。徐有榘刻書序，亦云：「致遠於中和四年充國信使東歸，仍仕本國。」集前有致遠進書狀，後題中和六年正月。蓋歸國後始奏進其書，全集皆在高駢幕府及充國信使東歸途中所作。彦休見於集中，當又在中和四年以前。若如提要之説，中和四年彦休年僅十歲，則其攝鹽鐵巡官時方數歲耳，必無是理。然則彦休不生於乾符甲午明矣。考彦休自序云：「愚乾符甲午歲知不足齋刻本，作甲午不作甲子，提要所見之本乃傳寫之誤。生唐世二十有一，始隨鄉薦於小宗伯。」詳其文義，當以生唐世二十有一爲一句，蓋謂當唐世乾符甲午歲年已二十一歲，始舉進士耳。徒以拙於行文，遂使提要誤其句讀。黄伯思譏其敍事有銑溪虬户體，信然。乾符甲午爲僖宗卽位之元年，彦休年二十有一，由是下推至晉開運元年，則已九十有二。耄而著書，雖亦事理所有，然考其自序云：「中和歲齊偷搆逆，翠華幸蜀，摶虎未期，鳴鑾在遠，旅泊江表，問安之暇，出所記述，亡佚過半。其間近屏幃者，涉疑誕者，又删之，十存三四焉。共五十一篇，分爲上下卷。」又書中泗州風狂吏一條云：「至十四年，果懿皇晏駕，今上卽位。」是其書作於僖宗時，具有明徵。伯思謂其編次於中和四年甲辰，蓋卽據其自序，其説確不可易，是時彦休年三十有一矣。提要既嘗見此序，不知何以於其下文熟視無覩。遂爾斷章取義也。序云「旅泊江表」，蓋卽作於依高駢之時，其云「問安之暇」，亦與崔致遠所稱教以義方，能遵嚴父之訓者合。彦休之書，既作於唐代，考天祐唐亡之時，彦休年已五十四歲。其後不聞更仕五代，然則彦休是唐人，而非五代人矣。

是書諸家著録皆三卷。今止上下兩卷，似從他書鈔撮而成，非其原本。張耒宛邱集稱賈長卿嘗辨此書所載白居易母墮井事，此本無之。是亦不完之一證。然自序言共五十一篇，分爲上下二卷，又似非有脱遺者，或後人併追改其序歟？案張耒右史集四庫著録耒宛邱集七十六卷。此據四部叢刊景印舊鈔六十卷本。卷四十八題賈長卿讀高彦休續白樂天事此篇目字恐有脱誤。云：「高彦休作唐闕史，辨白樂天無因母墜井作賞花、新井詩，賈子又從而續辨之。」觀其所言書名撰人明白如此，必無譌誤。然則今本闕史之非完書，殆無疑義。分門古今類事卷一煬帝縱魚一條，卷二審音知變一條，俱引唐闕史。相其文筆體製，實出彦休。今本皆無之，則其闕佚多矣。其序中所謂五十一篇，分爲上下卷者，必後人所改也。陳振孫白文公年譜云：在汪立名白香山詩注卷首。會有惡公者，言其母看花墜井死，而作賞花及新井詩，貶江州刺史。中書舍人王涯言其新犯不可復理郡，又改司馬。新井之事，世莫知其實。其下引闕史所記此事佚文，至二百七十八字，此可以補今本之遺。惜乎賈長卿之辨，不可得而詳矣。

開天傳信記一卷

唐鄭綮撰。綮字蘊武，滎陽人，登進士第，累官右散騎常侍，好以詩謡託諷。昭宗意其有所蘊蓄，擢爲禮部侍郎，同中書門下平章事。所謂歇後鄭五作宰相，時事可知者，卽其人也。舊唐書本傳稱綮嘗歷監察殿中、倉户二員外、金刑右司三郎，而是書原本首署其官爲吏部員外郎，本傳顧未之及，或史文有所脱漏歟？書中皆記開元、天寶故事，凡三十二條，自序稱簿領之暇，搜求遺逸，期於必信，故以「傳信」爲名。

嘉錫案：陳振孫書録解題卷五雜史類云：「開天傳信記一卷，唐吏部員外郎鄭綮撰，雜記開元、天寶時事。」勞格唐郎官石柱題名考卷四，據以補入吏外。

博物志十卷

舊本題晉張華撰。考王嘉拾遺記，稱華好觀秘異圖緯之部，捃采天下遺逸，自書契之始，考驗神怪，及世間閭里所説，造博物志四百卷，奏於武帝。帝詔詰問，卿才綜萬代，博識無倫，然記事采言，亦多浮妄，可更芟截浮疑，分爲十卷云云。是其書作於武帝時。今第四卷物性類中，稱武帝泰始中武庫火，則武帝以後語矣。裴松之三國志注魏志太祖紀、文帝紀、滅傳、吴志孫賁傳，引博物志四條。今本惟有太祖紀所引一條，而佚其前半，餘三條皆無之。又江淹古銅劍贊引張華博物志曰：「鑄銅之工，不可復得，惟蜀地羌中時有解者。」今本無此語。足證非宋、齊、梁時所見之本。又唐會要載顯慶三年太常丞吕才奏，案張華博物志曰：「白雪，是泰帝使素女鼓五弦曲名。以其調高，人遂和寡。」又張彦遠歷代名畫記引張華博物志曰：「劉褒，漢桓帝時人。曾畫雲漢圖，人見之覺熱。又畫北風圖，人見之覺涼。」今本皆無此語。李善注文選引張華博物志十二條，見今本者九條。其西京賦注引王孫公子皆古人相推敬之詞一條，閒居賦注引張騫使大夏得石榴、李廣利爲貳師將軍伐大宛得蒲陶一條，七命注引橙似橘而非、若柚而有芬香一條，則今本皆無此語。段公路北户録引博物志五條，見今本者三條。其鵂鶹一名雞鵂一條，金魚腦中有麩金出功婆塞江一條，則今本皆無此語。足證亦非唐人所見之本。太平廣記引博物志鄭宏沈釀川一條，趙彦衞雲麓漫鈔引博物志黄藍張騫得自西域一條，今本皆無之。晁公武讀書志稱卷首有理略，後有讚文。今本卷首第一條爲地理，稱地理略，自魏氏曰以前云云，無所謂理略。讚文惟地理有之，亦不在卷後。又趙與旹賓退録稱張華博物志卷末載湘夫人事，亦誤以爲堯女。今本此條乃在八卷之首，不在卷末。皆相矛盾。則並非宋人所見之本。或原書散佚，好事者掇取諸書所引博物志，而雜採他小説以足之。故證以藝文類聚、太平御覽所引，亦往往相符。其餘爲他書所未引者，則大抵剽掇大戴禮、春秋繁露、孔子家語、本草經、山海經、拾遺記、搜神記、異苑、西京雜記、漢武内傳、列子諸書，餖飣成帙，不盡華之原文也。

嘉錫案：提要此篇，旁徵博引，用力頗爲勤至，與他篇之偶閲數條，便加論斷者殊科。然其所考，亦尚有未盡然者。王嘉拾遺記所記之事，杜撰無稽，殆無一語實録。提要亦謂「其言荒誕，證以史傳皆不合」。見總目本卷。故用入詞賦，取增華藻，固無不可，若竟認爲信史，資以論古，則未免爲有識所譏。提要譏朱彝尊採洞冥記伏生受尚書於李克一條入經義考，爲嗜博貪奇，有失别擇，非著書之體例。見總目卷一百四十二洞冥記提要。今方考論古書正僞，忽引荒誕之小説，殆於尤而效之矣。且黄氏士禮居所刻影宋本，並無泰始中武庫火一條，至謂晁公武稱卷首有理略，後有讚文。考宋淳祐袁州本讀書志卷三下作「首卷有地理略，後有讚文」。玉海卷五十七晉博物志條下，引晁氏曰亦同。然則今本博物志卷首之地理略，正與晁公武所見者相合。提要所據之讀書志，乃傳刻之本，偶脱一地字耳。通行本博物志之讚文雖在首卷之中，影宋本實在第一卷末，與讀書志並無不合。湘夫人堯之二女一條，影宋本實在卷十，於賓退録亦無矛盾。特修提要時，未見宋本，僅就通行本立論，尚爲未足深訝耳。至提要他所指摘，則皆深中要害。此書之非張華原本，殆無疑義。而近人丁國鈞補晉書藝文志卷三。乃曰：「考北史常景傳，有删正博物志語，是世所傳本，已非張氏之舊。段公路北户録及文選注所引各條，多出今本之外，疑據景未删之本。」其言亦似足以解紛。然何以解於其文與拾遺記、漢武内傳諸僞書相暗合乎？書中明引列子，近人多疑列子晉人僞作，則未必在張華之前。黄丕烈刻博物志序云：「予家有汲古閣影鈔宋本博物志，末題云連江葉氏，與今世所行本，敻然不同。嘗取而讀之，乃知茂先此書，大略撮取載籍所爲，故自來目録皆入之雜家。其體例之獨創者，則隨所撮取之書，分别部居，不相離厠。如卷首括地象畢方繼以考靈耀是也。以下雖不能條舉所出，然列子、山海經、逸周書等，皆顯然可驗。今本强立門類，割裂遷就，遂使蕩析離居，失其指趣，致爲巨謬矣。按通行本分三十八類。黄本止卷一爲地理略，以後不分門類。考讀書志及通考，皆載周日用注十卷，即是此本。晁氏云『首卷地理略，後有讚文』，實爲吻合。遂刻之以正今本之失。若夫通考所云博物四百，非有成書。而劉昭郡國志注、小司馬索隱、李崇賢文選注及藝文類聚、初學記、太平御覽所引，多出今本之外。隋志云：『博物志十卷，張華撰。』又云：『張公雜記一卷，張華撰，梁有五卷，與博物志相似，小小不同。』又云：『雜記十一卷，張華撰。』然則所引或出二書歟？」周中孚鄭堂讀書記卷六十七，亦謂諸書所引，有出今本之外者，或即張公雜記之文。且以士禮居刊本爲張氏原書。實則均之想當然耳。較丁氏以今本爲常景所删正者，尤無根據。考據之學，貴於徵實，臆斷之説，未敢雷同。

又劉昭續漢志注律歷志引博物記一條，輿服志引博物記一條，五行志引博物記二條，郡國志引博物記二十九條。齊東野語引其中日南野女一條，謂博物記當是秦、漢間古書，張華取其名而爲志。楊慎丹鉛録亦稱據後漢書注，博物記乃唐蒙所作。今觀裴松之三國志注引博物記四條，又於魏志涼茂傳中引博物記一條，灼然二書，更無疑義。此本惟載江河水赤一條。又載漢末關中女子及范明友奴發冢重生一條，而分爲兩條。又載日南野女一條。謂羣行不見夫句，爲羣行見丈夫。謂其狀皛且白句，爲狀皛目。其餘三十一條則悉遺漏，豈非偶於他書見此三條，以「博物」二字相同，不辨爲兩書，而貿貿採入乎？至於雜説下所載豫章衣冠人有數婦一條，乃隋書地理志之文，唐人所撰。華何自見之，尤雜合成編之明證矣。

案：楊慎以博物記爲唐蒙作，後之輯録古書者，大抵從之。惟孫志祖讀書脞録卷四云：「楊升菴丹鉛録云：『漢有博物記，非張華博物志也。周公謹云：不知誰著。考後漢注，始知博物記爲唐蒙作。』志祖案：張華博物志，亦稱博物記，無二書也。但今世所行博物志，本非完書，後人見劉昭注引有佚文，遂疑别一書爾。續漢書郡國志，犍爲郡下有蜀都賦注斬鑿之跡今存，昔唐蒙所造。本謂唐蒙開道事也。其下乃引博物記縣西百里有牙門山。升菴誤以唐蒙所造，連以博物記爲讀，云唐蒙作博物記，鹵莽甚矣。胡元瑞丹鉛新録，亦未加駁正。」其語極爲精核。然則是書之同於博物記，自是原書所有，非由後人貿然採入也。

書中間有附注，或稱盧氏，或稱周日用。案文獻通考載周、盧注博物志十卷，又盧氏注博物志六卷。此所載寥寥數條，殆非完本，或亦後人偶爲摘附歟？

各本所載盧氏及周日用注，均甚寥寥。提要疑爲後人摘附。考玉海卷五十七引中興書目云：「有周日用、盧氏注釋，間見於下。」謂之間見，可見注之不詳。南宋之初傳本已然，非宋以後人之所摘附也。孫志祖疑爲明季人刻書刪去，亦失之不考。

酉陽雜俎二十卷續集十卷唐段成式

是書首有自序云：凡三十篇，爲二十卷。今自忠志至肉攫部，凡二十九篇，尚闕其一。考語資篇後有云：「客徵鼠蝨事，余戲摭作破蝨録。」今無所謂破蝨録者，蓋脱其一篇，獨存其篇首引語，綴前篇之末耳。至其續集六篇十卷，合前集爲三十卷，諸史志及諸家書目並同。而胡應麟筆叢云：「酉陽雜俎世有二本，皆二十卷，無所謂續者。近於太平廣記中鈔出續記，不及十卷，而前集漏軼者甚多，悉鈔入續記中爲十卷，俟好事者刻之。」又似乎其書已佚，應麟復爲鈔合者。然不知應麟何以得其篇目，豈以意爲之耶？

嘉錫案：楊守敬日本訪書志卷八云：「酉陽雜俎二十卷，續集十卷。明刊本。新唐志及崇文總目并三十卷。中興書目則云雜俎二十卷，續雜俎十卷。自注云：見玉海。郡齋讀書志、書録解題同。説者謂唐志、崇文之三十卷，蓋合續雜俎計之。顧近代著録家有宋、元本前集，無舊本續集。胡應麟少室山房筆叢云：『近於太平廣記中鈔出續集。』而稗海及津逮祕書皆只有前集，案津逮本實有續集，楊氏此語失考。通行坊本有續集，不言是鈔綴而成。故四庫提要致疑於此。余辛巳於日本市上購得明萬曆戊申四川道監察御史内鄉李雲鵠刻本，前有宋嘉定癸未武陽鄧復序云：『陳君江刊止前集二十卷，又缺其序。余以家藏續集十卷，并前集之序畀之，遂爲全書。』然則續集在宋時已微，自鄧氏重刻，始有全書。又有明海虞趙琦美序，言得是書之原委，並增補續集之由。楊氏録其全序，略云：「美每從吳門過，必於書攤子上覓書一遍。歲戊子，偶一攤見雜俎續集十卷，以銖金易歸。堂兄可菴案頭有校本雜俎前集，詢其據何本，兄曰：『吾婦翁繆舍齋可貞氏，嘗見崑山虞質夫有宋刻雜俎。因讐是書，吾轉録此耳。』美携之歸，較三四過，又爲搜廣記類書及雜説所引，隨類續補。歲乙巳，嘉禾項羣玉氏復以數條見示，又所未備也。復爲續之。乃知是書必經人刪取，不然，何放逸之多乎？丁未，官留臺侍御内鄉李公自美案頭見之，欣然刻焉。」然則此書之前集，根原於宋刻本。而續集則鄧氏所藏，亦宋本也，唯趙氏有所綴輯耳。趙氏以收藏名一代，所謂清常老人者是也，其語必不誣。提要疑續集從太平廣記鈔出，何以得其六篇之目，意胡應麟以意爲之。今閱此書，乃知本于李刻，非原於胡氏。又提要云：『段氏自序凡三十篇，爲二十卷。今自忠志至肉攫部，凡二十九篇，尚闕其一。』遂疑語資篇後當有破蝨録一篇。今以此本校稗海本，第四卷禍兆篇下，此本有物革一篇，津逮本亦有之，目録則無。按學津討原本目録有物革一門。蓋稗海本禍兆篇共十條。此以前四條爲禍兆，而以後六條爲物革。觀後六條，皆言物變，而無禍患。提要所録，亦同稗海本，故有破蝨一疑。又按段氏序凡三十篇，今核之自忠志至尸穸，凡二十七篇，加以諾臯上下、廣動、植四卷，實五類八篇。又加末卷肉攫部實三十六篇。按玉海引中興書目云三十二篇，與自序不合。余疑段氏原書本三十卷，無所謂續集。經宋人刪削爲二十卷。南渡後好事者，又從他書鈔綴爲續集十卷，以合于唐志。其自序篇卷所云二十卷、三十篇、三十二篇者，當亦後人各就所有録之，故參錯不相應。今以動、植四卷爲一篇，恐古無此式也。其續集六篇之目，亦鈔綴者意撰，唯非胡應麟創始耳。」余謂楊氏以鄧復及趙琦美序，證續集亦出自宋本，非胡應麟所綴輯，誠爲信而有徵。惟疑爲出自南宋人之手，則仍爲意斷之詞，無以見其必然也。陸心源皕宋樓藏書志卷六十四載此書勞權校本，有泰昌紀元玉峯張丑跋云：「酉陽雜俎今刻本，有前後二種，皆二十卷，而續集不傳。雖以胡元瑞之廣收博取，卒未遇其原本，僅於太平廣記録出爲一册，亦莫能完十卷之舊。語具二酉綴遺中。此雜俎續集十卷，字畫樸拙，次序詳整，的是宋人寫本。」是則雜俎續集自趙琦美所得舊本外，又有宋人寫本。不知視趙本何如。張丑一生侈言收藏，提要謂爲夸飾其富，不足盡信。見一百二十三雜家類七清秘藏條下。則此所謂宋寫本，蓋其夸飾之故智。勞權跋亦云：「米庵定爲宋鈔，殆未必然，乃從宋刻傳鈔爾。」然足知續集尚存，非胡應麟所輯，又得一證。應麟殆偶未見原本，漫自抄綴，欲以補亡。其後原本既出，書遂不行耳。

其子目有曰諾皋記者，吳曾能改齋漫録以爲諾皋，太陰神名，語本抱朴子，不知確否。案姚寬西溪叢語卷上曰：「酉陽雜俎有諾皋記，意義難解。左氏傳襄公十八年秋，中行獻子夢與厲公訴，弗勝，見梗陽之巫皋，疑此事也。」如其言，則諾字無着落。故吳曾能改齋漫録卷五以爲叢語未盡得之，別引抱朴子内篇，載遁甲中經咒諸臯太陰將軍爲證，謂諸臯乃太陰之名。今案諸臯一篇皆記鬼神之事，其命名自是取之抱朴子，吳曾之言是也。但以諸臯爲太陰神名，則殊未確。近人譚嗣同石菊影廬筆識卷一嘗辨之云：「案葛稚川登涉篇引遁甲中經曰：『往山林中，當以左手取青龍上草折半，置逢星下歷明堂入太陰中，禹步而行，三咒曰：諸臯太陰將軍，獨聞曾孫王甲勿開外人，使人見甲者以爲束薪，不見甲者以爲非人。』則諸臯實禁咒發端之語辭，猶儀禮臯某復之臯。鄭氏曰：臯，長聲也。本書地真篇引太陰將軍無諸臯字，可知非太陰神名。」譚氏此説，實於文義爲長。考西溪叢語引晁伯宇談助云：「靈奇必要辟兵法：正月上寅日禹步取寄生木三，呪曰：諸臯，敢告日月震雷，令人無敢見我，我爲大帝使者。」又孫思邈千金翼方末附禁經二卷，皆禁呪之術，其護身禁法第二十在翼方卷三十。呪曰：「諸睾，左帶三星，右帶三牢，天翻地覆，九道皆塞，使汝失心從此迷惑，以東爲西，以南爲北，人追我者終不可得」云。以此兩説與抱朴子入山林呪互證，則譚氏謂諸臯爲禁呪發端之辭者，信有徵矣。且諸臯記序云：「夫度朔司刑，可以知其情狀；葆登掌祀，將以著於感通。有生盡幻，遊魂爲變，乃聖人定璇璣之式，立巫祝之官，考乎十煇之祥，正乎九黎之亂。當有道之日，鬼不傷人；在觀德之時，神無乏主」云云。則成式此篇，有取於巫祝之術，故以禁呪發端之諸臯名篇。若爲太陰神名，則無所取義矣。

清異録二卷宋陶穀

陳振孫書録解題以爲不類宋初人語，胡應麟筆叢嘗辨之。今案穀雖入宋，實五代舊人。當時文格，不過如是，應麟所云良是。惟穀本北人，僅一使南唐，而花九品九命一條云：「張翊者，世本長安，因亂南來，先主擢置上列。」乃似江南人語，是則稍不可解耳。豈亦雜録舊文，删除未盡耶？

嘉錫案：王國維觀堂外集庚辛之間讀書志云：清異録二卷，舊題宋陶穀撰，直齋謂此書似雲仙散録，而語不類國初人，蓋假託也。惟胡應麟少室山房筆叢三十二。謂此書命名造語，非穀不能。四庫提要亦右其説。惟疑其花品九命一條，似江南人作。今以本書證之，陳説良是。按宋史陶穀傳，穀以開寶三年卒。原注云：學士年表亦云開寶三年十二月卒。而南唐之亡，在開寶八年。今此書第一條，卽云「李煜在國時作祈雨文」云云，明明作于煜入宋之後，去穀之卒已五年。餘如書中稱宋太祖之謚，違命矦之封，及鄭文寶、陳喬、張佖之子等，皆在南唐亡國之後，或更遠在太宗時，則陳氏假託之説不誤，胡辨妄也。

續博物志十卷宋李石

舊本題晉李石撰。然第二卷稱今上於前朝作鎮睢陽，洎開國號大宋，是宋太祖時人矣。而又稱曾公亮得龍之脊，王安石得龍之睛，全摭陸佃埤雅之説。又引子華子、陳正敏遯齋閒覽、曾慥集仙傳，均南、北宋間之書，則併非北宋初人。別本末有其門人迪功郎眉山簿黄宗泰跋，稱爲方舟先生。方舟爲宋李石之號，所作詩如例，已著録經部中，則稱晉李石誤也。

嘉錫案：此書諸家刻本，有題爲晉人者，有題爲唐人者。明徐𤍞筆精卷六云：「張華著博物志，而有續博物志者，宋李石也。近年會稽商氏所梓稗海編爲唐人李石著，誤也。志中言太平興國陳摶、林逋、魏野及研譜、遯齋閒覽諸書，則宋人無疑矣。焦太史國史經籍志亦編作唐人，皆誤。書末有門人迪功郎黄公泰跋。迪功郎，宋秩也，唐無此秩。此又一證。」所考雖不如提要之詳，亦足以互相發明。

四庫提要辨證卷十九

子部十

小說家存目一 總目卷一百四十三

燕丹子三卷不著撰人

漢志無燕丹子之名，隋書經籍志始著録於小說家，至明遂佚。今檢永樂大典載有全文，然其文實割裂諸燕丹、荆軻事雜綴而成。其可信者，已見史記。其他多鄙誕不可信，殊無足採。謹仰遵聖訓，附存其目。

嘉錫案：此書著録於明陳第世善堂書目卷上，則當明之中葉，猶未佚也。唐以前書傳於今者蓋寡，就其存者，雖或無關經訓，然其片詞隻字，皆可爲詞章考據之用。文心雕龍正緯篇所謂事豐奇偉，辭富膏腴，無益經典，而有助文章者也。固宜存録，以爲考古之資。況此書實出自六朝以前，惡可削而不録乎？孫星衍曾就大典本更加校訂，刻入平津館叢書。其序云：「燕丹子三卷，世無傳本，惟見永樂大典。紀相國昀既録入四庫書子部小說類存目中，乃以抄本見付。」夫紀曉嵐於修四庫書時既斥其書不録，而乃私自抄存，復以其本授人，則知其於此書亦所甚愛。蓋雖職爲總纂，而於去取羣書之際，有爲高宗御題詩文所壓，不能盡行其志者矣。孫序又據史記集解、索隱所引劉向別録之文，謂劉向七略實有此書，因謂國策、史記取此書爲文，當在史遷劉向以前。然集解、索隱所引別録，未著其爲燕丹子，敍則亦未爲確證。漢書藝文志既不著録，仍當闕疑。孫氏之言，似失之好古過篤。惟其言古之愛士者，率有傳書，由身没之後，賓客紀録遺事，如管、晏、吕氏春秋，皆不必其人自著，則實通人之論也。唐李遠詩集在席氏唐百名家集内。有讀田光傳詩云：「秦滅燕丹怨正深，古來豪客盡霑襟。荆卿不了真閒事，辜負田光一片心。」然則此書亦名田光傳矣。李慈銘孟學齋日記甲集上云：「燕丹子末篇記荆軻刺秦王事，所言與國策、史記大異。以情理度之，皆非事實。然文甚古雅，孫氏謂審是先秦古書，誠未必然。要出於宋、齊以前高手所爲，故至隋志始著録，而唐人如北堂書鈔、史記正義、文選注、意林皆引之，存此以廣異聞可也。」

談藪一卷

舊本題宋龐元英撰。元英有文昌雜録，已著録。案元英爲宰相籍子，乃元豐中人。此書乃多述南宋寧、理兩朝事，相距百載，其僞殆不足攻。書中凡載雜事二十五條，皆他説部所有，殆書賈鈔合舊文，詭立新目，售僞於藏書之家者。厲鶚等南宋雜事詩注亦誤採之，蓋偶未考。然尤侗明史藝文志，作於康熙己未，業已著録，則其僞作自前明矣。

嘉錫案：陸楫古今説海説略部、陶珽説郛弓三十五，均有此書。陸書刻於嘉靖甲辰，陶書刻於順治丁亥，皆在尤侗作明史藝文志之前，是此書之爲明以前人所作審矣。絳雲樓書目卷二陳景雲注云：「説海中所刻談藪，皆記南宋時事，而其末題龐元英撰，恐誤。龐乃莊敏公子，元豐初爲省郎。談藪中却有寧宗語，則其書必嘉定以後作。若龐此時尚存，則幾二百歲矣。説海中又有文昌雜録，其下不著撰人名氏。蓋『龐元英撰』四字，當綴此下，而傳寫者誤録於前耳。」提要所考，與之暗合。第提要以爲僞書，而景雲不言其僞耳。考原本説郛卷三十一有文昌雜録六卷，談藪七卷，均題宋龐元英撰。二書前後相接，豈傳鈔者，蒙上文而譌，古今説海又承其誤歟？然説郛於撰文昌雜録之龐元英，注云：「南安人，按元英爲單州武成人，此誤。官主客郎中。」於撰談藪之龐元英，注云：「號瘦竹翁。」則又似兩人同姓名者，疑不能明也。原本説郛録此書凡四十五條，已非全書。而四庫所收本，只二十五條，則更删節不完矣。考其中所載之事，不盡爲他説部所有。如謂唐小説記紅葉題詩凡有四事；軍營中之天王堂，起於唐明皇敕諸節鎮於所在州府立天王形象，所考與能改齋漫録卷二略同。然漫録未及軍營中之天王堂。皆有裨考證。記厲德新作樹倒猢猻散賦以刺曹泳，韓判院作迎春黄胖詩以諷韓侂胄，亦意主勸懲。雖其間不免與他書互見，要不失爲墨客揮犀、東南紀聞之流亞，尚非一無可取者。至説海、説郛之題龐元英撰，恐是傳鈔之誤，未必便是僞書。陳景雲之言，較得其平矣。

月河所聞集一卷

宋莫君陳撰。君陳，湖州人，其始末未詳。書中稱授知婺州權刑部郎中，則嘗以朝官典郡矣。書中載郭璞錢塘讖，則似在南渡之初。而書中多載元祐事，又有今左丞晦叔之語。考呂公著爲尚書左丞，在哲宗卽位之年，則又乃見北宋。

嘉錫案：通鑑長編卷二百四十三云：「熙寧六年三月詔，試中刑法莫君陳遷一官，爲刑法官。」宋會要選舉十三同。是則其人不但及哲宗之初，且其入仕在神宗初年矣。周密癸辛雜識記當時藏書家有月河莫氏，或卽其人歟？所載皆當時雜事，篇頁寥寥，且繕寫譌脱，幾不可讀，蓋書賈從説郛鈔出，非其完本矣。

案此書雖無足重，然是藏書家之著作。葉昌熾藏書紀事詩竟不列其名，知其未見是書也。癸辛雜識記月河莫氏事，僅前集卷一吳興園圃條，有云「蓮花莊在月河之西，昔爲莫氏産，今爲趙氏」而已。至道及藏書，乃見於齊東野語卷十二書籍之厄條。此由稗海所刻癸辛雜識，以齊東野語之半誤作前集。提要於癸辛雜識條下已明言之，而仍沿用誤本，何也？今案齊東野語原文云：「吾鄉故家如石林葉氏、賀氏，皆號藏書之多至十萬卷。其後齊齋倪氏、月河莫氏、竹齋沈氏、程氏、賀氏皆號藏書之富，各不下數萬卷，亦皆散失無遺。」夫既列莫氏於石林葉氏之後，則所謂月河莫氏者，必非君陳本人，殆其子孫也。何者？以君陳卽爲神、哲時人，其年輩斷不在葉夢得以後也。

三朝野史一卷

舊本題宋無名氏撰，記理、度、端三朝之事。然書中稱大兵渡江，賈似道出檄書。又稱周有太后在上，禪位於太祖，宋亦有太后在上，歸附於大元，則元人作矣。書僅十九條，率他說部所有，似雜摭成編之僞本。然賈似道甲戌寒食一詩，厲鶚宋詩紀事卽據此採入，所不可解。豈亦如鄭景望詩之誤採蒙齋筆談乎？

嘉錫案：總目卷五十二雜史類存目一，有三朝野史一卷，提要云：「不著撰人名氏。記理、度、恭三朝軼事瑣言，僅十有九條，疑非完本。書中附記丙子三宮赴北事，蓋亦宋遺民所作也。詞旨猥瑣，殊不足觀。」今考此書十九條之中，大兵渡江，賈似道出檄書，爲第十一條。周有太后云云，爲第十三條。而丙子三宮赴北，則其第十七條也。總目雜史、小說兩類所著録者，實卽一書，前後重出。提要一則謂爲宋遺民所作，一則謂似雜摭成編之僞本，亦復兩不相謀。此由雜成衆手，未及刪除複重也。是書行世者凡有三本，一爲古今説海本，不著撰人名氏。一爲學海類編本，題宋無名氏。而廣百川學海本，獨題作吳萊，不知何據。考萊所著有桑海遺録，淵穎集卷十二載其自序，不聞又有此書也。

小説家存目二　總目卷一百四十四

龍城録二卷

舊本題唐柳宗元撰。宋葛嶠始編之柳集中，然唐藝文志不著録。何薳春渚紀聞以爲王銍所僞作，朱子語録亦曰：「柳文後龍城録雜記，王銍之爲也。」

嘉錫案：夷堅志支戊卷五云：「柳子厚龍城録，蓋劉無言所作，皆寓言也。」又與何薳以爲出於王銍者不同。蓋傳聞異詞，未詳孰是也。然因提要未引夷堅志，今人遂只知爲王銍僞作，不知有劉無言之説矣。無言名燾，劉誼次子，元祐三年蘇軾知貢舉中甲科。尤善書，在館中詔修閣帖十卷，有遺文五十卷，號見南山集。見萬姓統譜卷五十九。

莊季裕作雞肋編，乃引此録駁金華圖經，季裕與銍爲同時人，或其書初出，僞迹未露，故不暇致詳歟？

案雞肋編卷中云：「柳子厚龍城録載賈宣伯愛金華山，即今雙谿别界。其北有仙洞，俗呼以劉先生隱身處，石刻上以松炬照之，云：『劉嚴字仲卿，漢射聲校尉，當恭、顯之際極諫，貶於東陬，隱迹於此，莫知所終。』則道士蕭玉玄所記也。山口人時得玉篆牌，俗傳劉仲卿每至中元日來降洞中。州人祈福，尋谿口邊得此者，當巨富。此亦未必爲然。然仲卿亦梅子真之徒歟？余嘗觀金華圖經，乃謂劉孝標居此洞，以集文選，案孝標未嘗集文選，文選乃類苑之誤。梁書本傳云：「抄録事類，名曰類苑，未及成，復以疾去。因遊東陽紫巖山，築室居焉。」方輿勝覽卷七云：「紫微巖在金華縣北二十五里，有石室，梁劉孝標棄官舍其下，撰類苑。」其謬誤如此。紹興中歐陽文忠公孫懋守婺，余嘗録仲卿事與之，使改正舊失，未知曾革其非否。」此季裕引龍城録以駁金華圖經之説也。考元吳師道敬鄉録卷一云：「梁劉峻字孝標，平原人，隱金華山，事見本傳及文選注孝標所自序。見文選卷四十三重答劉秣陵沼書注引劉峻自序曰：「梁天監中，以病乞骸骨，後隱東陽金華山。」郡志：山之紫微岩，乃其講授處，清修寺卽故宅也。峻嘗撰山棲志一篇，傳云其文甚美，近出金華智者寺經藏函中，人罕見者。按柳子厚龍城録記隱金華山者，漢劉仲卿也。愚考昔人謂龍城録，唐志無之，乃王銍僞撰，或云劉燾。今志中敍近代江治中、王徵士，而不及仲卿，山棲志云：「近代江治中奮迅泥滓，王徵士高拔風塵，龍蟠鳳棲，咸萃兹地。」尤足以表其妄也。竊謂吾邦以文名前代者實自峻始，而此爲金華山作，足證僞書之舛。」是龍城録所記劉仲卿事，已爲師道所駁正。其言雖不爲季裕而發，而季裕之説，不攻自破矣。且師道所考，較何薳及朱子更詳，録之於此，以補提要之闕。

劍俠傳二卷

舊本題爲唐人撰，不著名氏。載明吳琯古今逸史中。

嘉錫案：古今逸史本此書四卷，每卷僅題明新安吳琯校，並未題爲唐人撰。書中所載，有張乖崖、卷三乖崖劍術條。張魏公事。卷四秀州刺客條。又有熙寧二年、任愿條。宣和六年、俠婦人條。建炎靖康之際解洵娶婦條。等語。若以此爲唐人，吳琯雖陋，亦不至如此。惟汪士漢秘書二十一種本題唐亡名氏撰，或即提要所謂舊本者歟？汪本亦四卷。

皆紀唐代劍俠之事，與太平廣記一百九十三卷至一百九十六卷所載豪俠四卷，文盡相同。次序及句下夾注，如潘將軍條下所附「忘其名，疑爲潘鶻硉也」九字亦復脗合。但譌鶻硉爲鶻碎耳。

案此書開卷老人化猿一條，乃春秋時事。其三四兩卷內，有南、北宋人事七條。除前所舉五事外，尚有花月新聞、郭倫觀燈二條。安得謂皆紀唐代之事。全書共三十三條，其出太平廣記豪俠類者只十九條，自扶餘國主至賈人妻凡十八條，其後雜以他書，至卷四又有義俠一條。而又顛倒其次序，或改易其篇題，改虬髯客爲扶餘國主。不盡與廣記相合。老人化猿條，係自廣記卷四百四十四畜獸類移入者。原題爲白猿，出吳越春秋。其餘十三條，則皆采自他書。如李勝、張訓妻、洪州書生三條，見江淮異人傳。乖崖劍術條，見春渚紀聞卷三。秀州刺客條，見鶴林玉露卷三。潘扆條，見陸游南唐書卷十七，而字句小不同。花月新聞、夷堅志支庚卷四。俠婦人乙志卷一。解洵娶婦、郭倫觀燈涵芬樓本志補卷十四。四條，皆見洪邁夷堅志。虬鬚叟、韋洵美二條，均見燈下閑談。任愿條，見青瑣高議前集卷四。安得謂盡與廣記豪俠類相同？提要之於羣書，往往僅匆匆翻閱，無暇細讀，況此存目中不甚緊要之書哉！

蓋明人勦襲廣記之文，僞題此名也。

案王世貞弇州山人四部稾卷七十一録文十六首，皆其自著書之序，有劍俠傳小序曰：「凡劍俠，經訓所不載，其大要出莊周氏、越絶、吳越春秋，謂莊子有説劍篇、越絶書、吳越春秋皆有寶劍事也。或以爲寓言之雄耳。至於太史公之論慶卿也，曰：『惜哉，其不講於刺劍之術也！』則意以爲真有之。不然，以項王之武，喑嗚叱咤，千人皆廢，而乃曰無成哉！謂項羽本紀言其學劍不成也。夫習劍者，先王之僇民也。然而城狐遺伏之奸，天下所不能請之於司敗，而一夫乃得志焉。如専、聶者流，僅其粗耳，斯亦烏可盡廢其説。然欲快天下之志，司敗不能請，而請之一夫，亦可以觀世矣。余家所蓄雜説劍客甚夥，閒有慨於衷，薈撮成卷。原本『成』字在下文『時』字下，余以意改。時一展之以攄愉其鬱。若乃好事者流，務神其説，謂得此術不試，可立致沖擧，此非余所敢信也。」世貞以其父忬爲嚴嵩父子所害，而已不能報，恨當時之爲司寇者，怵于嵩之威權，不敢治其誤國之罪，坐令流毒四海。因思此時若有古之劍俠其人者出，聞人訴其不平，必將投袂而起，操方寸之刃，直入權相之卧内，斬其首以去，則天下之人心當爲之大快。故曰「欲快天下之志，司敗不能請，而請之一夫」云云。則世貞著書之意，豈不大彰明較著也哉。所謂時一展之，以攄愉其鬱者，蓋世貞著此書時，嵩父子尚未敗，以己有殺父之讎，終天之恨，而無所投訴，故常鬱鬱於心，聊復爲此以快意云爾。若世貞者，可謂發憤而著書，其志可悲，故其書足以自傳，世貞著書時，太平廣記尚未刻行，夷堅志更無人見。原未依託古人。吴琯刻之而失其序，汪士漢遂妄題爲唐人。提要又不能考而妄辨之，由斯世閒多一僞書矣。世之好以辨僞自負者，遇己所不知，其慎之哉！

牡丹榮辱志一卷

舊本題宋丘璿撰。考宋邱璿字道源，黟縣人，天聖五年進士，官至殿中丞。邵博聞見後録記當時有邱濬者，以易卦推驗歷代，謂元豐正當豐卦。靖康要録記欽宗以郭京爲將，蓋取邱濬詩「郭京、楊式、劉無忌，皆在東南卧白雲」之讖，其字皆從睿從水。此本亦題曰字道源，蓋卽其人，而名乃作「璿」，殆傳寫誤歟？尤侗明藝文志乃以是書爲明丘濬作，又誤中之誤矣。厲鶚宋詩紀事稱濬有洛陽貴尚録，今未見。

嘉錫案：牡丹榮辱志，能改齋漫録卷十五曾載其全篇。四庫著録之本，疑卽後人從漫録中録出别行者，提要未之深考耳。宋羅願新安志卷八敍仙釋，略云：「丘濬字道源，黟縣人，天聖中登進士第。同卷進士題名，天聖五年王堯臣榜，丘濬，黟，殿中丞。因讀易損、益二卦，以此通數，知未來興廢。求爲句容令，歷官至殿中丞。後在池州，一日盥沐端坐而逝，年八十一。及殮，衣空，衆謂尸解。」景定建康志卷二十七句容縣題名記云：「丘濬，景德中衛尉寺丞，知縣圃築占星臺。」續通鑑長編卷一百四十九云：「慶歷四年五月乙亥，衛尉寺丞丘濬降饒州軍事推官，監邵武軍酒税。上封者言：『濬先作詩一百首，訕謗朝政，言詞鄙惡，兼以陰陽災變，皆非人臣所宜言者，傳布外夷非便。在杭州持服，每年赴闕，逐處稍不延接，便成謿詠，州縣畏懼。又印書令州縣强賣，以圖厚利。去年朝廷以無名詩嚴敕禁捕，近又有賦詩傳寫。如濬使在京師，必須復妄謗好人。國家多事之時，亦宜使邪正區別，風俗純厚，無容小輩，敢肆輕易。』故有是命。仍令福建路提刑司常切覺察，如有違越，並具以聞。以上亦見宋會要第九十七册職官六十四。始執政欲重誅之，上曰：『狂夫之言，聖人擇焉。古有郇謨哭市，其斯人之徒歟？』乃薄其罪。」凡此諸書所載，並可以見濬之爲人。宋志小説類有邱濬洛陽貴尚録十卷，别集類有丘濬觀時感事詩一卷，困編一卷。漫録云：「邱寺丞濬道源，自號爲迂愚叟。嘗爲牡丹著書十卷，號洛陽貴尚録。」通考卷二百十八有洛陽貴尚録一卷，引陳氏曰：「殿中丞新安邱濬道源撰，專爲牡丹作也。其書援引該博，而迂怪不經。濬天聖五年進士，通數，知未來，壽八十一。及斂，衣空，人以爲尸解。新安志云爾。」今聚珍本書録解題無此條。此皆宋詩紀事所本。其名並作濬。又春渚紀聞卷二記天繪亭事，亦作邱濬寺丞，可爲旁證。

釋家類存目總目卷一百四十五

神僧傳九卷

不著撰人名氏，焦竑國史經籍志載此書，卷帙相符，亦不云誰作。所載始於漢明帝時摩騰法蘭，終於元世祖時國師帕克巴，凡二百八人，蓋元人所撰。帕克巴傳稱大德七年卒，皇慶間追號大覺普惠廣照無上帝師，則書成於仁宗以後也。

嘉錫案：李慈銘荀學齋日記壬集下云：「明槧神僧傳首有序一葉，前題御製神僧傳序，末題永樂十五年正月初六日。四庫提要未見此序，以其第九卷終於元帝師瞻巴，故疑元仁宗時人所爲也。」愚考文淵閣書目卷十七寒字號有神僧傳一部，九册。又一部三册，均不著撰人。張萱内閣書目不著録，然明史藝文志子部釋家類明有成祖御製諸佛名稱歌一卷、普法界之曲四卷、神僧傳九卷。千頃堂書目卷十六同。提要固失之不考，李氏亦未之知也。朱睦㮮聚樂堂藝文目及萬卷堂書目卷三，均有神僧傳九卷，御製。范懋柱天一閣書目卷三之二云神僧傳八卷，不著撰人名氏，明永樂十五年御製。既云不著名氏，又云御製，近於不詞。從來御製之書，豈有署名氏者哉。丁丙善本書室藏書志卷二十二云：「神僧傳九卷，明秦藩刻本，此書首列永樂十五年正月御製序，云有間繙閱采輯其傳總爲九卷，使觀者不必用力搜求，一覽而盡得之，遂用刻梓以傳。似爲永樂時御製之書，何以焦氏國史志云不知誰作，豈未見原序耶？」今案國史志卷四上神僧傳九卷條下，並無「不知誰作」四字，但不注名氏耳，丁氏誤也。又考內閣大庫釋道書籍總檔乾隆四十九年檢查紅本處辦，僞中央研究院印入內閣書檔舊目內云：「神僧傳七部，每部三本，係明永樂間采輯三藏中神僧事跡而成，凡九卷，永樂製序。」尤爲明白矣。

道家類總目卷一百四十六

陰符經解一卷

舊本題黄帝撰，太公、范蠡、鬼谷子、張良、諸葛亮、李筌六家注。崇文總目云陰符經敍一卷，不詳何代人敍集太公以後爲陰符經注者凡六家，幷以惠光嗣等傳附之，蓋卽此書而佚其傳也。晁公武讀書志引黄庭堅跋，稱陰符雜兵家語，又妄託子房、孔明諸賢訓注，則是書之注，以此本爲最古矣。案隋書經籍志有太公陰符鈐録，又周書陰符九卷，皆不云黄帝。集仙傳始稱唐李筌於嵩山虎口巖石室得此書，題曰大魏真君二年七月七日道士寇謙之藏之名山，用傳同好。已糜爛，筌鈔讀數千徧，竟不曉其義。後於驪山遇老母，乃傳授微旨，爲之作注。其説怪誕不足信。胡應麟筆叢乃謂蘇秦所讀卽此書，故其書非僞，而託於黄帝，則李筌之僞。考戰國策載蘇秦發篋得太公陰符，具有明文。又歷代史志皆以周書陰符，著録兵家，而黄帝陰符入道家，亦足爲判然兩書之證。應麟假借牽合，殊爲未確。至所云唐永徽初褚遂良嘗寫一百本者，考文徵明停雲館帖所刻遂良小字陰符經卷末實有此文，然遂良此帖自米芾書史、寶章待訪録、宣和書譜卽不著録，諸家鑒藏，亦從不及其名。明之中葉，忽出於徵明家，石刻之真僞，尚不可定，又烏可據以定書之真僞乎？特以書雖晚出，而深有理致，故文士多爲注釋，今亦録而存之耳。

嘉錫案：提要此篇仍按而不斷，未言定出於何人之手。至下篇論朱子陰符經考異始言晁公武讀書志引黄庭堅跋，定爲筌所僞託。朱子語録亦以爲然。既定爲李筌所僞託，則不得有褚遂良手寫一百本之事。若果有此真蹟，則在宋時必入於好事者之家，而有宋一代儲藏富而賞鑒精者，莫過於宣和祕閣及米氏之寶晉齋。乃考之其書，既皆不著於録，故敢毅然斷其不足據。然所謂諸家鑒藏從不及其名者，想當然云爾，豈凡宋時公私收藏書畫目録，悉經取而一一加以檢察也哉？案樓鑰攻媿集卷七十二有褚河南陰符經跋，與停雲館石刊悉合，提要不之知也。其跋云：「陰符經説者甚衆，以文義不貫，頗費牽合，蓋嘗疑之。唐李筌傳驪山老母之言曰此符三百餘言，百言演道，百言演法，百言演術。上有神仙抱一之道，中有富國安民之法，下有强兵戰勝之術。分爲三章，又有六注，謂太公、范蠡、鬼谷、張良、諸葛亮及筌也。繫以正義，不言誰作，後序中謂出于驪山老母，亦間有無主名者。略計太公之言八，張良之言九，鬼谷六，諸葛五，范蠡纔一見，而筌及正義尤詳，又與世所版行不同。後有斷章三贊，又道士希嚴不知何許人，作贊三十九首，可謂備矣。比歲于都下三茅寧壽觀見褚河南真蹟注本，始知上古真仙，各出一二語以至三四，自愚人以天地文理聖（原校云此句似有脱誤字。）而彼不言其誰，其間有若相應答，亦有旨意全不聯屬者。將由羣仙之集而爲之耶，抑高真薈稡而成此經耶？凡見河南所書三本，其一草書，貞觀六年奉敕書五十卷。其一亦小楷，永徽五年奉旨寫一百廿卷，（此與停雲館石刻作寫一百本者小有不同。）及此，蓋書百九十本矣。二者皆見石刻，惟此真蹟，尤爲合作，字至小而楷法精妙。河南卒于顯慶三年，年六十有三，此時計四十五歲。而永徽所書，則五十有九矣。三本詳略亦自不同。草書本又冠以黄帝陰符經，要當以此本爲善。」岳珂寶真齋法書贊卷五又著録有歐陽詢陰符經帖，末行題黄帝陰符經，貞觀十一年丁酉歲九月□□日書與善奴。珂跋云：「右唐太子率更令歐陽詢字信本陰符經真蹟一卷，楷莊而勁，嚴而有法，真歐筆也。按率更之子曰通，字通師，官至内史，號小歐陽，亦以能書稱。淳化閣帖中有所授筆訣，亦云付善奴，卽其人也。」隨隱漫録卷五云常州澄清觀有褚遂良陰符經，夫使此經果爲李筌所僞託，筌嘗自稱爲天寶布衣，詳見太白陰經條下。褚登善、歐陽信本烏能書之於貞觀之時乎？若曰二人之書皆出于後人僞作，則樓攻媿之博學多聞，岳倦翁之好古精鑒，其識解有時或出米元章之上，非但不愧之而已，觀其極口贊美如此，豈均盲於目哉！近人文廷式純常子枝語卷三十五云：「陰符經雖非黄帝書，然褚登善書之，歐陽信本藝文類聚引之，其不出於李筌，審矣。」夫文氏所謂登善書之，不過據停雲館法帖爲言，提要已自不信，此不足以設難。惟藝文類聚所引，實見於其卷八十八引陰符經曰：「火生於木，禍發必克。」夫歐陽信本既嘗手寫是經以付善奴，又引用之於其奉詔所撰之書，其信重之如此，是必六朝以前相傳之古本矣。然其非黄帝之書，雖三尺童子猶能知之，褚、歐亦因其舊本所題書之耳。然則究爲何時書耶？曰樓攻媿嘗言之矣，見褚河南真蹟注本，知爲高真薈萃而成此經，而以草書本冠以黄帝陰符經爲不善。昔晉哀帝興寧二年紫虚元君上真司命南嶽魏夫人下降，授弟子楊羲以上清真經，使作隸字寫出，以傳句容許謐並第三息許翽，事見真誥運題象。於時所出道經甚多，黄庭經卽出於是時，真誥翼真檢篇云：「有王靈期者詣許丞，謂許謐中男聯，少名虎牙，爲衛尉丞。求受上經，許感其誠，遂復授之。王得經欣躍，乃竊加損益，凡五十餘篇，枝葉繁雜，新舊渾淆」云云。可見其時依託僞造，莫可究詰矣。其實不獨王靈期作僞，即楊、許所受於高真者，亦僞也。其後杜京産將諸經書往剡南，吾疑陰符經即爲此輩所作。以其有强兵戰勝之術，故京産弟子孫恩遂因之以作亂。然流俗之人，均震於其師弟之神術，高僧如慧遠，且與孫恩之姊夫盧循往還。瑯玡王氏世事五斗米道，右軍與許長史之兄邁游，晉書附羲之傳。嘗爲道士寫黄庭經，由是唐人善書者，多愛寫道經，褚、歐之寫陰符，亦猶是也。魏書釋老志云：「世祖時道士寇謙之守志嵩嶽，精專不懈，以神瑞二年十月乙卯忽遇大神乘雲駕龍集止山頂，稱太上老君，謂謙之曰，自天師張陵去世以來，地上曠誠修善之人，無所師授，吾故來觀汝，授汝天師之位。汝清整道教，除去三張僞法租米錢税及男女合氣之術。授謙之服氣導引口訣之法，遂得辟穀，氣盛體輕，顔色殊麗。」云云，是謙之創立新教，與三張舊法除去其五斗米與男女合氣之術，蓋欲力戒貪淫，以收人心，而仍自稱天師，襲三張之舊號。則其符呪經典，自必沿用不改。集仙傳所稱道士寇謙之藏之名山，用傳同好者，其事容或有之。李筌蓋偶得舊本，遂注而傳之，特故神其説，妄言遇驪山老母傳授微旨耳。此雖近於臆測，而其決非筌所僞託，則可斷言也。又案明郁逢慶書畫題跋記卷九子昂小楷陰符經後有大德丁未十月南山從吾子黄仲圭跋云：「陰符經一名黄帝天機之書，曩見王右軍石刻陰符，文與今文小異。子昂蓋有受，故筆力精到，不減右軍」云云。右軍石刻陰符，他書未見。然元人所見古刻，自較今日爲多，使右軍果有此刻，則與其寫黄庭以换白鵞者何以異。吾向疑此經爲楊、許之徒所僞作者，不亦大彰明較著也哉！或曰東觀餘論卷下跋黄庭經後曰：「按真誥云晉哀帝興寧二年，南嶽魏夫人所授弟子司徒公府長史楊君有黄庭一篇，僕案甲子歲逸少以晉穆帝升平五年卒，是年歲在辛酉，後二年即哀帝興寧二年，始降黄庭于世，安得逸少預書之。今此帖始見於梁代。蓋晉興寧已後，或宋、齊人書也。」黄伯思考證甚精確，由是言之，右軍不得書黄庭經，審矣，況陰符乎？應之曰，趙孟頫松雪齋文集卷三有詩題曰：「題黄素黄庭，此書飄飄有仙氣，意其爲楊、許舊跡，蓋人間至寶，伯幾所藏也。」孟頫書法爲宋以後第一人，又親見黄庭真蹟，乃不以爲右軍書，而謂爲楊、許舊跡，則其視石刻陰符，亦必以爲楊、許舊跡，而不以爲右軍，黄仲圭之言非也。曰果是楊、許所書，何至陶隱居與梁武帝啓亦云逸少名跡，黄庭勸進乎？曰隱居固嘗言之矣，真誥翼真檢曰：「三君手跡，楊君書最工，筆力規矩，並於二王，而名不顯者當以地微，兼爲二王所抑故也。掾書乃是學楊，偏善寫經。」然則楊君書不在二王之下，許掾又是學楊，掾者許翽也。亦必有相似處，此或隱居得楊、許所寫黄庭卷中偶未署名，誤以爲逸少，而未考其卒年耳。隱居猶有此失，則彼黄仲圭者宜乎見楊、許所寫陰符而以爲右軍也。若果爲楊、許所寫，則吾疑爲若輩所僞作者，不既信矣乎！雖然，此特意必之談，羌無故事，且亦未見陰符石刻，不知有無書者之姓名，惟可斷言非李筌所託而已。既見明王肯堂筆塵卷四亦引真誥以爲是楊、許所書，頗以私所考證相暗合爲喜。明汪砢玉珊瑚網卷二十有王弇洲褚登善書陰符經跋云：「陰符經古未有，自唐初褚河南先後奉命書百七十卷，今石刻存者，貞觀六年行艸一卷，永徽五年正書一卷。而歐陽渤海亦有貞觀六年正書一卷，皆絕妙。道藏内陰符凡數十種，注釋亦如之。獨趙文敏最爲定本，蓋據歐陽本也。」余案頭無四部稾，故就汪書轉引。歐陽貞觀六年所書，他書所未言，據此則子昂實用歐陽本，非出右軍石刻也。而其書之非李筌僞託，更無疑義矣。又案劉鑾五石瓠卷二載孫北海承澤藏帖有褚書小楷陰符經、草書陰經，是其真蹟在清初猶有存者。

陰符經講義四卷

宋夏元鼎撰。元鼎字宗禹，自號雲峯散人，永嘉人。是書前有寶慶二年樓昉序，稱元鼎少從永嘉諸老游，好觀陰符，未盡解，後遇至人於祝融峯頂，若有所授者；後取陰符讀之，章斷句析，援筆立成，若有神物陰來相助云云。蓋方術家務神其説，往往如是也。又有寶慶丙戌留元剛雲峰入藥鏡箋序一篇及元鼎自記、自序二篇，寶慶丁亥王九萬後序一篇。俞琰席上腐談稱元鼎注陰符、藥鏡、悟真三書，真西山爲之序，與諸序所言悉合。今未見其入藥鏡、悟真篇二注，而此本已無德秀序，殆傳寫佚之。然德秀西山文集亦不載其文，則莫喻何故矣。

嘉錫案：孫詒讓温州經籍志卷十八引提要此條自注云：「案俞氏所稱真西山序，蓋指悟真篇講義跋也。西山文集三十五有其文，此誤。」考真德秀跋云：「雲峰夏宗禹自東嘉來遊幔亭，示余所謂悟真講義。君之爲人，材智磊落，蓋嘗入山東幕府，奉檄走燕齊間，功名之志鋭甚，年未五十，遽欲捐棄軒冕，從安期、羡門，爲海山汗漫游，其太早計矣。」又宋劉克莊後村大全集卷九十九夏元鼎悟真篇陰符經入藥鏡注跋云：「永嘉夏君元鼎頃事賈制置涉宣勞於山東、河北，既而棄官學道，觀其所注三書，皆遁世之學也，深於道矣。余獨問君，向在兵間，曾殺人否？君歷舉某事某事，皆談笑脱人於死者。及與君抵掌論兵，頗右武安君，間語楚臺叛寇又欲盡僇之而後已。噫，是猶有用世之心也！」提要不能詳元鼎之生平，得此兩跋，可補其闕。宋詩紀事卷九十云：「夏元鼎字宗禹，永嘉人，號雲峯散人，又號西城真人。」並録其絶句一首云：「崆峒訪道至湘湖，萬卷詩書看轉愚。踏破鐵鞵無覓處，得來全不費工夫。」厲鶚自注引蓬萊鼓吹紂録曰：「元鼎博極羣書，屢試不第，應賈、許二帥幕，出入兵間，至上饒，夜感異夢，棄官入道。至南岳祝融峯，遇赤城周真人，求其指示，乃大悟，因題詩云。所著有陰符經三卷、圖説一卷、崔公藥鏡箋一卷。今永嘉有夏仙里云。」其敍元鼎事，與真、劉兩跋合。至言於祝融峯遇周真人，又與樓昉序合。然元鼎於著書之後，猶有用世之心，至以殺人爲快，非真能遺世羽化者。元方回桐江續集卷三十一送汪復之歸小桃源序云：「元鼎温州人，寶慶中以小武官歷事山陽應純之五帥，僞撰西江月十二首爲平叔作。平叔卽撰悟真篇之張用成。其後死於色慾，近人尚或譏之。」則其人蓋誕妄之徒，敢於惑世誣民者，所謂遇至人悟道之説，皆不可信也。今道藏洞真部玉玦類有夏元鼎陰符經講義四卷，又有悟真篇講義七卷，署名夏宗禹。崔公入藥鏡注解一卷，署名混然子，宗禹卽元鼎之字，混然子或其別號歟？黄虞稷千頃堂書目卷十六於元鼎所著三書均著録，入藥鏡解不著卷數，陰符經注作三卷，悟真篇講義卷數與道藏同。惟以元鼎爲明人。倪燦補宋史藝文志，因之不著録，皆誤也。據方回言元鼎又有參同契釋，今不傳。

老子注二卷 魏王弼

錢曾讀書敏求記謂弼注老子已不傳，然明萬曆中華亭張之象實有刻本，證以經典釋文及永樂大典所載，一一相符。列子天瑞篇引「谷神不死」六句，張湛皆引弼注以釋之，雖增損數字，而文亦無異，知非依託，曾蓋偶未見也。

嘉錫案：弼注現存道藏中，題山陽王弼注，分爲四卷。明白雲霽道藏目録詳注卷三著録於洞神部得字號，是卽無張之象刻本，其書亦未嘗失傳也。明刻除張本外，又有孫鑛刻本，題晉王弼注，明句餘孫鑛評閲。每半板九行，行二十五字，末有政和乙未晁説之跋尾，見經籍訪古志卷五。

此本卽從張氏三經晉注中録出，後有政和乙未晁說之跋，又有乾道庚寅熊克重刊跋。二跋皆稱不分道經、德經，而今本經典釋文實上卷題道經音義，下卷題德經音義，與此本及跋皆不合。豈傳刻釋文者，反據俗本增入歟？考陳振孫書録解題尚稱不分道經、德經，而陸游集有此書跋曰，晁以道謂王輔嗣老子題曰道德經，不析乎道、德而上下之，猶近乎古；此本乃已析矣，安知其他無妄加竄定者乎？其跋作於慶元戊午，已非晁、熊所見本，則經典釋文之遭妄改，固已久矣。

案錢大昕潛研堂金石跋尾卷五唐景龍二年老子道德經跋云：「老子道德經二卷，上卷曰道經，下卷曰德經，分兩面刻之。案河上公注本道可道以下爲道經，卷上；上德不德以下爲德經，卷下。晁說之跋王弼注本，謂其不析道、德而上下之，猶爲近古。不知陸德明所撰釋文正用輔嗣本題云道經卷上，德經卷下，與河上本不異。晁氏所見者，特宋時轉寫之本，而翻以爲近古，亦未之考矣。予家所藏道德經凡五本，惟明皇御注本及此本，皆分道經、德經爲二，蓋漢魏以來篇目如此。而此本爲初唐所刻，字句與他本多異。」錢氏所著廿二史考異卷三十一，說與此略同。並云：「後魏杜弼注老子上表，亦稱道、德二經。賈公彥周禮疏亦引道經、德經云云，可證唐以前本皆有道經、德經之分也。」武億授堂金石文字續跋卷三：「玄宗御注道德經石刻跋云分老子道經卷上、德經卷下，亦與古本相仿。後陸放翁題跋云，晁以道謂王輔嗣老子題曰道德經，不析乎道、德而上下之，猶爲近古。此本已久離析，然則宋已失輔嗣定本。案武氏之意蓋謂古本雖分道經、德經，而輔嗣定本則不分，是仍不免爲晁氏之説所惑，實則弼注亦分道德爲二也。今邢氏論語疏引老子德經云天網恢恢，疏而不失，此其可徵之一也。案邢疏所引，見季氏篇君子有三畏章。然又考漢書注如顏氏於魏豹傳引老子道經曰國家昏亂有忠臣。田橫傳引老子德經曰貴以賤爲本，高以下爲基，是以侯王自謂孤寡不穀。楚元王傳引老子德經云知足不辱。嚴助傳老子所謂師之所處，荆棘生之者也，師古曰老子道經之言也。揚雄傳貴知我者希，師古曰老子德經云知我者希，則我貴矣。酷吏傳老氏稱上德不德，是以有德，下德不失德，是以無德，法令滋章，盜賊多有，師古曰老子德經之言也。下士聞道大笑之，師古曰此老子道經之言也。西域傳注引老子德經曰天下有道，卻走馬以糞。蓋其所引以道、德分篇者若此，而與釋文題道經音義者並合。又賈公彦周禮師氏疏亦以爲道經云道可道，非常道。德經云上德不德，是以有德。章懷太子注後漢書，其於翟酺傳也，則又謂老子道經曰魚不可脱於泉。是數子於初唐時並同所證，自注云夢真容碑，稽之道經，以慈爲寶。其必襲自晉宋舊本如此。碑所分題，固有據也。」又武氏授堂文鈔卷二有老子道德經書後一首，中間數百字，與此跋全同。洪亮吉曉讀書齋二録卷下云：「道經、德經，山經、海經，古人本皆區別，如老子著書上下二篇，述道德之旨，上篇爲道經，下篇爲德經是矣。自後人取簡便之稱，遂合名爲山海經、道德經。然統舉其名則可，若止引道經，而名之曰道德經；止引山經，而名之曰山海經，則非矣。」自注云陸德明釋文卽分道經德經音義。俞正燮癸巳存稿卷十二云，史記言老子迺著書上下篇，言道德之意五千餘言，不言上經爲道，下經爲德。今老子河上公注本、王弼注本，皆分道經、德經，蓋漢時已如此。北齊書杜弼傳云弼表上老子注言竊惟道、德二經，詔答亦言朕有味二經。董逌藏書志云：「唐玄宗既注老子，始改定章句。凡言道者類之上卷，言德者類之下卷，案逌說非是，已爲金石萃編卷八十三所駁，不知俞氏何以不加糾正。刻石渦口老子廟中，此本未見。冊府元龜云晉天福五年十一月，賜張薦明號通玄先生，令以道、德二經雕上印板，命學士和凝別撰新序，俾頒天下。小學紺珠引東京記李昉宅有三經堂，謂孝經、道經、德經也。」孫詒讓札迻卷四云：「老子上下篇八十一章，分題道經、德經，河上公本、經典釋文所載王注本、道藏唐傅奕校本、石刻唐玄宗注本並同。弘明集牟子理惑論云所理止於三十七條，兼法老氏道經三十七篇。則漢時此書已分道、德二經，其道經三十七章，德經四十四章，亦與今本正同。案宋董思靖道德經集解序録引劉歆七略云：「劉向定著二篇八十一章，上經三十四章，下經四十七章。」則漢中祕書老子分篇，與今本不同，與牟子說亦異。第七略久亡，思靖所引，未知果可據否？今所傳王注，出於宋晁説之所校，不分道、德二經，於義雖通，然非漢唐故書之舊。」以此諸家之説觀之，則晁説之謂不分道、德之本爲近古，可謂强作解事矣。而提要顧深信其説，翻以經典釋文之分道經、德經者爲後人妄改，何其不考之甚也！案世説新語卷上之下文學篇云：「何平叔注老子始成，詣王輔嗣，見王注精奇，因以所注爲道德二論。」蓋平叔本爲道、德二經作注，因見王注勝己，遂取己作點竄之，以道經注爲道論，德經注爲德論。列子天瑞篇注引有何晏道論，是其明證。可見魏時人所見老子皆析道、德爲上下篇也。輔嗣與平叔同時，安得獨據異本乎？北周書王褒傳載褒與周弘讓書云：「上經説道，屢聽玄牝之談；中藥養神，每稟丹砂之説。」又唐寒山子詩云：「寒山有裸蟲，身白而頭黑。手把兩卷書，一道將一德。」釋道宣集古今佛道論衡卷三高祖幸國學，當集三教問道是佛師事云：「先問道云，先生廣位道宗，高邁宇宙，向釋道德云上卷明道，下卷明德，未知此道更有大此道者，爲更無大此道者。」册府元龜卷六百四十唐天寶元年四月詔曰：「自今以後，天下應舉，除崇玄學生外，自餘所試道德經宜並停，其道經爲上經，德經爲下經，庶乎道尊德貴，是崇是奉。」是皆可爲唐以前本分卷之證。宋邢昺孝經疏云：「易有上經、下經，老子有道經、德經。」在開卷御製序並注條下。葉夢得避暑録話卷一云：「古書名篇，多出後人，故無甚理。老氏別道、德爲上下兩篇，其本意也，若逐章之名則非矣。」宜和書譜卷六云：「山人蒲云嘗以雙鉤寫河上公注道經，筆墨清細。今御府所藏正書二，雙鉤道經，雙鉤德經。」此又宋時通行本老子皆分道、德二篇之證也。以上數條，偶爲錢、武諸家所未及，故聊復補之如此。又日本具平親王弘決外典鈔卷二注云：「老子經有道經、德經二篇。」具平當中國宋太宗時，所見蓋亦唐本。綜觀諸證，則自漢魏以至兩宋，凡言及老子，皆析道、德爲上下經，晁氏獨以不析者爲近古，不知爲何代之古本乎？

關尹子一卷

舊本題周尹喜撰。案經典釋文載喜字公度，未詳何本。然陸德明非杜撰者，當有所傳。李道謙終南祖庭仙真内傳稱終南樓觀爲尹喜故居，則秦人也。

嘉錫案：經典釋文莊子音義天下篇關尹條下云：「關令尹喜也。或云尹喜字公度。」提要所引，蓋即指此。殷敬順列子釋文黄帝篇關尹條亦云：「關令尹喜字公度，著書九篇。」考葛洪神仙傳卷九云：「尹軌字公度，太原人。」太平廣記卷十三引同。德明之言，疑出於此。但傳不言爲關令尹，亦無見老子及著書九篇之事。且編次於孔安國之後、介象之前，其人似生後漢時，與尹喜必非一人。按雲笈七籤卷四是道教第三十代，在葛玄之後，玄爲第二十九代也。惟困學紀聞卷二十云：「太霄經以尹軌爲尹喜。」太霄經之作，當在陳、隋以前，宜乎陸氏牽引爲一矣。列仙傳及關令内傳，仙苑編珠卷九引之最詳，又略見類聚卷七十八。均不言喜爲何許人。初學記卷二十三引樓觀本記曰：「周穆王尚神仙，因尹真人草制樓觀，遂召幽逸之人，置爲道士。」御覽卷六百六十六引太霄經同，惟無尚神仙三字及草字。元和郡縣志卷二盩厔縣條下云：「樓觀在縣東三十七里，本周康王大夫尹喜宅也。穆王爲召幽逸之人，置爲道士。相承至秦漢皆有道士居之。晉惠帝時重置其地，舊有尹先生樓，因名樓觀。武德初，改名宗聖觀，事具樓觀本記及先師傳焉。」先師傳，蓋謂關令内傳。太平寰宇記卷三十作在縣東三十二里。此亦六朝以來相傳之舊説，而李道謙因之。道謙元人，其出最晚，豈可用爲根據。且只稱爲宅爲故居，恐尹喜未得便爲秦人也。

考漢志有關尹子九篇，劉向列仙傳作關令子，而隋志、唐志皆不著録，則其佚久矣。南宋時，徐蔵子禮始得本於永嘉孫定家，前有劉向校定序，後有葛洪序。

案徐蔵得本於孫定，本書序跋中皆不載其事。惟陳振孫直齋書録解題卷九云：「案漢志有關尹子九篇，而隋、唐及國史志皆不著録。徐蔵子禮得之於永嘉孫定，首載劉向校定序，篇末有葛洪後序，未知孫定從何傳授，殆皆依託也。序亦不類向文。」提要此節惟劉向列仙傳作關令子一句，爲解題所無，其餘皆直録其語，而没其所出，不幾無徵不信乎。談遷棗林雜俎聖集有僞書一條云：「毛漸僞三墳、張昇僞元命苞、孫定僞關尹子。」其以此書爲孫定所僞託，卽據陳振孫之言耳。

向序稱蓋公授曹參，參薨，書葬。孝武帝時，有方士來上淮南王，祕而不出。向父德治淮南王事，得之。其説頗誕，與漢書所載得淮南鴻寶祕書，言作黄金事者不同。故宋濂諸子辨以爲文既與向不類，事亦無據，疑卽定之所爲。然定爲南宋人，而墨莊漫録載黄庭堅詩「尋師訪道魚千里」句，已稱用關尹子語，則其書未必出於定，或唐五代間方士解文章者所爲也。

案此書不獨如陳振孫所言隋、唐及宋國史志不著於録也，自唐洎北宋，其文章著述傳世者夥矣，曾無一人引用其語，或評論其書者。卽南宋初年諸目録，如通志藝文略、郡齋讀書志尚不列其名，至遂初堂書目及書録解題始有之。得此書之徐蕆，乃兢之從子，嘗刻宣和奉使高麗圖經，有跋題乾道三年，知爲孝宗時人。尤袤卒於光宗紹熙末，此書必出於孝宗之世，出而仍不甚顯，故趙希弁之徒，猶未之見也。希弁讀書附志不著年月，其後志有淳祐庚戌序。黄庭堅卒於崇寧四年，安得先見之？如謂爲唐、五代方士所爲，何以沈淪數百年，不爲一人所見，直待黄庭堅然後用之耶？墨莊漫録卷三曰：「山谷詩云『争名朝市魚千里』。予問諸學生魚千里，多云此齊民要術載范蠡種魚事，發池中作九墩。然初無千里字，心頗疑之。後因讀關尹子云以盆爲沼，以石爲島，魚環游之，不知其幾千萬里不窮也。案見一字篇。乃知前輩用事如此該博，字皆有來處。」然則謂魚千里句爲用關尹者，張邦基以意言之也。邦基與洪邁同時，分類夷堅志卷□呂元圭條云張邦基子賢說。蓋孝宗以後尚存，自得讀關尹子，見其語與黄詩合，便謂前輩用事如此。龔頤正芥隱筆記亦謂山谷用關尹子。其是與非，必須考之庭堅所自言，乃能決之耳。案山谷詩内集卷一有詩題作「王稚川官都下未歸，予戲作林夫人款乃歌二章與之，其第二章曰：從師學道魚千里，蓋世成功黍一炊」。邦基引作「争名朝市魚千里」，蓋所引乃別一首。提要引作尋師訪道，則誤以任淵注中所引黄氏本黄氏本卽黄𤇍山谷年譜卷十一所引蜀中石刻爲漫録之文也。任注又曰：「張氏本有山谷跋云魚千里，蓋陶朱公養魚法，凡魚遠行則肥，池中養魚慮其瘦，故於池中聚石作九島，魚繞之，日行千里。山谷之説如此。予按齊民要術載陶朱公養魚經曰以六畝地爲池，池中爲九洲六谷，求鯉魚内池中云云。又按吴越春秋范蠡曰會稽之山有魚池，水中有三江四瀆之流，九溪六谷之廣。山谷本引用此説，特以意加損爾。然詩意則謂千里訪道，如魚之回旋往復，徒自苦耳，不如歸而求之有餘師。劉向新序丘吾子曰吾有三失，少好學問，周遍天下；還後，吾親亡，一失也。山谷蓋用此意。」然則所謂魚千里者，乃用陶朱公養魚法，庭堅已自言之矣。雖齊民要術及吴越春秋並無千里字，然是用其意而加損其辭，任淵又已明白指出，何曾用關尹子乎？關尹晚出之書，不獨庭堅不及見，卽任淵之注黄、陳詩，其自序題政和辛卯，亦不及見也。使關尹子果出於北宋以前，而其辭又恰爲此詩之天然注脚，黄、任皆博極羣書者，安得置之不言乎？蓋作僞者，正是竊取黄詩之意以欺人，觀其言以石爲島，與養魚經之九洲不同，則並山谷自跋而亦竊之矣。邦基不悟，翻謂黄詩爲用關尹子是真，朱子所謂緣天問而作山海經説者，反引山海經以説天問也。見晦菴集卷八十二題屈原天問後。提要不讀山谷集，遽據邦基之言以證其爲唐五代間之作，毋乃考之不詳歟？

至濂謂其書多法釋氏及神仙方技家，如變識爲智，一息得道，嬰兒蕊女，金樓絳宫，青蛟白虎，寶鼎紅爐，誦呪土偶之類。老聃時皆無是言。又謂其文峻潔而頗流於巧刻，則所論皆當。要之，其書雖出於依託，而核其詞旨，固遠出天隱、無能諸子上，不可廢也。

案此書其出最晚，其詞甚近，蓋爲宋之文士所作，與子華子等文筆亦不相上下，其非唐以前古書，可望而知之，不必論其用字也。若如宋濂之言，則嬰兒蕊女金樓絳宫等字，六朝以下諸道書常有之，可謂關尹爲六朝書耶？子華子之出，尚早於關尹，然以朱子攻之甚力，見文獻通考卷二百十三。清儒鮮稱之者。獨提要謂其博辨可喜。至於此書，乃頗愛其文辭。除提要外，如馬驌纂繹史，不采子華子，顧獨謂關尹雖僞託，而名理殊有可采。見繹史卷八十三。張之洞作書目答問以鬻子、子華子、尉繚子皆僞書不録，而謂六韜、關尹、鄧析、燕丹僞而近古。以宋人之作與先秦古書並論，且謂之近古，不知其古安在，此非淺學如余者所能解也。

南華真經義海纂微一百六卷

宋褚伯秀撰。伯秀，杭州道士。是書成於咸淳庚午，前有劉震、孫文及翁湯漢三序，距宋亡僅六年。周密癸辛雜識後集載至元丁亥九月與伯秀及王磐隱游閱古泉，則入元尚在也。

嘉錫案：周密浩然齋雅談卷中云：「道士褚伯秀清苦自守，嘗集注老、莊、列三子，天師以學修撰命之，學上脫一字。不就，作貧女吟二首謝之曰：夜績晨炊貧自由，强教塗抹只堪羞。閉門静看花開落，過却春風不識愁。寂寞蓬窗鎖冷雲，地爐紉補自陽春。千金莫誤朱門聘，不是穿珠插翠人。」此亦伯秀入元以後事，且可見其所守，真高士也。

莊子翼八卷莊子闕誤一卷附録一卷明焦竑

附刻一卷，列史記莊子列傳，阮籍、王安石莊子論，蘇軾莊子祠堂記，潘佑贈別，王雱雜説，李士表莊子九論考。南唐潘佑以直諫見殺，而此列蘇軾、王雱之間，未審卽其人否？

嘉錫案：陸游南唐書卷十三近四部叢刊影印錢叔寶手鈔元天曆本紀傳各自爲卷，此爲列傳第十。潘佑傳云佑酷喜老、莊之言，嘗作文一篇，名曰贈别，其辭汲古閣本無以上八字曰：「莊周有言：得者時也，失者順也。安時處順，哀樂不能入也。」以下通篇皆暢發此義。末云：「此吾平昔所言也，足下之行，書以贈別。」此文蓋送其友人之序，特不知所送者何人耳。焦竑採入莊子附録，廁之於蘇軾、王雱之間，時代不合。蓋明人著書，鹵莽滅裂，大抵如此。十國春秋卷二十七潘佑傳亦有此文，提要竟不能考，何其疏也！

文子纘義十二卷

宋杜道堅撰。道堅字南谷，當塗人，武康計籌山昇元觀道士也。其始末無考。是書諸家書目亦罕著於録。惟考牟巘陵陽集有爲道堅所作序，又別有計籌峰真率録序，稱洞微先生嘗主昇元觀席，德壽宮錫之寶翰，至今歲某甲道堅實來，上距祖君十二化然才百年云云。案自高宗内禪居德壽宮時，下至景定壬戌，正一百年。則道堅當爲理宗時人，而李道純中和集序乃道堅所作，題大德丙午，則入元久矣。

嘉錫案：元趙孟頫松雪齋文集卷九有隆道沖真崇正真人杜公碑，略云：「真人諱道堅，字處逸，杜姓，當塗采石人，自號南谷子。年十四，辭母去俗，著道士服，結知楊氏之王孫，託友鄧侯之内侍，獲引見度廟，錫號輔教大師。爰受紫衣之榮，遄尋白石之隱。於是楊氏以禮請住昇元報德觀，屬天兵南渡，所在震動。玉石慮燬於崐岡，黎庶思淪於塗炭。原作淪懼於塗炭，今改。弓刀昌措，莫救鄉閭；衣食無從，忍填溝壑。真人冒矢石，叩軍門，見太傅淮安忠武王於故鄉，披膽陳辭，爲民請命。王與語大悦，恨見之晚，軍麾爲之斂兵，民社因之安堵，遂俾馳驛，入覲帝闕。世祖皇帝聆師之來，奏聞，立召。尋有詔特委馳驛江南，搜訪遺逸。真人退而上疏，言求賢養賢用賢之道，上嘉納焉。欽奉璽書，提點道教，住持杭州宗楊宫。大德七年復被旨授杭州路道録教門高士真人，既主宗楊，不忘舊館，仍領昇元觀事。往來昇元，尋白石舊隱，因計然之籌峯，卽葛仙之丹井，别立通玄觀，又作攬古之樓於通玄。聚書數萬卷，著老子原旨及原旨發揮、關尹闡玄、文子纘義等書數十萬言。初，玄教大宗師開府張公疏舉真人兼領杭州四聖延祥觀。今上皇帝游心大道，申念老臣，皇慶改元，宣授隆道沖真崇正真人，依舊住持杭州宗楊宫，兼湖州計籌山昇元報德觀、白石通玄觀。延祐五年歲在戊午，真人在宗楊，時年八十有二，正月十日微疾，十一日旦，頂中爆然有聲而逝。」其敍次道堅事蹟甚詳，提要以爲始末無考，誤矣。嘉泰吳興志卷六云：「武康縣昇元報德觀，在縣東南禺山之麓。紹興二十六年和王楊存中建，高宗御書賜今名。」牟巘所謂德壽宫錫之寶翰者，以此。戴表元剡源文集卷五有計籌山昇元報德觀記，略云：「吳興山水清絶之鄉，有計籌山，葛玄鍊丹其上，有壇尋丈。既而壇廢，復置爲觀。宋紹興初，和國楊武恭王卽觀之故而新廣之。亳有祖君慶章，王賢其人，以禮聘居之。乾道丙戌之春，太上皇枉車駕幸其山中，始改今額爲昇元報德，而居昇元者，一軌祖君之道，最後得當塗杜君道堅。王之五世孫頫祖賢其人，又爲致山壤之田，而昇元之美始完。」牟巘所謂洞微先生，卽祖慶章之道號。趙孟頫言道堅結知楊氏之王孫，蓋謂楊頻祖也。明李詡續吳郡志卷上録有元周伯琦鶴林山人記云：「郡之紫虛觀有高士李太無者，杜南谷真人之弟也。南谷嘗以道法顯於國初，活人無算。吳興趙公子昂尤尊事之。」孟頫所撰碑文中自稱高第弟子，所謂尤尊事之也。元鄭元祐遂昌山人雜録云：「江浙儒學提舉柯山齋諱謙，字自牧，嘗訪胡穆仲先生。案穆仲名之純，附見元史胡長孺傳。時天大寒，日出已久，而胡先生尚未起。柯曰胡爲？先生曰天寒未挾纊，故尚臥耳。於是柯往宗陽宮，語杜南谷尊師曰胡穆仲苦寒無綿襖，尚偃臥在家。杜卽惻然，携十兩絮兩縑絹往遺之。先生堅拒不肯受。」此亦道堅入元以後事，其人之非庸俗道流，亦略可見。道堅本江南道士，入元時年已四十餘，與全真教之邱處機輩淵源迥別。陳銘珪據太平府志采入長春道教源流，見卷七。亦非也。銘珪自注曰石墨鐫華云：「陝西樓觀有元時希聲堂碑、文始先生碑，杜道堅書。案見鐫華卷六。道藏目録載有道堅所著道德玄經原旨四卷、玄經真玄旨發揮二卷、通玄真經纘義十二卷。四庫提要有宋杜道堅文子纘義十二卷，與通玄真經纘義當卽一書。云宋人者誤。」今案提要明言道堅入元已久，則固知其爲元人，其題宋杜道堅者，蓋據舊本題之，道藏目録亦題宋杜道堅，知舊本如此。以爲書作於宋耳。然考愛日精廬藏書志卷二十八著録舊鈔本，有至大三年吳全節序云：「今南谷杜高士以著書立言爲心，初居吳興計籌山，得文子故居之地，剏白石通元觀，復得文子全書，遂爲析篇章，分句讀，纘義附説，使學者目擊道存。聖朝六合爲家，南谷應運著書以昭皇運，將措斯世於華胥氏之域，誠足尚也。」則此書實作於元時，題爲宋人者誠誤矣。

文子一書，自北魏以來有李暹、徐靈府、朱元三家注，惟靈府注僅存，亦大半闕佚。

案提要所謂文子注三家者，第就唐書藝文志及通考經籍考言之耳。卷二百十一。考通志藝文略、宋史藝文志所著録，李暹、徐靈府二家外，尚有朱弁文子注十二卷。宋志作朱弁，乃傳刻之誤。道藏目録則自徐靈府、杜道堅二家外，有通玄真經注七卷，宋朱弁撰。凡道藏之書，今皆現存。郘亭書目卷十一云文子合注十二卷，明天啓乙丑浙中楊爾曾本，題默希子徐靈府、正儀子朱弁、南谷子杜道堅合注。朱弁疑卽朱子之族祖，嘗著曲洧舊聞者。其人生北宋末，遠在杜道堅之前。提要以爲通考作於元初，而僅據鼂氏録此三家，則宋、元以前更無他注，此失於不能博考也。或疑朱弁卽朱元之誤，然道藏目録明題爲宋朱弁，則非唐之朱元也。且提要既知徐靈府注尚存，何以四庫不著於録。靈府注完本具存道藏中，館臣偶見不全之本，遂誤以爲闕佚。然衡以提要全書之例，仍當附存其目，乃竟付之闕如，尤不可解。揅經室外集卷一云通玄真經注十二卷，唐徐靈府撰。靈府號默希子，錢塘人，爲玄宗時徵士，隱修衡嶽，注文子書上進，遂封通玄真人，名其書爲通玄真經。見杜道堅通玄真經纘義及全唐詩傳。又西天目志載靈府由天目趨天台，作詩言志，辭武宗之徵，著元鑑五卷及三洞要略，則靈府又嘗作天台道士矣。案輿地紀勝卷十二引臨安志云：「徐靈府天目山人，居天台靈蓋峰虎岩石室凡十餘年。會昌中詔起之，辭不出，後遂絶粒。嘗著元鑑五卷、天台記三卷。」咸淳臨安志卷六十九略同，惟靈符作靈府，與西天目志並合。嘉定赤城志卷三十五云：「徐靈府錢塘人，號默希子，居天台雲蓋峰，目爲方、瀛，以修鍊自樂。會昌初，頻詔不起。」又卷二十一云：「方瀛山在縣西北二十里，按徐靈府小録云卽雲蓋峰也。長慶中靈府居此，寶曆元年賜今名。」又卷三十云：「天台桐柏崇道觀唐景雲二年爲司馬承禎建，後皆蕪廢。大和、咸通中道士徐靈府、葉藏質新之。」由杜道堅謂靈府以玄宗時注文子上進，遂號其書爲通玄真經。考唐書藝文志云：「天寶元年詔號文子爲通玄真經。」天寶元年下數至武宗會昌元年已一百年，再下數至懿宗咸通元年則已百一十九年，靈府安得尚存？道堅之言，悠謬不足爲據。靈府雖絶粒學仙，然不聞其長生至百數十歲也。况靈府自序明言書成於元和中，則非玄宗時注書上進亦明矣。阮氏乃以道堅之説與西天目志並引，不覺其年歲之不合，殊爲失考。靈府所著天台山記今尚存。黎庶昌據舊鈔卷子本刻入古逸叢書中，作一卷。其篇末云：「靈府以元和十年自衡嶽移居台嶺，定室方瀛，至寶曆初歲，已逾再閏，修真之暇，卽採經誥以述斯記。」因話録云：「唐元和初南嶽道士田良逸、蔣含弘皆道業絶高，陳寡言、徐靈府、馮雲逸三人皆田之弟子。陳、徐在東南，品第比田、蔣。」取以上所引諸書，合之文子注自序，則靈府平生蹤跡略可見矣。

案崇文總目云文子十二卷，徐靈府注闕。則徐注在宋時傳習已少。按今崇文總目書名之下多注闕字者，乃紹興中付諸州軍搜訪書籍時所注，謂當時祕閣所藏，偶有殘缺耳，未可據爲傳習已少。四庫全書總目云靈府注大半闕佚。兹從明道藏本過録，題曰默希子注者，據晁公武讀書志、王應麟玉海，皆云墨希子卽靈府自號，墨與默通也。其自序云默希以元和四載，投蹟衡峯之表，考室華蓋之前，逌經八稔。夙敦樸素之風，竊味希微之旨，則是書當成於居衡嶽之時。案靈府既自言書成於元和四載居衡嶽以後，則杜道堅謂玄宗時注文子上進者，不足據矣。阮氏竟不悟其矛盾，何也？據錢曾讀書敏求記曰：「子彙云吳中舊刻僅十餘葉，近得默希子本，始覩其全。不知何故不照原書翻刻，又盡削靈府之注，殊所不解。此是太原祝氏依宋版摹寫者，亦希有之本也。是明時尚有仿宋槧本，今則捨此無從考核矣。」余案鐵琴銅劍樓藏書目卷十八有宋刊通玄真經十二卷，瞿氏謂與道藏本徐靈府注全合，完好無闕。則徐注完本自道藏外，尚有宋刻存於世。四庫修書及阮氏進呈時，皆未見耳。

道堅因所居計籌山有文子故蹟，因注其書。自元以來，傳本頗稀，獨永樂大典尚載其文。其精誠、符言、上德、下德、微明、自然、上義七篇，首尾完備。惟道原、九守、道德、上仁、上禮五篇，原本失載。或修永樂大典之時，已散佚不完歟？今檢校原目次第，排錄成帙，所闕之五篇，亦仍載其原文，釐爲十有二卷，仍符隋唐志文子舊數。

案道藏本十二篇注具全，館臣不加深考，別於永樂大典内輯出，卽用此殘闕之本付聚珍版印行，使學者不得道堅全書，誠憾事也！愛日精廬有舊鈔足本，見前。蓋亦自道藏本傳錄。提要疑修永樂大典時此書已散佚不完。考文淵閣書目卷七有文子纘義二部，皆四册，一完全，一闕。則當時固自有完本，文淵閣書皆永樂十九年自南京取回者，而大典則修於永樂元年，成於五年，其時尚都南京。不應獨據殘本編録。蓋大典之採書亦自有選擇，不必全部收入也。其於文子録其七而遺其五，其去取之意若何，不可得而考矣。

列仙傳二卷

舊本題漢劉向撰。紀古來仙人，自赤松子至元俗凡七十一人，人係以讚，篇末又爲總讚一首。其體全仿列女傳。陳振孫書録解題謂不類西漢文字，必非向撰。黄伯思東觀餘論謂是書雖非向筆，而事詳語約，詞旨明潤，疑東京人作。今考是書隋志著録，則出於梁前。又葛洪神仙傳序亦稱此書爲向作，則晉時已有其本。然漢志列劉向所序六十七篇，但有新序、説苑、世説、列女傳圖頌，無列仙傳之名。又漢志所録皆因七略，其總讚引孝經援神契，爲漢志所不載。涓子傳稱其琴心三篇有條理，與漢志蜎子十三篇不合。老子傳稱作道德經上下二篇，與漢志但稱老子亦不合。均不應自相違異，或魏、晉間方士爲之，託名於向耶？

嘉錫案：明寫本説郛卷四十三所録列仙傳，有序一篇，爲今本所無。其文云：「列仙傳者，光禄大夫劉向之所撰也。初，武帝好方士，淮南王安招賓客，有枕中鴻寶密祕之書，言神仙使鬼物及鄒衍重道延命之術，世人莫見。先是安謀反伏誅，向父德爲武帝治淮南王獄，獨得其書，向幼而好之，以爲奇。及宣帝即位，修武帝故事，向與王褒、張子喬等並以通敏有俊才，進侍左右。向及見淮南鑄金之術，上言黄金可成。上使向典上方鑄金，費多不驗，下吏當死。兄安成侯安民乞入國户半贖向罪，上亦奇其才，得減死論，復徵爲黄門侍郎，講五經于石渠。至成帝時，向既司典籍，見上頗修神仙之事，乃知鑄金之術，實有不虚；仙顔久視，真乎不謬；但世人求之不勤者也。遂輯上古以來及三代、秦漢博采諸家言神仙事者，約載其人，集斯傳焉。」御覽卷六百七十一亦引此序，文有删節。孫詒讓據明寫本説郛録入札迻卷十一，並注御覽異同於下。但考商務館排印明寫本説郛，與孫本亦有不符。蓋所據非一本，今參較兩本，取其所長，寫定如此。余以爲此序卽出於作僞者之手，蓋影附本傳向有鑄黄金事，又司典籍，多見異書，因依仿列女傳體，僞作此書，以取信於世，又自作一序以實之。隋志云：「劉向典校經籍，始作列仙、列士、列女之傳，皆因其志尚率爾而作，不在正史。」所謂志尚者，正以其平生頗好神仙耳。大抵僞書之作，必有所因，猶之東方朔詼諧，逢占射覆，其事浮淺，行於衆庶。而後世好事者，因取奇言怪語附著之朔也。見漢書朔傳贊。郭憲有潠酒滅火一事，而後人因僞作洞冥記，亦此類矣。此書之爲依託，固不待言。特是提要所徵引之證據，則殊苦其不確。如謂隋志著録，則必出於梁前。案隋志惟注中所謂梁有某書亡者，可信其爲梁時所有。至其本志之所著録，則本之武德時所得隋時目録，而又有所删去增益，本志總序中，言之甚明。且其所載陳、隋人書甚多，安得以志所著録爲出於梁以前之證乎？至於古人著述徵引此書者，莫早於應劭，今漢書注中所存劭說引此書者，不止一條，且有出今本之外者。如郊祀志注引崔文子學仙於王子喬，化爲白蜺一條，司馬相如傳注引陵陽子春食朝霞，夏食沆瀣一條。二條洪頤煊作王照圓列仙傳校正序，沈濤作列仙傳斠注序已引之。今本二人傳中皆無其事，蓋傳寫不能無佚脫。洪興祖楚辭補注卷三尚謂崔文子事見列仙傳，則此條宋本猶未佚去也。考王逸楚辭章句於天問篇引崔文子事，與應劭所引字句並合，而文加詳，蓋亦據列仙傳，但不著書名耳。又引列仙傳曰：「有巨靈之鼇，背負蓬萊之山，而抃舞戲滄海之中。」則明出書名矣，今文亦無其語，疑是安期生傳之佚文。文選思玄賦注亦引列仙傳曰巨鼇負蓬萊山而抃於滄海之中。逸，漢順帝時人；劭，獻帝時人。是此書已盛行於東漢，不自魏、晉始矣。抱朴子論仙篇云：「劉向博學則究微極妙，經深涉遠，思理則清澄真僞，研覆有無。其所傳列仙傳仙人七十有餘，誠無其事，妄造何爲乎。」又曰：「劉向爲漢世之名儒賢人，其所記述，庸可棄哉。」是葛洪深信此書爲劉向作，又不僅見於神仙傳序也。然據其所言，可知作者之託名劉向，正因其爲漢世博學名儒，故假之以取重耳。提要又以涓子傳稱琴心三篇，老子傳稱道德經上下二篇，爲與七略自相違異。余案七略著錄之例，不盡用本書之名，又合中外之書，除其復重，別加編次，故篇數亦不必與原書合。如劉安著書號曰鴻烈；劉向校定，名之淮南；見高誘淮南子敍。漢志陸賈二十三篇，而本傳僅舉新語十二篇；

皆其例也。蜎子十三篇内，有無琴心三篇不可知。若夫漢志雖無道經、德經之名，然揚雄蜀本紀已言老子爲關令尹喜著道德經，引見御覽卷一百九十二、寰宇記卷七十二。則前漢時已有此名矣，是皆不足爲作僞之據也。惟提要駁其總讚中引孝經援神契，爲漢志所不載，張衡傳載其上疏云：「劉向父子領校祕書，閲定九流，亦無讖録。」實兼讖緯言之，故其疏中兼及春秋元命苞，可爲七略無緯書之證。王照圓以此總讚爲郭元祖作。今案讚言今得秦大夫阮倉圖云云，與廣弘明集釋法琳引列仙傳劉向語合，王説非也。此則頗中其病。余考涓子傳中言著天人經四十八篇，較之漢志之蜎子十三篇，溢出兩倍有餘，亦與七略自相違異。又案班固引劉向言少時數問長老賢人通於事及朔時者，皆曰朔口諧倡辨，不能持論，喜爲庸人誦説，故令後世多傳聞者。而此書東方朔傳乃謂朔至宣帝初，棄郎以避亂世，後見於會稽。宣帝初既非亂世，且向生於昭帝元鳳中，據吳修續疑年録卷一。若宣帝時，朔尚在會稽，則向年已長，正先後同時之人，安得謂之後世傳聞？班固方據劉向之語，辨後世奇言怪語附著於朔之非實，而此傳言朔置幘官舍，風飄之而去，又言智者疑其歲星精也，是真所謂奇言怪語，尚得謂爲向之手筆乎？又鉤翼夫人傳云：「昭帝卽位，更葬之，棺内但有絲履，故名其宫曰鉤翼。後避諱改爲弋。」按漢書外戚傳云：「拳夫人進爲倢伃，居鉤弋宫，生昭帝，號鉤弋子，任身十四月迺生。上曰聞昔堯十四月而生，今鉤弋亦然。」其事灼然如此，安得謂因死後絲履始號鉤弋，且謂後因避諱改爲弋，不知漢之諱翼者何人乎？此真里巷傳聞之詞，有識所不道，其爲杜撰誣罔，雖有善辯者不能爲之詞矣。楊守敬日本訪書志卷六云：「是書漢志不著録，提要據其總讚引孝經援神契、涓子傳琴心三篇、老子傳稱作道德經上下二篇，均與漢志不合。余謂不特此數端也，案世説新語注引列仙傳序按見卷上之下文學篇注，無序字。歷觀百家之中，以相檢驗，得仙者百四十六人。其七十四人已在佛經，故撰得七十二人，可以多聞博識者遐觀焉。各本皆脱此序。按此序卽總讚，後人删去此數語耳，説見後。然稱七十四人在佛經，此豈西漢人口吻？又文賓傳太邱鄉人也，前漢無太邱縣，後漢屬沛國。木羽傳鉅鹿南和平鄉人也，自注云：「平字疑衍。」按文選魏都賦注引無平鄉二字。前漢南和屬廣平國，後漢改屬鉅鹿。又瑕邱傳甯人也，兩漢上谷郡有甯縣，魏、晉以下省廢。據此三證，似爲東漢人所作。然又稱安期先生爲琅琊阜鄉人。琅琊無阜鄉縣，據下文兩稱阜鄉亭則知非縣名。又騎龍鳴傳渾亭人也，則並不著郡縣名。自注云渾亭無考。又谿父傳南郡鄘人也，南郡無鄘縣，有郢、郡、邔三縣，未知是何縣之訛，按王照圓注云：「鄘字誤，太平御覽菜茹部引作編，字是也」嘉錫案：雲笈七籤作南郡酈人，亦非。其爲方士所託無疑。然自魏晉以下詞人據爲典要，何可廢也。」楊氏所考，較之提要加詳，只七十四人在佛經，豈西漢人口吻二語，已足中其要害矣。王照圓注已摘其商邱子胥傳高邑人也，後漢郡國志常山國高邑，故鄗，光武更名。高邑之名，非前漢所有，可與楊氏説互證。綜合諸説觀之，此書蓋明帝以後順帝以前人之所作也。振孫又云館閣書目作二卷，七十二人。李石續博物志亦云劉向傳列仙七十二人，皆與此本小異。惟葛洪神仙傳序稱七十一人。此本上卷四十人，下卷三十人，内江、斐二女，應作二人，與洪所記適合。檢李善文選注及唐初藝文類聚諸書，所引文亦相符，當爲舊本。

案：沈濤十經齋文集卷二列仙傳斠注序歷舉應劭漢書注、抱朴子極言篇、水經注、初學記、文選注、史記集解、事類賦注、太平廣記、路史所引，以證今本之脱文。余又考葛洪神仙傳序，臚舉列仙傳中人名事蹟，撰爲韻語。如甯子入火而凌煙，馬皇見迎于護龍，方回變化于雲母，赤將茹葩以隨風。所舉凡三十人，雖大抵與今本多合，然若雨師煉五色以屬天，則今本赤松子傳中雨師即赤松子。亦無其事。蓋今所傳者，乃後人删節之本，不特非後漢、晉時之舊，並與唐、宋諸類書所引亦多不符，提要信爲唐初舊本，非也。即以人數言之，世説新語注引列仙傳云：「撰得七十二人。」詳見上節楊氏所引。梁陶弘景真誥卷十七握真輔篇云：「孔安國撰孔子弟子七十二人，劉向傳列仙亦七十二人。」按此即李石續博物志所本。隋杜臺卿玉燭寶典卷四云：「漢成帝時劉向删列仙傳，按此謂向删阮倉之列仙圖而作列仙傳。得一百四十六人，其七十四人已見佛經，餘七十二爲列仙傳。」廣弘明集辯惑篇七釋法琳對傅奕廢佛僧事即破邪論。引列仙傳云：「吾搜檢藏書，緬尋太史創撰列仙圖，創疑當作倉。上有脱文，蓋言秦大夫阮倉撰列仙圖。自黃帝以下六代迄到于今，得仙道者七百餘人。向檢虛實定得一百四十六人，又云其七十四人已見佛經矣。法苑珠林卷二十引同。今列仙傳見有七十二人。」書録解題卷十二云：「列仙傳二卷，漢劉向傳。館閣書目三卷，六十三人。崇文總目作二卷，七十二人，與此合。」通考卷二百二十五引陳氏説同。提要引振孫云：「館閣書目作二卷七十二人。」館閣書目四字乃崇文總目之誤。是自梁、隋以至唐、宋，除中興館閣所收别本外，皆七十二人。而今本乃只七十人，其爲傳寫脱去二人甚明。考道藏本雲笈七籤卷一百八録列仙傳爲一卷，凡四十八人。人數雖有删除，而前後次序與今本並合，文字亦無大異，惟偶有一二字不同耳。七籤爲宋人張君房所著。君房於祥符中奉敕銓次祕閣道書，見郡齋讀書志卷十六。是爲道藏之祖，今本皆出於道藏，宜其無大異同。馬師皇傳中有治字三，七籤本於前兩治字皆作理，蓋猶出於唐本。然無唐、宋諸類書所引佚文，蓋君房偶據一删節之本收入道藏，而諸書之所引，則原本也。説郛據明寫本所録列仙傳凡七十人，與今本同，而次序先後，亦間有不合，又多序文一篇，則又一别本矣。提要據神仙傳序作七十一人，今本神仙傳序作七十餘人，與説郛卷四十三引神仙傳合。因分江、斐二女爲二人以當其數，信其爲舊本，亦非也。楊守敬云世説注云七十二人，李石續博物志及書録解題並同。葛洪神仙傳序亦云七十餘人。自注云：「或云七十一人，誤。」案楊氏以提要所引神仙傳序爲誤。然讀書志卷九引葛序亦作七十一人，則其誤已久，提要亦有所本。此本只七十人，或以江妃二女爲二人，然亦只七十一人。考御覽三十八引列仙傳曰：「王母者，神人也，人面蓬頭髮，虎爪豹尾，善嘯穴居，名西王母，在崑崙山中。又三十九卷引列仙傳曰馬明生從安期先生受金液神丹，乃入華陰山中，合金神丹昇天也。合此恰當七十二人之數，各本皆脱，附載於此。」今按王照圓列仙傳校正，已據廣韻羨字注引補羨門高，廣韻羨字注云：「又姓，列仙傳有羨門。」照圓因引史記封禪書索隱羨門高者，秦始皇使盧生求羨門高二語，補爲羨門傳。以爲據廣韻注則索隱所説，卽本傳文。不知索隱乃引秦始皇本紀之文，以證封禪書耳。以其具在本書，故不出書名，乃强指作列仙傳，可謂妄矣。據藝文類聚災異部補劉安。沈濤又據史記老子傳集解及太平廣記卷七十六方士部所引，以爲當有老萊子及趙廓傳。今楊氏更補王母、馬明生二人，合之乃得七十六人，轉溢出於原數之外。所補雖皆有依據，但類書展轉援引，書名每易訛誤，無以決其是非也。顔氏家訓書證篇云：「列仙傳劉向所撰，而贊云七十四人出佛經，皆由後人所羼，非本文也。」考今讚中但云：「余嘗得秦大夫阮倉撰仙圖，自六代迄今有七百餘人。」無七十四人出佛經之説。然釋道世法苑珠林釋法琳破邪論引七百餘人下，實有此語。世説注、玉燭寶典亦皆引七十四人已見佛經句。文均見前。此蓋後人覺劉向不當見佛經，故於七百餘人下删去數語，以泯其跡。孫詒讓亦引此數書，以爲文與今本大異。此必宋以後黠道士之所爲，然則今本爲後人删削多矣，尚可信爲舊本乎？

孫詒讓札迻卷十一曰：「考破邪論云成帝鴻嘉三年歲在癸卯，劉向撰列仙傳，則古本列仙傳敍末蓋具紀年月，或亦放擬劉向進書奏録，而今佚之。」是亦今書非唐以前舊本之一證也。

其篇末之讚，今概以爲向作。隋志載列仙傳讚三卷，劉向撰，鬷續，孫綽讚。原注云案鬷續上似脱一字，蓋有續傳一卷，故爲三卷也。今無從校補，姑仍舊文。又列仙傳讚二卷，劉向撰，晉郭元祖讚。此本二卷，較孫綽所讚少一卷。又劉義慶世説新語載孫綽作商邱子胥讚曰所牧何物，殆非真豬，儻遇風雲，爲我龍攄。此本商邱子胥讚亦無此語，然則此本之讚，其郭元祖所撰歟？以舊刻未列郭名，疑以傳疑，今亦姑闕焉。

案提要自注謂鬷續上似脱一字，蓋疑鬷爲人名，而脱去其姓也。姚振宗隋書經籍志考證卷二十云：「案鬷是姓，非名，魏有奉車都尉鬷弘，遼東人，見魏志公孫度傳。此蓋鬷下敚去一字耳。」初學記卷二十三有東晉孫綽老子讚，與今本老子篇末之讚不同者僅八字。每讚三十二字。又世説新語輕詆篇注引孫綽商邱子胥讚，尚有「商邱卓犖，執策吹竽，渴飲寒泉，飢食昌蒲」四句。今本讚云：「商邱幽棲，韞櫝妙術，渴飲寒泉，飢茹蒲朮。」其頸聯二句亦同。孫作但改昌蒲爲蒲朮，以就上下之韻，疑爲郭元祖就孫綽之讚加以點竄，同於郭象之注莊也。楊守敬曰：「讚文文義淺近，亦非通人之筆，或疑隋志之郭元祖，恐亦未然。」余謂楊氏之論過於高視古人，恐元祖之文不過如此耳。

周易參同契通真義三卷

後蜀彭曉撰。曉字秀川，永康人，自號真一子，仕孟昶爲朝散郎守尚書祠部員外郎，賜紫金魚袋，其事蹟未詳。楊慎序古本參同契則以曉爲道士。考王建之時，杜光庭嘗以道士授官。曉爲道士，亦事理所有，但未知其據何書也。

嘉錫案：十國春秋卷五十七有彭曉傳，除敍其名字、別號、官職及注參同契外，別無一事，故提要亦不能詳。近人文廷式純常子枝語卷九曰：「參同契世傳彭曉注，然多不詳。宋正一道士陳葆光三洞羣仙録道藏正一部二十卷引野人閒語成都景煥撰，見書録解題云：祠部員外郎彭曉字秀川，自號真一子。常謂人曰，我彭鏗之後，世有得道者，余雖披朱紫，食禄利，未嘗懈怠於修鍊，去作一代之高人，終不爲下鬼矣。宰金堂縣，則恆騎一白牛於昌利山往來，有會真之所，往往有白鶴飛鳴前後。曉注陰符經、參同契，每符篆謂之鐵扇子，有疾病者餌之則愈。」按見羣仙録卷十二。是其事實也。

曉序謂伯陽先生示青州徐從事，徐乃隱名而注之。至桓帝時，復以授同郡淳于叔通，遂行於世，而傳其訣者頗尠，其或然歟？

案：彭曉後蜀人，去漢已遠，參同契授受之事，曉安得知之，知其必有所本。考真誥卷十二云：「定録府有典柄執法郎是淳于斟，字叔顯，（御覽卷六百六十六引作字叔顗。）主試有道者。斟，會稽上虞人，漢桓帝時作徐州縣令。靈帝時，大將軍辟掾，少好道，明術數，服食胡麻黄精餌，後入吳烏目山隱居，遇仙人慧車子，授以虹景丹經，修行得道，今在洞中，爲典柄執法郎。」原注云：（此陶弘景自注也。）易參同契云桓帝時上虞淳于叔通，受術于青州徐從事，仰觀乾象，以處災異，數有效驗。以知術故，郡舉方正，遷洛陽市長。如此亦爲小異。乃知彭曉之説，源出於此。弘景所引，蓋參同契序中之文。漢、魏人作序，皆敍其書之源流及其人之仕履，與劉向别録之體同。故此序中詳載淳于叔通始末，今本參同契無此篇，殆傳寫佚脱，否則後人以其非本文而削之也。然曉謂伯陽以示青州徐從事，至桓帝時，復以授同郡淳于叔通。考魏伯陽爲會稽上虞人，（見彭曉序。）而淳于叔通亦上虞人，故稱爲同郡。是叔通之術爲伯陽所親授，而弘景所引參同契，謂叔通受術于徐從事，二説不同，疑曉誤也。弘景既未言徐從事作注，則彭曉所謂徐乃隱名而注之者，事之有無，亦在疑似間矣。弘景此注敍參同契源流本之舊序，最明白可據。後人以真誥爲神仙家言，薄其書不觀，故不知引證，而提要亦以爲其説出於彭曉矣。考開元占經卷百二十引會稽典録曰：「淳于翼字叔通，除洛陽市長。桓帝卽位，有大蛇見德陽殿上翼，占曰以蛇有鱗甲，兵之應也。」此與弘景所注參同契言桓帝時上虞淳于叔通爲洛陽市長者，姓字鄉貫、（上虞屬會稽郡。時代官職，無一不合。然則叔通卽淳于翼，而真誥乃謂之淳于斟，以爲南嶽夫人所言，許掾所書，許翽嘗爲上計掾，真誥以爲仙去，見卷二十。其説誕妄不經，不足信也。翼占蛇妖事，亦見續漢書五行志注引搜神記曰：「桓帝卽位，有大蛇見德陽殿上，洛陽市令淳于翼曰蛇有鱗甲，兵之象也。見於省中，將有椒房大臣受甲兵之誅也，乃棄官遁去。到延熹二年，誅大將軍梁冀，捕家屬，揚兵京師也。」見今本搜神記卷六。姚振宗後漢藝文志卷四引曲録及搜神記所引有刪節。注於參同契條下，蓋亦知翼卽傳參同契之淳于叔通，惜未能以真誥注證明之耳。袁宏後漢紀卷二十二云：「尚度尚也字博平，初爲上虞長，縣民故洛陽市長淳于翼，學問淵深，大儒舊名，常隱於田里，希見長吏。尚往候之，晨到其門，翼不卽相見。主簿曰當作白還，不聽，停車待之。翼晡乃見，尚宗其道德，極談乃退。」案後漢書孝女曹娥傳言：「元嘉元年縣長度尚改葬娥爲立碑。」後漢紀亦載此事，但不著年月。元嘉元年爲桓帝卽位後之五年，則度爲上虞長正在翼棄官遁歸之後，故隱於田里，不見長吏。其人之學行品節，於斯可見矣。御覽卷三百八十五引會稽先賢傳吳謝承撰曰：「淳于長通年十七，説宓氏易經，貫洞内事萬言，兼春秋，鄉黨稱曰聖童。」今人周作人輯會稽郡書，以爲卽典録之淳于翼是也。草書「叔」字與「長」筆畫頗相近，傳寫致誤耳。兩漢不聞有宓氏易，惟隋書經籍志五行家有「周易集林十二卷，京房撰」。又引七録云伏萬壽撰。唐書藝文志有伏氏周易集林一卷，伏與宓通，蓋卽所謂宓氏易也。姚氏後漢藝文志云范書儒林伏恭傳恭子壽官至東郡太守，疑卽伏萬壽。御覽卷十曾引其文，亦焦、京之流亞。內事則讖緯之書，隋志有春秋內事、孝經內事。叔通深通方術，能占知蛇妖，仰觀乾象，以處災異。神仙家言，出於方技，故又從徐從事受參同契。陶弘景所引必漢魏人舊序，非無稽也。元和姓纂卷三云會稽上虞列仙傳有淳于斟，字叔孫，與真誥復不同，不足據。

古文參同契集解三卷明蔣一彪

魏伯陽作參同契原本三篇，自彭曉分章作解，後來注家，雖遞有併析，而上中下篇之次序，俱仍舊目。至明楊慎始別出一本，稱南方掘地得石函，中有古文參同契上中下三篇，敍一篇，徐景休箋注亦三篇，後序一篇，淳于叔通補遺三相類上下二篇，後序一篇，合爲十一篇，自謂得見朱子所未見。一彪此注，卽據慎本而作，故謂之古文。其彭曉、陳顯微、陳致虛、俞琰四家之注，悉割裂其文，綴於各段之下，故謂之集解。今考其書，於舊文多所顚倒，以原本所有讚一篇，則指爲景休後序。原本補塞遺脫一章，亦析出爲叔通後序。案參同契一書，自虞翻注易引其日月爲易一語外，見李鼎祥周易集解。他書罕所稱引。其授受源流，諸書亦不具載。所可據者，惟彭曉之序爲古。曉序但稱魏君示青州徐從事，徐隱名而注之。鄭樵通志藝文略有徐從事注陰陽統略參同契三卷，亦不言爲徐景休，何以越二千年，至慎而其名忽顯？其讚序一首，朱子嘗謂其文意是注之後序，恐是徐君注，而注不復存。今此本乃適與相合，豈非因朱子之語而附會其說歟？若淳于叔通不過傳授此書，舊時道家，有徐從事淳于叔通各序一篇之語，彭曉已據唐時劉知古日月元樞論極辨其誤。愼乃復以三相類篇爲出叔通，是又借曉所駁之說，證成其爲唐以前本也。不知參同契本末，漢、魏遺書雖無文可證，若晉以來書，則葛洪神仙傳固云伯陽作參同契五行相類凡三卷。唐以來書，則舊唐書經籍志案舊唐書著録之書，並據開元内外經録。固云周易參同契二卷，魏伯陽撰，周易五相類一卷，魏伯陽撰矣。愼所謂古本，何代之古本乎？

嘉錫案：楊愼序見本書卷首云：「魏伯陽約周易作參同契，徐氏景休箋注。桓帝時以授同郡淳于叔通，因行於世。五代之時，蜀永康道士彭曉分爲九十章，以應火候之九轉，餘鼎器歌一篇，以應真鉛之得一。其說穿鑿，非魏公本意也。其書散亂衡決，後之讀者，不知孰爲經，孰爲注；亦不知孰爲魏，孰爲徐與淳于，自彭始矣。朱子作考異及解，亦據彭本。元俞玉吾所注，又據朱本，玉吾欲分三言四言五言各爲一類而未果，蓋亦知其序之錯亂，而非魏公之初文，然均之未有定據爾。余嘗觀張平叔悟真篇云叔通受學魏伯陽，留爲萬古丹經王。予意平叔猶及見古文，訪求多年，未之有獲。近晤洪雅楊邛崍憲副云南方有掘地得石函，中有古文參同契，魏伯陽所著上中下三篇，敍一篇。徐景休箋注亦三篇，後序一篇。淳于叔通補遺三相類上下二篇，後敍一篇，合爲十一篇，蓋未經後人妄紊也。亟借録之。未幾有人自吳中來，則有刻本，乃妄云苦思精索，一旦豁然若有神悟，離章錯簡，霧釋冰融。其説既以自欺，又以欺人甚矣。觀其書之別序，又云有人自會稽來，貽以善本，古文一出，諸僞盡正，一葉半簡之間，其情已見，亦可謂掩耳盜鈴，藏頭露足矣，誠可笑也！」今案陶弘景眞誥卷十二引參同契，只言桓帝時上虞淳于叔通受術于青州徐從事，不云徐爲參同契作注。彭曉始云伯陽示徐，徐隱名而注之。其事之有無已不可知，若淳于叔通則據眞誥及彭曉、張平叔之言，皆只是傳此書之人，安得有所謂三相類及後序者，提要之考證甚精核，惜其未引眞誥耳。考明徐渭青藤書屋文集卷三十書古文參同契誤識云：「此本爲姑蘇雲巖道人杜一誠原注字通復者當正德丁丑八月所正而序之也。分四言者爲魏之經，五言者爲徐之注，賦亂辭及歌爲三相類，爲淳于之補遺，並謂己精思所得也。而不知欲分四言五言者各爲類，乃俞琰之意也，一誠其殆善繼俞志者乎？渭細玩之，如此分合，乃大乖文理。俞琰蓋幸而徒興是念耳，使果爲之，其罪不在杜之下矣。正如杜所編者。借録未幾，乃有吳人刻本而自序，妄云精思所得。夫愼之序既如此，而成都楊愼爲之別序此書，乃云近晤洪雅楊邛崍憲副云南方有掘地得石函古文參同契者，一誠有別序，則又云竊弄神器，以招天譴，其從父號五存者跋其書，又云書未出，而爲人竊去冒托。觀此，則慎之所聞於楊憲副者，乃他人竊得於一誠，而托以石函者也。慎不玩其理，乃輕信而訾一誠，反以一誠爲竊盜。夫一誠之可訾乃特在妄編耳，豈竊盜於石函者哉？乃若謂一誠之盜竊，直謂其盜竊琰之意而以爲出己意，則可也。一誠失於信人，慎失於信古，務博而不理，述書多至八十種，誠如此類，豈可盡信哉！又有稱王圍山人者序此書有云故人自會稽來貽善本，遂捐俸以刻。則王圍當是一官人而刻此者也。慎都不檢點，以爲杜一誠，既云精思自得，又云友人自會稽來貽善本，謂一誠自露其情，掩耳盜鈴如此，則慎將謂一誠卽王圍矣，疎一至此耶！」徐氏又載杜一誠凡例云：「經文三篇爲一册，箋注三篇爲一册，三相類二篇爲一册。經文、箋注、三相類篇末，各自有序。經多四言，間有散文。注雖五言，或有四言句。三相類文體無待更訂，而經注節次，或有差錯，以待後賢。」與楊慎所言古本悉合，然是一誠自以其意爲之分析，猶朱子之改大學、蔡沈之考定武成，雖不免竊取朱子讚序是注之後序及俞琰三言四言五言各爲一類之説，而諱所自來，然未嘗託之石函中之古本。楊慎云：「有人自吳中來，則有刻本。」而王圍山人爲杜一誠本作序，亦自言捐俸以刻。其序作於嘉靖癸巳秋，見徐氏引。是爲嘉靖十二年，而慎序末題嘉靖丙午仲冬長至後十日，則嘉靖之二十五年，在王圍刻書後十三年。杜一誠序題正德丁丑，其從父五存跋題正德己卯，則更遠在楊慎作序之前二十餘年。是杜一誠書先成，刻本亦先出，而楊慎本後出。慎特指一誠之書爲卽石函中之古本，而非慎所僞作也。慎意以爲一誠得見石函古本，竊之以爲己作。夫古本之不可信，提要糾之已詳，然徐渭已先辨之矣。五存跋云：「仲子敬心徐氏云敬心，杜幼時字也。頌讀有得，經注一正，書未出而爲人竊去，冒托他姓以覔利，反謗其僞作。」各序跋大意及年月均附見徐氏文後。是則一誠刻本未出，而書先傳，因有人託爲發地得古本。慎既先得其書，後見刻本，故反以一誠爲竊自石函。渭以慎爲輕信，是也。慎平生好依託古書，後人因並疑此本爲慎所僞作，不知實非其罪，故因徐渭之言，辨之如此。

神仙傳十卷

晉葛洪撰。是書據洪自序，蓋於抱朴子內篇既成之後，因其弟子滕升問仙人有無而作。所錄凡八十四人，序稱以爲十卷。此本爲毛晉所刊。考裴松之蜀志先主傳注引李意其一條，吳志士燮傳注引董奉一條，吳範、劉惇、趙達傳注引介象一條，併稱葛洪所記，近爲惑衆，其書文頗行世，故撮舉數事，載之篇末。是徵引此書，以三國志注爲最古，然悉與此本相合，知爲原帙。漢、魏別載一本，其文大略相同，而所載凡九十二人。核其篇第，蓋從太平廣記所引鈔合而成。廣記標題間有舛誤，亦有與他書複見，卽不引神仙傳者，故其本頗有譌漏。卽如盧敖若士一條，李善注文選江淹別賦、鮑照升天行，凡兩引之，俱稱葛洪神仙，與此本合。因廣記未引此條，漢魏叢書本遂不載之，足以證其非完本矣。

嘉錫案：文苑英華卷七百三十九梁肅神仙傳論云：「予嘗覽葛洪所記神仙傳，凡一百九十人，予所尚者，惟柱史、廣成二人而已。」人數與今兩本皆不合，疑葛洪之原書已亡，今本皆出於後人所掇拾，特毛本輯者用心較爲周密耳。

天隱子一卷

天隱子亦唐人撰，不知其姓名。前有司馬承禎序，則玄宗時人。晁公武、陳振孫皆疑爲承禎所託名。然承禎自有坐忘論，已自著名，又何必託名爲此書也。書凡八篇：一曰神仙、二曰易簡、三曰漸門、四曰齋戒、五曰安處、六曰存想、七曰坐忘、八曰神解。

嘉錫案：郡齋讀書志卷十六云天隱子一卷，唐司馬子微爲之序：「天隱子不知何許人，著書八篇，修鍊形氣，養和心靈，歸根契於陰陽，遺照齊乎莊叟，殆非人間所能力學者也。王古以爲天隱子卽子微也。」然則疑天隱子卽承禎者，乃王古而非晁氏也。古字敏仲，旦之曾孫，人元祐黨籍，官至户部尚書。見書錄解題卷八法寶標目條下。解題卷九云：「天隱子一卷。今觀其言，殆歟坐忘論相表裏，豈天隱者托之別號歟？」此言或卽本之讀書志。考陸游渭南文集卷二十六跋天隱子云：「東坡先生以爲天隱子真司馬子微所著也。」則其說始於蘇軾，又不獨王古、陳振孫云爾矣。游又云：「最後易簡、漸門二說，非天隱子本語，他日録本當去之。」今本易簡、漸門二篇，爲第二第三，而游以爲最後，且承禎言著書八篇，去其二則文不完，不知游説云何？更俟詳考。

續仙傳三卷

舊本題唐溧水令沈汾撰。陳振孫書録解題曰汾或作玢。案吴淑江淮異人録載有侍御沈汾案異人録原作沈汾侍御。游戲坐蜕事，亦道家者流，疑卽其人。

嘉錫案：南唐劉崇遠金華子雜編卷下記曹佶休事云：「此人靈異甚多，已見於沈汾侍御所著續仙傳。」觀其官稱與吴淑所言正合，則作此書者卽江淮異人録中之沈汾侍御，可無復疑矣。

道家類存目總目卷一百四十七

枕中書一卷

舊本題晉葛洪撰。考隋、唐、宋藝文志但有墨子枕中記及枕中素書，而無葛洪枕中書。此本別載説郛中，一名元始上真衆仙記，而通志所列元始上真記無衆仙字，似亦非此書。

嘉錫案：宋史藝文志神仙類有上真衆仙記一卷，與通志所列之元始上真記一無元始字，一無衆仙字，似卽一書。疑元始上真衆仙記其本名，宋史、通志皆從其省名耳。然則提要以通志無衆仙字，遂斷其非此書者，非確證也。今人劉師培讀道藏記云：「元始上真衆仙記一卷，次行題葛洪枕中記五字，中誌各仙官位號及治所，卽今所傳枕中記也。據嘉定赤城志卷三引夷齊治天台，稱衆真記。又上清衆經諸真聖訣案此書在道藏洞玄部譜録類，有字號卷第五詮録此書，書名與此同。自説郛所采僅稱枕中記，明人所刊均没其名，而此書之舊題遂淪也。」是此書猶是宋人所見舊本。

書中説多謬悠，若稱太昊氏治岱宗山，顓頊治恆山，祝融氏治衡霍山，黄帝治嵩高山，金天氏治華陰山，堯治熊耳山，舜治積石山，禹治蓋竹，湯治无極山，武王爲田極明公，漢高祖、光武爲四明賓友之類，已屬不經。至謂元始天尊與太元玉女通氣結精，遂生扶桑大帝、九天元女，誕妄尤甚，又在真靈位業圖諸書之下，其出後人僞撰無疑也。

案真誥卷十六云：「夫有上聖之德既終，皆受三官書，爲地下主者一千年，乃轉補三官之五帝，或爲東西南北明公，以治鬼神。復一千四百年，乃得遊行太清，爲九宫之中仙也。」又云：「諸有英雄之才，彌羅四海，誅暴整亂，拓平九州，建號帝王，臣妾四海者。既終，受書於三官四輔，或爲五帝上相，或爲四明分賓友，以助治百鬼，綜理死生者，自奉屬於三官，永無進仙之冀，坐煞伐積酷害生死多故也。」是道家相傳，原有此悠謬之談。真誥謂「炎帝爲北太帝君，天下鬼神之主；武王發爲鬼官北斗君，漢光武及孫文臺爲大禁晨，以上見卷十五。漢高祖爲南明公賓友」。見卷十六。其他如此類者甚多，所言與此書或同或否，要之不足深詰耳。此書又云：「許穆在華陽洞天立宅爲真人，許玉斧在童初之山亦爲真人，未有掌領。」考真誥卷二十有真胄世譜一篇，載許謐一名穆，永興二年乙丑生，太元元年去。小男名翽，小名玉斧，泰和三年庚午年去世。永興爲晉惠帝年號，太和爲東晉海西公年號，太元爲孝武帝年號。考晉書葛洪傳云：「洪以年老欲鍊丹，求爲句漏令，元帝從之。至廣州上羅浮山鍊丹，在山積年卒，年八十一，世以爲尸解得仙云。」則洪與許穆正同時人，洪在元帝時年已老，則當較長於穆，許玉斧更其後輩。真誥卷二十載許玉斧子黄民妻西陽令葛萬安女，注云萬安是抱朴子第二兄孫也，此可見洪與二許之輩行矣。二人之去世，洪不及見，卽云三人者皆羽化登仙，而洪之得道，亦先於二人，安得取而著之書中，是此書之不出於洪亦明矣。

真靈位業圖一卷

舊本題梁陶弘景撰。弘景有真誥，已著錄。真誥見於唐、宋志，朱子謂其竊佛家至鄙至陋者。此書杜撰鑿空，又出真誥之下。至以孔子爲第三左位太極上真公，顏回爲明晨侍郎，秦始皇爲酆都北帝上相，曹操爲太傅，周公爲西明公比少傅，周武王爲鬼官北斗君，則誕妄殆不足辨。王世貞、胡震亨乃取真誥及玉檢大録諸書，詳爲考核，殆亦好奇之過矣。

嘉錫案：真誥云：「武王發爲鬼官北斗君，魏武帝爲北君太傅，秦始皇爲北帝上相。」大抵與此書合。惟謂文王爲西明公，與此書作周公者不同。是真誥與此書，同一荒唐之言，未見真誥果出此書之上也。弘景肯作真誥，未必不可作此書。道藏尊字號陶隱居集載有此書之序，相其文詞，實出六朝人之筆，非出僞託。雖雲笈七籤卷一百七載弘景從子翊所撰華陽隱居先生本起録篇末詳列弘景撰集名目凡三十六種，一百一十九卷，並無此書之名，似有可疑。然翊自注云又有圖象雜記甚多，未得一二盡知知見也。疑誤重一知字。則弘景之著述，翊容有未知，不足深怪。惟考真誥卷十五邵公奭爲南明公條下弘景自注云：「按周公、邵公、太公，俱佐命剋紂，功在不殊。而周公有聖德，仙鬼之中，並无顯出。无顯出者，謂書無明文也。太公執旄秉鉞，威罰最深，言其多殺戮。乃載出列仙。邵公恩流甘棠，翻爲鬼職，亦復難了，皆當各緣其根本業分故也。」是弘景明言仙官鬼職之中，皆無周公。今此書謂周公爲西明公，比少傅，與真誥矛盾，未詳其故。至孔子爲太極上真公，顔子爲明晨侍郎，則枕中書亦有是言。道家者流，援儒入墨，以張其教，存而不論可矣。

冥通記四卷

梁周子良撰。隋志作一卷，宋志作十卷，與今本皆不同。然第四卷目録末云大凡四卷，真本書雜色，合六十五番，或真或草行，所言乃與今本合，則隋志、宋志均誤也。首有陶弘景所作子良傳，稱子良字元歛，本河南縣人，寓居丹陽。年十二從弘景於永嘉，十一年從還茅山，十四年乙未歲五月二十三日遂通真靈，後一年卒，年二十。其說荒誕不經。此書所記遇仙之事，起乙未五月十三日至丙申七月末，逐日縷載，亦弘景真誥之流也。

嘉錫案：此書亦不見於陶翊所撰華陽隱居本起録，然道藏尊字號陶隱居集有進周氏冥通記啓，云：「某啓，去十月末，忽有周氏事，既在齋禁，無由即得啓聞，今謹撰事跡凡四卷如別上呈。」並附梁武帝答書云「省疏并見周氏遺跡真言，顯然符驗，前誥一二明白，益爲奇特，四卷今留之」，與第四卷目録末題記之語合。是此書自編撰之始，即爲四卷，隋、宋志皆爲傳寫之誤，抑或卷帙有分合也。又知此書實爲弘景所撰，孫星衍廉石居藏書記内編著録，明胡震亨、毛晉合訂本署陶弘景撰，與弘景啓合，四庫本題周子良，蓋後人所改。

至游子二卷不著撰人

前有嘉靖丙寅姚汝循序，謂原書不著名氏。考宋曾慥號至游子，慥嘗作集仙傳，蓋亦好爲道家言者，則似乎當爲慥作。然玉芝篇首引朝元子注曰陳舉寶元人，則明人所撰矣。

嘉錫案：徐時棟烟嶼樓讀書志卷十五引提要此條論之云：「今按姚序并無曾慥號至游子諸語，是或他人考證之說，偶然誤記爲姚序中語耳。惟據玉芝篇注定爲明人，則頗可怪。玉芝篇朝元子下注云陳舉，寶元中人。寶元爲宋仁宗年號，下距高宗紹興六年作類說之曾慥，已九十餘年。然則慥作至游子，何爲不能引陳舉語耶？而存目云云者，蓋忘却注中有一中字，遂誤以『陳舉寶』三字爲其人姓名，而以元人二字爲記時代。既引元人之説，則作者爲明人無疑，此非錯誤之可怪者乎？」徐氏之言如此。其實提要所引姚序，只不著名氏四字，其宋曾慥以下，乃提要所自考，文義甚明，徐氏自誤讀耳。惟玉芝篇注案之藝海珠塵刻本固作寶元中人。提要蓋偶據誤本，徐駁之是也。

毛漸傳三墳，世以爲卽出於漸。張商英傳素書，世以爲卽出於商英。然則是書也，其亦汝循所託名歟？

案三墳、素書，皆依託古人。此書汝循序，並未言爲誰氏所作，又未託爲古人之書。曾慥號至游子，而古今別號相同者甚多，不能卽指爲作僞之據，似與毛漸、商英之事不同。書中口胳，似出宋人。然考宋時公私書目，皆無此書。明文淵閣書目、内閣書目、焦竑經籍志，亦均不著録。朱睦㮮萬卷堂書目卷三始有至游子六卷，聚樂堂藝文目有至游子二卷，均不著撰人名氏。惟范懋柱天一閣書目卷三之二題爲宋曾慥撰，不知何據。趙紹祖讀書偶記卷七云：「余買得至游子二卷，凡二十五篇，不知其誰所作也。後以他事檢陳直齋書録解題，於卷十二中見道樞二十卷，直齋云曾慥端伯撰。慥自號至游子，采諸家金丹大藥修錬般運之術爲百二十二篇，初無所發明，獨黜採御之法，以爲殘生害道云。始知至游子爲曾慥，而是書卽其所作，但不知此卽道樞中之一種，或另爲一書也。又案此書內有容成篇，正闢採御之術，則此書或卽道樞未可知。」案道樞百餘篇，而此書只二十餘篇，多寡已自不合。且宋俞琰席上腐談卷下云：「至游子曾慥作道樞，舉諸仙丹詩歌訣，如海蟾之還金，朝元之玉芝，皆在焉。」謂劉海蟾還金、陳朝元玉芝詩也。是道樞乃舉神仙家之書，都爲一集，如叢書之體，與此書不同。或此書曾附入道樞之末，後乃析出別行，則不可知耳。